财政部规划教材
全国高等院校财经类专业规划教材

绿色金融实践与案例分析

张云　文凤华　韩云　主编

中国财经出版传媒集团
中国财政经济出版社
·北京·

图书在版编目（CIP）数据

绿色金融实践与案例分析 / 张云，文凤华，韩云主编．-- 北京：中国财政经济出版社，2024.4

财政部规划教材　全国高等院校财经类专业规划教材

ISBN 978 - 7 - 5223 - 2929 - 1

Ⅰ.①绿…　Ⅱ.①张…　②文…　③韩…　Ⅲ.①金融业 - 绿色经济 - 中国 - 高等学校 - 教材　Ⅳ.①F832

中国国家版本馆 CIP 数据核字（2024）第 052665 号

责任编辑：苏小珺　　　　责任校对：胡永立

封面设计：北京兰卡绘世　　责任印制：党　辉

绿色金融实践与案例分析

LÜSE JINRONG SHIJIAN YU ANLI FENXI

中国财政经济出版社 出版

URL：http：//www. cfeph. cn

E - mail：cfeph@ cfeph. cn

社址：北京市海淀区阜成路甲 28 号　邮政编码：100142

营销中心电话：010 - 88191522

天猫网店：中国财政经济出版社旗舰店

网址：https：//zgczjjcbs. tmall. com

北京中兴印刷有限公司印刷　各地新华书店经销

成品尺寸：185mm × 260mm　16 开　16.5 印张　318 000 字

2024 年 4 月第 1 版　2024 年 4 月北京第 1 次印刷

定价：68.00 元

ISBN 978 - 7 - 5223 - 2929 - 1

（图书出现印装问题，本社负责调换，电话：010 - 88190548）

本社质量投诉电话：010 - 88190744

打击盗版举报热线：010 - 88191661　QQ：2242791300

前　言

随着全球气候变化和环境问题日益严峻，绿色金融作为一种支持可持续发展的新模式，引起世界各国的重视。2016 年，G20 峰会首次将绿色金融纳入了议题，明确绿色金融是能够产生环境效益以支持可持续发展的投融资活动。

2016 年 8 月，我国中国人民银行、财政部等七部委联合发布《关于构建绿色金融体系的指导意见》，提出坚持创新、协调、绿色、开放、共享的新发展理念，从经济可持续发展全局出发，建立健全绿色金融体系，发挥资本市场优化资源配置、服务实体经济的功能，支持和促进生态文明建设。目前，我国已初步形成包括绿色信贷、绿色债券、绿色基金、绿色证券、碳交易市场等的多层次绿色金融体系，还大力推进绿色金融改革创新试验区等绿色金融政策创新，不断推进发展方式绿色转型，为碳达峰碳中和目标的实现和美丽中国建设等提供有力支撑。但是，从我国经济低碳转型发展需求来看，我国绿色金融的发展还存在较大发展空间。例如，多数银行绿色信贷产品规模较小，利率水平、适用范围、贷款金额等存在较大的差异；碳交易市场定价机制缺乏与国际接轨，碳排放监测及标准尚未形成统一标准；相关市场工具存在收益波动偏大、呈现两极分化的趋势等。另外，部分地区的区域环境政策效果有待提升，有研究发现，我国绿色金融改革创新试验区存在约束效应大于激励效应现象，企业仍未形成超过遵循制度成本的“补偿性收益”等。因此，研究国内外绿色金融实践案例的做法与经验，探讨相关发展路径和优化措施具有重要价值，对进一步提升我国绿色金融发展水平和推进经济低碳转型具有较好的借鉴意义。

本书共梳理和分析了 20 个绿色金融实践的典型案例，内容涵盖 ESG 实践、绿色债券、碳金融、绿色金融服务平台等领域。案例 1—6 主要分析 ESG 评级建设，探讨银行和企业等主体发行绿色债券相关实践及启示，总结完善绿色债券顶层设计、推动制定绿色债券标准、加强金融产品创新和研发力度等政策启示。案例 7—10 分别对绿色基金、绿色保险产品创新、碳金融产品、碳披露案例展开实践分析，详细梳理目前主流的绿色金融产品，剖析其理论逻辑和核心价值。案例 11—14 主要针对绿色资产证券化产品、绿色资产支持票据、基础设施 REITs 在绿色投融资中的应用展开研究。案例 15—20 主要分析地方绿色金融特色实践，分别探讨了苏州银行绿色金融平台、湖州“数智绿金综合服务平台”、衢州碳账户、山西绿色金融平台、江西省资溪县绿色信贷和深圳市环境污染强制责任保险试点，总结目前地方绿色金融发展的经验证据。

本书由张云、文凤华、韩云主编，多位优秀青年教师和学生共同参与研究和编写工作。本书编写过程中借鉴了同行专家、学者和研究机构的大量文献资料及研究报告，业界专家指导对案例质量提升发挥重要作用，在此表示诚挚谢意！在本书出版之际，特别感谢中国财政经济出版社编辑的大力支持与辛苦付出。因作者水平和经验有限，难免存在疏漏与不当之处，恳请广大师生和读者朋友提出宝贵意见和建议，后续将继续修改完善。

编者

2024 年 3 月

目录
Contents

案例 1　践行 ESG 理念，助力绿色金融发展

——以中国 GS 银行为例*

内容摘要：自 ESG 原则正式提出以来，已在欧洲、美国和其他发达国家积极实践，一系列成果促进了环境、社会、治理等因素以及整个 ESG 的发展和成熟。GS 银行在 2015 年成立了绿色金融研究团队，并开始了"ESG 绿色评级与绿色指数"的研究工作。在多年的工作中，GS 银行坚持将新发展理念融入经营发展工作和社会责任实践中，在服务实体经济、防控金融风险、发展普惠金融、推动绿色发展等方面取得了一系列新发展，实现了经济绩效、环境绩效、社会绩效的整体提升。

关键词：绿色金融；ESG 理念；可持续发展

一、ESG 概述

（一）ESG 的定义

ESG 中的 E（environment，环境）是指企业在生产经营过程中消耗的资源、产生的废物、给环境带来的影响，包括气候变化和温室气体排放；S（social，社会）是指企业的社会生态系统，包括企业与内部员工、政府、当地社区等单位和群体建立的关系；G（governance，治理）则是公司治理体系涉及的内容，如贪污腐败、风险与危机管理、治理结构、股东权益保护等方面。ESG 理念是企业可持续发展相关理念的集大成者，具有高度包

* 本案例作者为刘一腾、徐宛冰、张冰娴和荆楚。其中：刘一腾，经济学博士，上海立信会计金融学院金融学院讲师。徐宛冰，上海立信会计金融学院金融学院本科生；张冰娴，上海立信会计金融学院金融学院本科生；荆楚，上海立信会计金融学院金融学院本科生。

容性。其他理念诸如社会责任投资、负责任投资、绿色金融、影响力投资等，都可以纳入ESG的范畴。

环境、社会和治理（ESG）体系包括三大关键环节：ESG披露、ESG评级和ESG投资。企业根据评价体系包含的内容对相应信息进行披露，评级机构对企业披露的ESG信息进行评价，ESG投资者再根据评价情况控制风险，减少投资的波动，提高长期收益。

（二）国外ESG发展现状

自2004年ESG原则正式提出以来，它已在欧洲、美国和其他发达国家积极实践。一系列成果促进了环境、社会、治理等因素以及整个ESG的发展和成熟，如ESG披露标准、ESG评级体系、ESG投资等。

从全球五大市场责任投资规模增长情况来看，全球ESG投资发展非常不平衡。截至2021年6月30日，全球五大市场（美国、欧洲、加拿大、大洋洲和日本）的ESG基金规模达2.6万亿美元，2020年合计可持续投资（广义ESG投资）的规模已达35万亿美元，可持续投资规模约占总在管资产（98.4万亿美元）的36%。其中，2020年，美国合计ESG投资规模达17.1万亿美元，2016—2020年复合增长率达18.29%，规模占比高达48%；欧洲的ESG投资规模增速回落，2020年为12.0万亿美元，2016—2020年复合增长率为-0.05%，2020年在五大市场规模占比为34%。因此，美国和欧洲的责任投资资产规模之和一直占据全球总责任投资资产规模的82%以上，当前虽然欧洲的责任投资资产规模一直在增长，但增长速度已经放缓，这可能是因为欧洲市场接近饱和。而美国的责任投资规模在2020年超越欧洲，成为世界责任投资资产规模最大的地区。

国外有许多机构专门对ESG设立了评级系统。例如，MSCI对10个ESG主题下的37个关键因素进行打分，每个关键因素的分数由更细致的具体成分指标决定。整个评级体系围绕环境、社会、治理三个方面进行，其中，环境包含了气候变化、自然资本、污染和消耗、环境机会，共14个三级指标；社会包含了人力资本、产品责任、利益相关者对立、社会机会，共15个三级指标；治理是从公司治理和公司行为两个方面考察，共包括8个三级指标（见图1-1）。在汇总ESG三个维度的打分后，通过赋予行业因素一定的权重调整，最终得出CCC至AAA的ESG评级，其中，AAA级与AA级为领先企业，A级、BBB级、BB级为平均水准企业，B级与CCC级为落后企业。

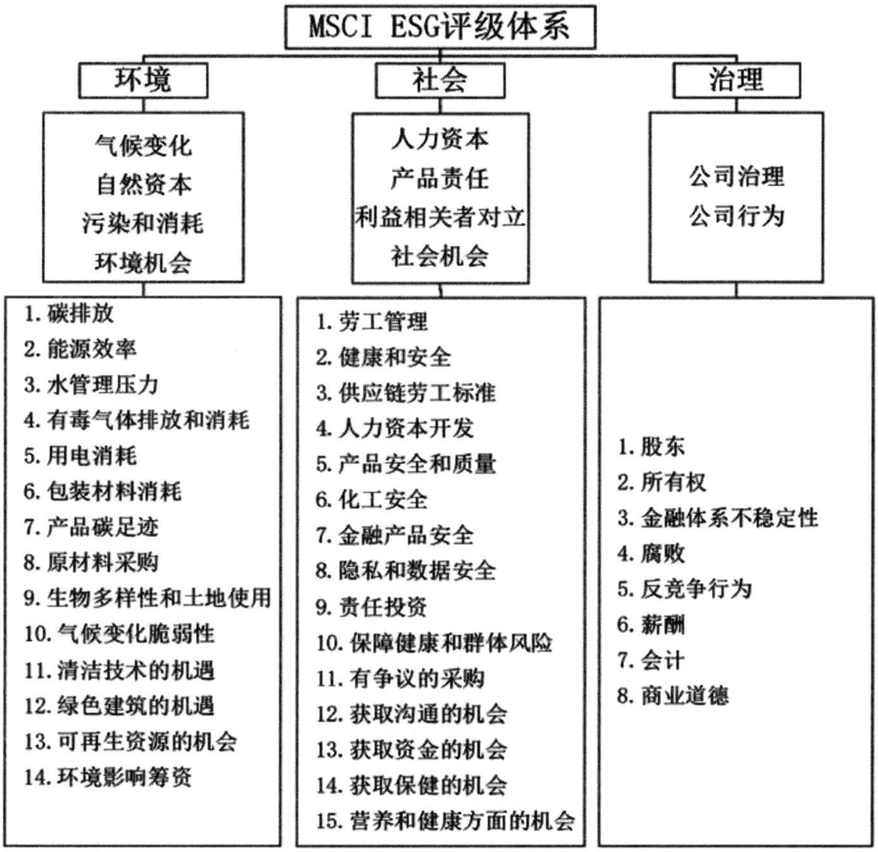

图 1－1　MSCI ESG 评级体系

（三）国内 ESG 发展现状

2006 年 9 月，深圳证券交易所发布《上市公司社会责任指引》（以下简称《指引》），鼓励上市企业按照《指引》的要求逐步建立起社会责任制度，形成并公开披露社会责任报告，称为“CSR 报告”（corporate social responsibility）。CSR 报告可以看作我国在早期进行 ESG 信息披露工作的产物。2020 年 9 月，深交所修订的《上市公司信息披露工作考核办法》中，积极鼓励上市公司发布 ESG 报告、CSR 报告及披露符合国家重大战略方针的信息。

在政策和市场的推动下，我国披露 ESG 信息的上市企业呈增长态势。《中国责任投资年度报告 2021》梳理了 2021 年我国责任投资发展现状和规模。截至 2021 年 10 月底，我国可统计绿色信贷余额达 14.78 万亿元，泛 ESG 公募证券基金规模 5492.42 亿元，绿色债券发行总量 1.65 万亿元，可持续发展挂钩债券发行总量 311 亿元，社会债券发行总量 9766.68 亿元，可持续理财产品规模约 1368 亿元，ESG 私募股权基金规模约为

2000亿元，绿色产业基金规模约1176.61亿元。2011—2021年我国责任投资规模及投资类型分别如图1－2、图1－3所示。

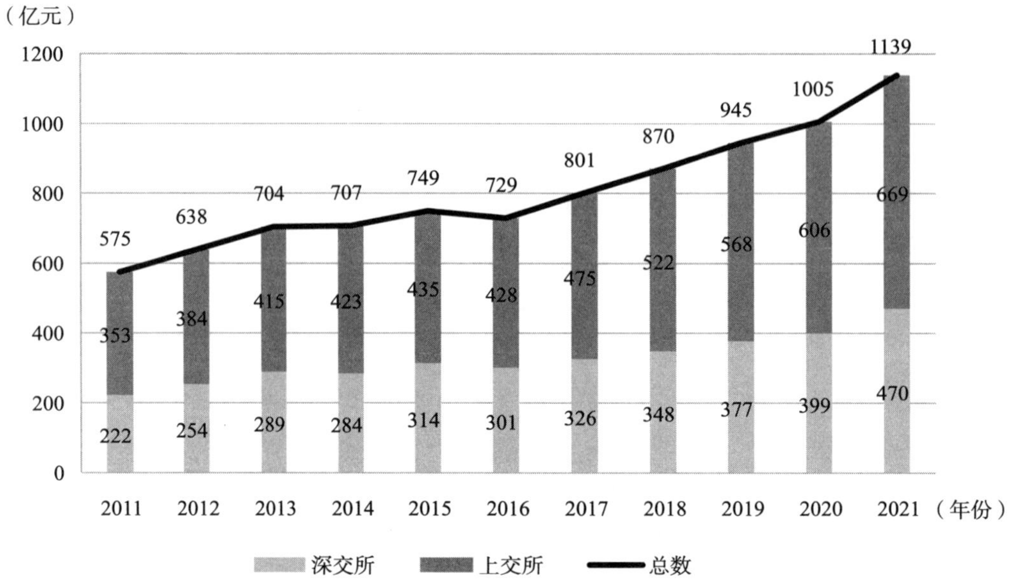

图1－2　2011—2021年中国责任投资规模

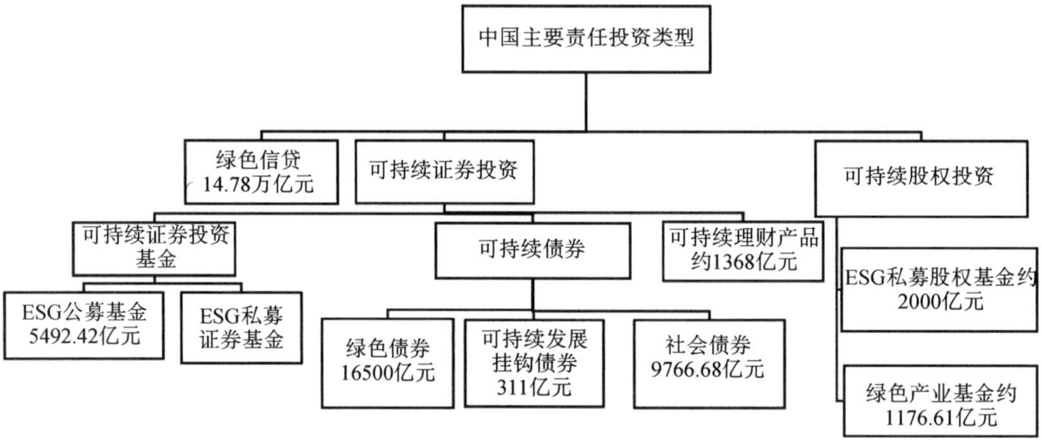

图1－3　中国主要责任投资类型

二、GS银行的ESG理念实践概述

GS银行作为中国人民银行绿色金融委员会的单位成员，对ESG的研究起步较早。GS银行早在2015年就成立了绿色金融研究团队，开始了“ESG绿色评级与绿色指数”的研究工作。GS银行在绿色金融和ESG方面的成就在我国银行业金融机构中处于领先地位，具有典型性。GS银行坚持将新发展理念融入经营发展工作和社会责任实践中，在服务实体经济、防控金融风险、发展普惠金融、推动绿色发展等方面取得了一系列新发展，实现了经济绩效、环境绩效、社会绩效的整体提升。这使GS银行ESG评级得分在银行业的排名较前，绿色信贷规模多年保持中国银行业第一。GS银行披露的ESG数据和绿色金融相关信息较为齐全，在其2021年的ESG报告中，详细介绍了GS银行在绿色金融、低碳运营、服务客户、普惠金融、回报股东、奉献社会、公司治理、风险管理、人力资源、数字化转型等方面的努力与成效，以及社会责任管理与绩效等内容。截至2023年，GS银行已经连续16年编制和发布社会责任报告，连续5年发布绿色金融专题报告。

（一）披露ESG信息

2023年3月30日，GS银行公开发布《中国GS银行股份有限公司2022社会责任（ESG）报告》。这是GS银行连续第16年编制和发布社会责任报告。报告披露ESG信息，包括环境、社会和治理三个方面的内容。

1. 环境

GS银行积极发展绿色金融战略规划，优化绿色金融架构，贯彻落实碳达峰碳中和战略目标，发布“工银绿色银行+”品牌；在境内绿色金融政策制度方面，GS银行完善绿色金融基础管理，健全绿色金融政策制度体系；GS银行不断加强气候风险的识别和管理，将气候风险纳入全面风险管理体系，持续完善气候风险数据库；在绿色金融实践方面，GS银行加强投融资绿色分类管理，加强绿色信贷，按照银保监会口径，GS银行投向节能环保、清洁生产、清洁能源、生态环境、基础设施绿色升级、绿色服务等绿色产业的绿色贷款余额39784.58亿元。

GS银行在全国银行间债券市场成功发行100亿元碳中和绿色金融债券，是监管认可的境内首单商业银行碳中和绿色金融债。报告期内，工银理财发行首只ESG主题理财产品，风险等级为PR2，业绩比较基准4.20%—4.40%，产品期限为两年期。2022年，GS银行发行了14只以生态环境、新能源、ESG、碳中和等为投资方向的基金，绿色租赁业务规模（银保监会口径）436.03亿元，绿色金融领域投资余额466亿元。2020—2022年绿色信贷支持项目折合减排情况如表1－1所示。

表1－1　2020—2022年绿色信贷支持项目折合减排情况　单位：万吨

项目类别 \ 年份	2022	2021	2020

续表

项目类别 \ 年份	2022	2021	2020
折合节约标准煤	7048.31	4783.13	4924.74
折合减排二氧化碳当量	13726.53	9884.69	8524.63
折合减排 COD	35.09	28.38	281.71
折合减排氨氮	9.29	7.26	31.1
折合减排二氧化硫	2925.84	1817.13	2189.30
折合减排氮氧化物	2071.03	1539.46	1424.62
折合节水	10842.27	7521.52	8931.02

2. 社会

在 GS 银行 2022 年的 ESG 社会责任报告中，社会篇主要从“服务客户——客户至上服务实体”“可持续金融服务”“全球金融服务——国际视野、全球经营”“回报股东”“奉献社会”“保障业务连续性和金融服务有效性”六个方面进行报告。

2022 年，GS 银行境内分行本币公司贷款余额达到 12.31 万亿元。在服务实体经济方面，GS 银行致力于西安爱华产业体系建设和先进制造业金融服务、支持数字经济发展、科创企业金融服务和民营企业金融服务，在前三类分别实现了 3.03 万亿元、4557 亿元和 1.75 万亿元的贷款余额。同时，GS 银行还在不断创新普惠金融的服务模式，践行“数字普惠”发展路线，间接助力小微企业向数字化、低碳化转型升级。

在可持续金融服务方面，GS 银行积极开展减贫金融服务、医疗卫生金融服务、教育金融服务、促进就业金融服务、能源金融服务以及保障和改善民生专题等多个系列的金融服务。整个服务范围涵盖了教育、医疗、民生、能源、生物等多个方面，同时还开展了公益金融服务，为超过 2000 家公益慈善组织提供金融服务，与中国红十字会等慈善机构在存款、资金结算、财政集中支付等诸多业务领域保持着长期稳定的合作关系，并在合作中助力提升慈善行业的信息透明度。

在全球金融服务中不断优化国际化经营布局，截至 2022 年，GS 银行共构架了 416 家分支机构，遍布全球 49 个国家和地区，具体机构布局情况如图 1－4 所示。

为更好地回报股东，GS 银行坚持全面、主动、协同、精准有效地进行投资者关系管理，整体市值规模已达 2143 亿美元，保持中国银行业第一。通过线上＋线下、业绩说明＋专题投关会议、上证 e 互动＋投关热线＋投关邮箱等投关活动全渠道，不断提升与投资者沟通的频度、深度、温度。在 2022 年举办了 4 次业绩说明会，并且构建了绿色金融和 ESG 常态化沟通反馈机制，通过业绩说明会与股东进行详细沟通，有效回应投资者关切的问题，不断提升 ESG 市场形象。

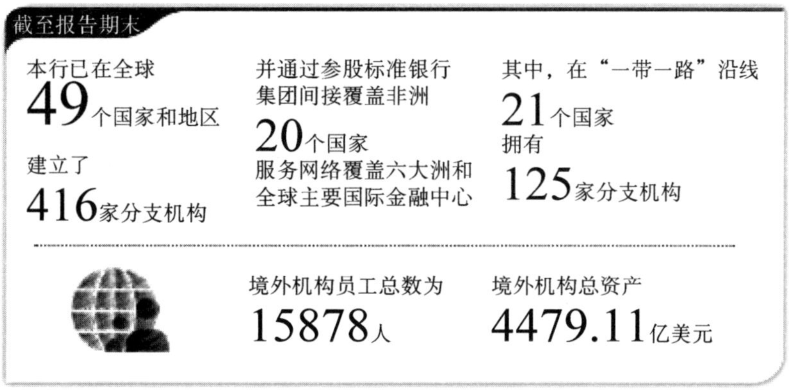

图 1-4 GS 银行国际化经营布局

GS 银行积极开展全球公益活动，在 2022 年共开展志愿公益活动 1.3 万场，参与活动人次超过 15.5 万人次，全年对外捐款 12863 万元。依托“GS 驿站”建设公益惠民服务体系，具体服务情况如图 1-5 所示。此外，工行还围绕特色产业、“爱心助学”、“童心港湾”等进行了多项在教育、医疗、住房和饮水安全等领域的定点帮扶。

3. 治理

2006 年股改上市以来，GS 银行不断完善由股东大会、董事会、监事会、高级管理层组成的“三会一层”的公司治理体制，积极探索党的领导与公司治理有机融合和一体化推进的路径。ESG 治理架构是传统公司治理架构的有益补充，GS 银行 ESG 治理架构如图 1-5 所示。董事会下设战略委员会、社会责任与消费者权益保护委员会、风险管理委员会和高级管理层。董事会积极履行战略决策职能和监督职能，对 ESG 事宜进行全面监管，重点关注绿色金融、普惠金融、消费者权益保护、抗疫及扶贫捐赠等议题。董事会战略委员会负责年度社会责任报告的审议研究，并向董事会提出建议；董事会社会责任与消费者权益保护委员会承担 ESG 相关职责，并向董事会提出建议。高级管理层下设绿色金融委员会、网络金融推进委员会、金融科技委员会、风险管理委员会和普惠金融业务推进委员会。

（二）构建 ESG 评级体系

2017 年，GS 银行在中国金融学会绿色金融委员会举办的环境风险分析国际研讨会上公开发布了《ESG 绿色金融评级及绿色指数研究报告》，报告其 ESG 评级体系研究成果。GS 银行构建了一个包含三大维度、17 个子项、32 个关键指标的 ESG 评级体系（见表 1-2）。该评级体系在国内商业银行尚属首创，填补了中国银行业在 ESG 绿色评级研究领域的空白，对其他商业银行开展绿色金融及 ESG 研究具有指导作用。

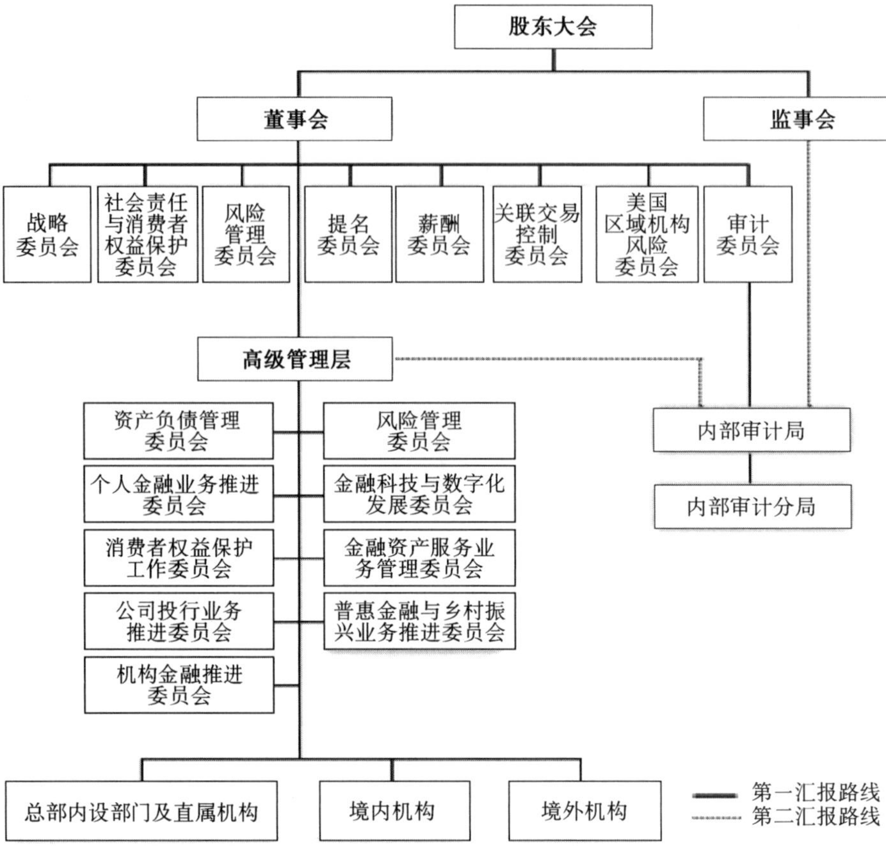

图 1－5　GS 银行 ESG 治理架构

表 1－2　GS 银行 ESG 绿色评级维度内容

维度	子项
环境表现	公司环境友好程度分类 企业生产过程中各类污染物的排放强度 政府的环保处罚和突发环境事件给企业声誉和经营带来的影响 表征企业主动管理风险能力的相关制度与信息披露水平
社会责任	社会责任综合评价 劳动保护 工会与培训 社会公益 突发事件 社会信息披露

续表

维度	子项
公司治理	公司治理综合评价 企业经营足迹 反腐败 税收透明 商业道德 合规经营 公司治理信息披露

在指标应用上，该评级体系选择上证180指数所包含的上市公司进行了四次试评，经过三次样本调整后最终形成“中证180ESG指数”，180家上市公司在历次评级的ESG评分总体呈现正态分布，在时间维度上均值与方差的波动较小，体现了该ESG绿色评级体系自身的稳定性。

（三）研发ESG产品

1. 中证180ESG指数

2018年12月，中国GS银行与中证指数公司联合发布了“中证180ESG指数”（见表1-3）。该指数以“上证180指数”为样本空间，以GS银行ESG绿色评级体系为基础，按照ESG综合评级得分由高到低排名，剔除ESG综合评级得分排名后20%的证券，选取在ESG表现较好的上市公司构建指数，是国内兼具社会责任和投资价值的优质宽基指数。

表1-3　　中证180ESG指数基本信息

指数名称	中证180ESG指数
指数代码	931088. CSI
指数基日	2015年12月31日
发布日期	2018年12月10日
产品跟踪数量	1
指数类型	股票指数
指数基点	1000
发布机构	中证指数有限公司
成分股数量	141
所属系统板块节点	中证其他主题指数
指数简介	中证180ESG指数是从沪市上市企业中，选取在环境、社会、治理这三个方面表现较好的企业为样本，以体现此类公司的整体水平
指数编制方式	报告期指数=（报告期样本的调整市值/除数）×1000

资料来源：Choice金融终端。

2. GXRY 中证 180ESGETF

2021 年 7 月 1 日，中国 GS 银行旗下基金管理公司 GXRY 推出的境内市场首只 ESG 主题 ETF 基金——GXRY 中证 180ESGETF（见表 1－4）正式在上交所挂牌交易。GXRY 中证 180ESGETF 以“中证 180ESG 指数”为跟踪标的。投资者可在二级市场上便捷地投资交易 180ESGETF，布局“碳中和”主题优质资产，把握可持续发展投资机遇。

表 1－4　　GXRY 中证 180ESGETF 基金基本信息

基金名称	工银瑞信中证 180ESGETF
场内简称	ESG180、180ESGETF
基金合同生效日	2021 年 6 月 18 日
基金主代码	510990
基金运作方式	交易型开放式
投资类型	股票型
投资风格	成长型
投资策略	本基金运用完全复制策略，跟踪标的指数的表现，即按照标的指数的股票构成及其权重构建基金股票投资组合，并根据标的指数成分股票及其权重的变化进行相应调整
业绩比较基准	中证 180ESG 指数收益率
基金管理人	工银瑞信基金管理有限公司
基金托管人	招商银行股份有限公司

资料来源：Choice 金融终端。

从表 1－5 可以看出，中证 180ESGETF 过去 3 个月、6 个月、1 年和成立至今的收益率情况。份额净值增长率标准差反映了基金净值的波动情况，标准差越低，代表基金的表现越稳定，波动越小，中证 180ESGETF 份额净值增长率标准差保持在 1.06%，相对较低。过去 3 个月，份额净值增长率有所下降，表明 2023 年第一季度该基金表现比之前更稳定。业绩比较基准收益率标准差则是基金收益率和它的业绩比较基准的对比，这个值越大，表明基金表现超越市场平均水平越多，说明基金业绩优秀。过去 1 年，中证 180ESGETF 业绩比较基准收益率标准差最高为 1.97%，表明该基金表现良好，虽然没有大幅超越市场，但业绩也相对优秀。180ESGETF 累计净值增长率与同期业绩比较基准收益率走势对比如图 1－6 所示。

表 1－5　　GXRY 中证 180ESGETF 基金历史业绩　　单位：%

阶段	净值增长率①	净值增长率标准差②	业绩比较基准收益率③	业绩比较基准收益率标准差④	①－③	②－④
过去 3 个月	3.05	0.81	3.28	0.83	－0.23	－0.02
过去 6 个月	5.70	1.05	5.85	1.08	－0.15	－0.03

续表

阶段	净值增长率①	净值增长率标准差②	业绩比较基准收益率③	业绩比较基准收益率标准差④	①-③	②-④
过去1年	-3.25	1.06	-5.22	1.09	1.97	-0.03
自基金合同生效起至今	-14.88	1.06	-16.18	1.11	1.30	-0.05

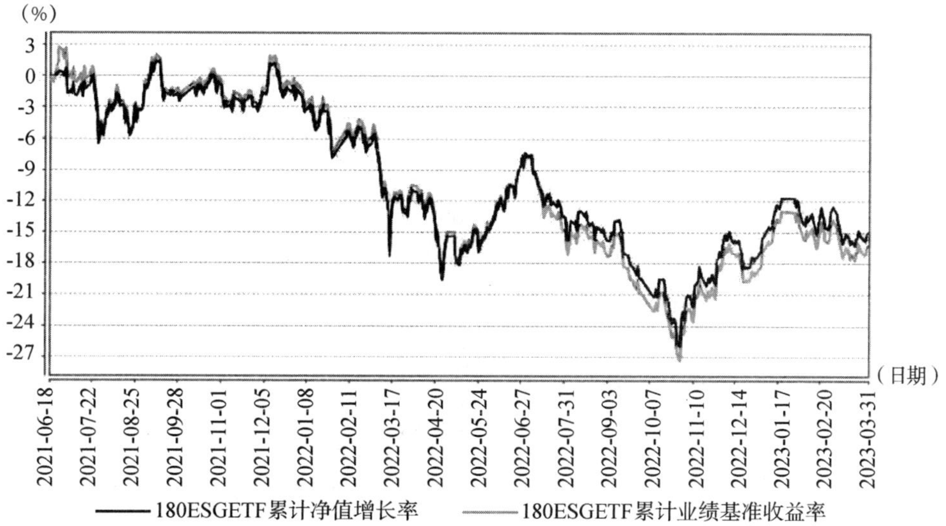

图1-6 180ESGETF累计净值增长率与同期业绩比较基准收益率走势对比

接下来，我们分别从基金公司、基金经理、成立日期、规模、参数和基金投资行业及标的等方面对GXRY中证180ESGETF基金进行分析。

（1）基金公司。

GXRY基金管理有限公司是由中国GS银行和瑞士信贷合资设立的基金管理公司，成立于2005年6月。跨越2个经济周期以上，有一定的经验，对市场的波动能应对自如。目前，该公司持股比例为：中国GS银行80%，瑞士信贷银行20%。表1-6是GXRY基金管理有限公司基本数据。

表1-6 GXRY基金管理有限公司基本数据

类别	数值	排名
非货币型基金规模	4271.73亿元	10
非货币型基金平均规模	15.54亿元	28
近5年股票型基金平均收益	143.3%	6
近5年混合型基金平均收益	128.37%	13
金牛奖获奖数	3	20
基金经理平均任职年限	2年又210天	10

GXRY 基金管理公司中，非货币型基金规模排名已跻身前十，但平均规模仅排在 28 位，与非货币型基金规模相比有较大差距。近 5 年股票型基金和混合型基金平均收益排名均在前 15 名，处于较高水平，但仍需结合其基金规模进行综合分析。金牛奖获奖 3 次，排名第 20，比较一般，并且近 6 年颗粒无收。基金经理平均任职年限排名第 10，表明基金经理的稳定性较高。

GXRY 各类型基金规模占比如图 1－7 所示。货币型基金占总规模的一半，债券型基金占剩下规模的一半，股票型基金和混合型基金又分别占剩下规模的一半。合计近 2000 亿元的规模绝对值表明，GXRY 在权益类基金上的实力仍不容小觑。

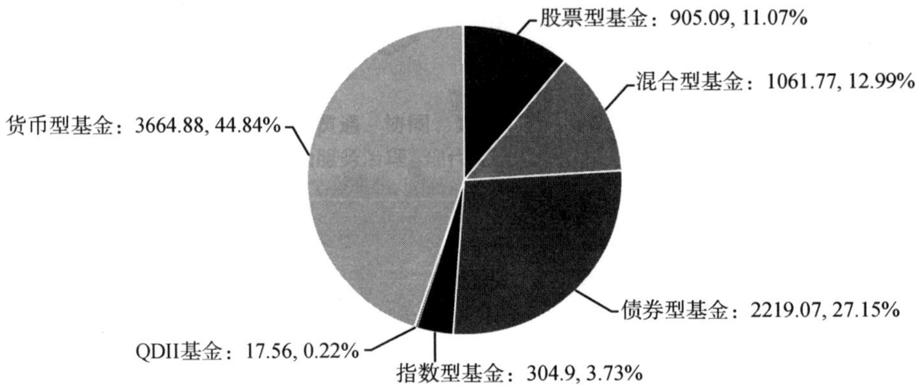

图 1－7　GXRY 各类型基金规模占比

GXRY 旗下股票型基金有 25 只，总规模 905. 09 亿元。公司规模大，且管理的基金规模大。图 1－8 是股票型基金不同阶段的收益水平，无论是近 3 年还是近 5 年的平均收益水平，都显著超过同类平均。

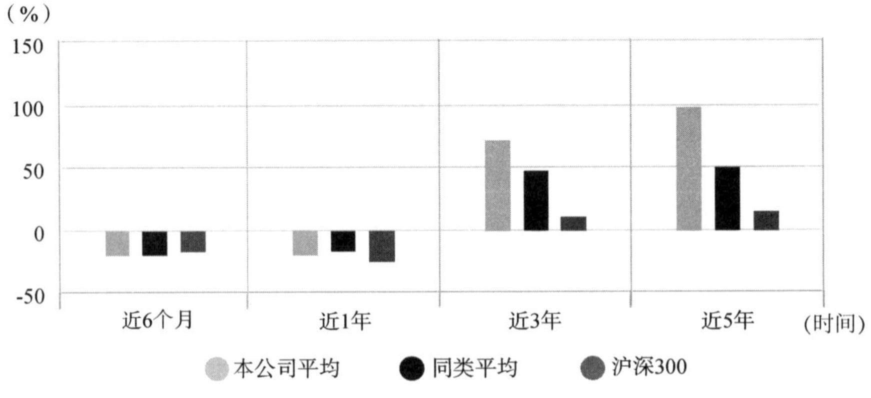

图 1－8　股票型基金收益水平

（2）基金经理。

基金经理掌握着基金投资的大权，如买什么、卖什么和什么时候买卖，都是由基金经理操作。基金经理的操作如何，直接影响基金的业绩和表现。基金管理人邓皓友是本基金的基金经理，现任基金资产总规模 10.53 亿元，任职期间最佳基金回报 33.34%。在 2021 年 6 月 18 日任职，累计任职时间 3 年又 193 天，已经比较熟悉该基金的运作。与同类平均的阶段收益相比，比同类平均水平高 65.13%，且取得了较高的阶段收益。

（3）基金规模。

GXRY 中证 180ESGETF 流通规模计算值 0.53 亿元（2023 年 5 月 8 日）（见图 1－9），基金规模小于 2 亿元，抗压力相对较低，基金不稳定性增强。

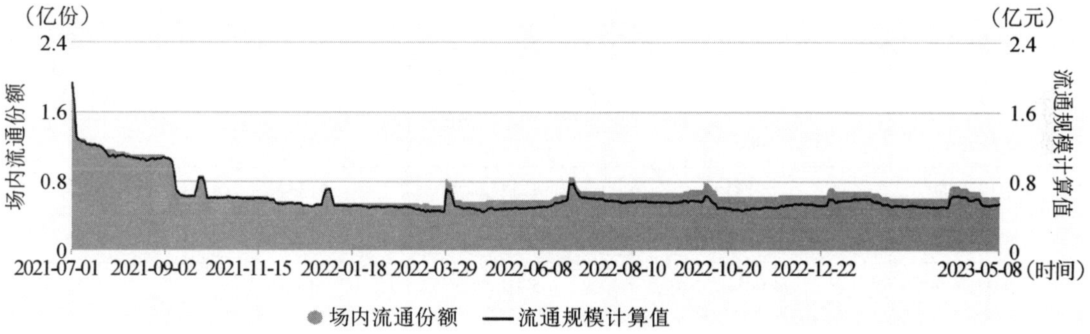

图 1－9　基金流通规模

（4）基金参数。

基金的标准差为 15.18%，反映了基金收益率的波动程度，标准差较小，说明该基金历史阶段收益较为稳定。基金的夏普比率反映基金承担单位风险和所获得的超额收益，夏普比率为 0.39，小于 1，说明收益小于风险，投资者难以获得超额收益。信息比率为 0.13，表示单位主动风险所带来的超额收益较低。跟踪误差为 0.8%，是根据历史的收益率差值数据来描述基金与标的指数之间的密切程度，同时揭示基金收益率围绕标的指数收益率的波动特征。低于同类平均跟踪误差 2.33%，说明基金经理的管理能力较强。

（5）基金投资行业及标的。

资产配置方面，GXRY 中证 180ESGETF 为股票型基金，股票占比为 97.10%，风险较大（见表 1－7）。

表 1－7　　基金资金配置情况

种类	资金（万元）	占总值比例（%）
股票	6048.60	97.10

续表

种类	资金（万元）	占总值比例（%）
债券	0	0
银行存款和结算备付金	164.96	2.65
其他资产	15.75	0.25
报告期：2023-03-31		资产总值：6229.31 万元

表1-8为GXRY中证180ESGETF截至2023年3月31日的十大重仓股票及行业，我们发现，该基金重仓的企业大多是行业龙头或领域内的领先企业，科研能力强、产销规模大，净利润增速较高。GXRY中证180ESGETF投资行业组合排名如表1-9所示。

表1-8　GXRY中证180ESGETF十大重仓股票

股票名称	股票代码	持有量（万股）	市值（万元）	占净值（%）
贵州茅台	600519	0.36	655.20	10.55
招商银行	600036	6.98	239.20	3.85
中国平安	601318	4.72	215.23	3.47
隆基绿能	601012	4.35	175.70	2.83
伊利股份	600887	5.02	146.18	2.35
兴业银行	601166	8.64	145.93	2.35
长江电力	600900	6.49	137.91	2.22
紫金矿业	601899	10.24	126.87	2.04
药明康德	603259	1.55	122.91	1.98
中信证券	600030	5.68	116.42	1.87

表1-9　GXRY中证180ESGETF投资行业组合排名

投资行业组合	市值（亿元）	占净值（%）
制造业	0.27	43.54
金融业	0.17	27.13
采矿业	0.04	6.57
信息传输、软件和信息技术服务业	0.04	6.22
电力、热力、燃气及水生产和供应业	0.02	3.81
建筑业	0.02	2.94
科学研究和技术服务业	0.01	2.00
租赁和商务服务业	0.01	1.77
交通运输、仓储和邮政业	0.01	1.30
房地产业	0.01	1.24

三、GS 银行案例模式分析

（一）GS 银行在践行 ESG 层面的优秀做法

基于对 GS 银行 ESG 理念实践层面践行情况的分析，了解到 GS 银行当前在信息披露方面的设置较为全面，同时也围绕各个模块实施了具体的行动策略并取得了显著的业绩。

一是 GS 银行构建了多维度的 ESG 评级体系。GS 银行的 ESG 评级体系包含了环境、社会、公司治理三个维度，使 GS 银行的信息披露较为全面。首先，GS 银行通过构建 ESG 评级体系，积极倡导绿色金融理念，将环境和社会因素纳入金融业务的考量范围，有助于银行更好地履行社会责任，推动金融体系向更加可持续的方向发展。其次，ESG 评级体系能够帮助 GS 银行更全面地评估客户和项目的风险，包括环境风险和社会风险，有助于 GS 银行更准确地识别潜在的问题和风险，及时采取相应的风险管理措施，降低不良资产的风险。最后，ESG 评级体系提供了更多的信息和数据，有助于引导投资者的投资决策。投资者越来越关注环境和社会因素，因此，具有较高 ESG 评级的项目和企业更有可能获得资金支持。总的来说，GS 银行构建的 ESG 评级体系不仅有助于提高银行的风险管理水平，还能够推动金融行业朝着更可持续的方向发展，为环境和社会可持续性发挥积极作用，同时为其他商业银行的 ESG 研究和实践提供了有益的借鉴。

二是 GS 银行坚持精准有效的投资者关系管理。首先，GS 银行采用全面管理的方式来处理投资者关系，这意味着银行与各类投资者，包括股东、潜在投资者、分析师、机构投资者等，保持密切联系，有助于及时了解市场和投资者的需求、关切点和反馈，以更好地满足他们的期望。其次，GS 银行主动与投资者沟通，定期组织电话会议、业绩发布会、路演活动等，向投资者传达有关银行的最新信息、财务表现和战略规划。这种透明沟通有助于建立信任，提高投资者对银行的信心。再次，GS 银行积极与股东和其他利益相关者进行协同合作，如与机构投资者共同探讨战略合作机会，与政府监管机构合作共同维护市场秩序，以及与社会各界分享可持续发展的最佳实践。最后，GS 银行定期收集、分析和回应投资者的反馈和关切，有助于银行更好地理解投资者的期望，及时解决潜在问题，改进经营绩效，提高股东价值。总的来说，GS 银行通过全面、主动、协同、精准的投资者关系管理，不仅更好地回报了股东，还提高了在市场中的竞争地位。

三是 GS 银行采取多种行动策略来践行 ESG 理念。例如，推出绿色债券、可持续投资基金等各类可持续金融产品，以支持可持续发展项目和企业；通过捐赠和承办、支持慈善项目，支持社会公益事业，承担社会责任；履行环保倡议，支持环保项目，以减少经济发展对环境的不利影响。同时，GS 银行的实践为其他金融机构树立了榜样，鼓励更多机构采取类似的可持续性措施，以促进全球可持续发展。

（二）GS 银行在践行 ESG 层面的改进空间

在 GS 银行的 ESG 评级体系中显示，GS 银行推行的中证 180ESG 指数投资范围广、发展潜力大，但是从其 EFT 基金投资范围来看，基金对绿色投资策略有一定偏离，重仓持有贵州茅台、银行金融等，行业分布范围较广，环境效益有待提高，出现这样的现象可能是由以下三种原因导致的。

一是缺乏统一的评价标准。由于缺乏统一的评价标准，不同地区和部门对上市公司环境责任的评估可能存在较大差异。这导致 GS 银行可能通过选择较为宽松的评价标准来减少对其环境责任的要求，从而规避一些环保措施，影响了环境保护的整体效果。同时，当前市场上缺乏强制性的环境信息披露要求，没有强制要求上市公司进行环境信息披露，可能导致一些公司对自身环境问题不够重视或者故意隐瞒环境数据。投资者和金融机构在评估企业的环境风险和可持续性时缺少足够的信息，投资决策可能会缺乏全面性和准确性。这意味着在投资决策中，他们无法确定哪些企业是在真正推动环保事业，从而使资金难以优先流向环保领域，影响到绿色经济的发展。而面对信息不全面和难以识别的情况，基金经理人在选股时会面临很大的困扰。无法准确了解上市公司的环境责任和绿色程度，可能导致投资组合的风险增加，降低基金的整体表现。

二是绿色证券投资基金缺乏严格的投资约束。绿色证券投资基金是专门投资环保和可持续发展相关企业或项目的投资工具。然而，由于绿色金融领域相对年轻和监管体系尚未完善，很多绿色证券投资基金缺乏严格的投资约束，基金管理者在投资时具有相当大的自主权和灵活性。这种情况下，一些基金管理者为了在短期内追求高回报率和优良的业绩表现，可能会选择投资那些看似有潜力、但实际上与环保无关或关联较小的行业。这些行业往往是高污染、高耗能、资源浪费严重的领域，如传统重工业、煤炭、石油等。虽然这些行业可能在短期内带来较高的收益，但它们的发展不利于环境保护和可持续发展，对于未来的绿色经济和生态环境会带来负面影响。在 GXRY 中证 180ESGETF 中也存在这样的现象，虽然是 ESG 指数基金，却有多项非绿色、非环保的行业基金参与其中。此外，绿色证券投资基金的投资周期和绿色项目的回报周期并不总是完全匹配。一些环保项目的收益可能需要相当长的时间才能实现，而基金管理者面临的压力来自业绩的短期表现。为了满足业绩考核和投资者的期望，他们可能会选择较为传统和短期回报更高的投资标的，而忽视长远的环境责任。由于评价体系和约束的缺失，这些行为不会在 ESG 评级体系中展示出来，但是却会真真切切地影响到绿色投资的实践效果，不利于保护投资者利益和环境利益，违背了 ESG 指数基金的构建初衷。

三是投资者盲目跟风影响绿色基金效果。部分投资者由于缺乏必要的专业知识或者盲目跟风，在投资时往往会忽略所选基金的持仓情况，仅仅根据基金的题材和业绩情况进行投资，这不仅会进一步促使基金管理者过分追求高业绩水平而忽视所投资企业的环境效益，而且与绿色基金创立的初衷相背离。随着绿色投资理念的兴起，越来越多的绿色证券投资基金涌现出来。这些基金通常以环保、清洁能源、可持续发展等题材作为吸引投资者的亮点，并在宣传中强调这些投资具有积极的环境和社会效益。然而，由于一些投资者缺乏必要的专业知识，对于绿色金融的理解和判断能力有限，他们在选择绿色基金时往往只看重基金的主题和过去的业绩表现，而忽略了对基金持仓情况的深入了解。这种盲目跟风的投资行为可能会进一步激发基金管理者对高业绩的追求，忽视对环境效益的长期考虑，从而背离绿色基金的初衷，使本应该用于环保项目和环保企业的资金流向了其他不利于环保的领域。

四、建议及政策

（一）商业银行 ESG 实践发展

通过以上分析，我们针对商业银行 ESG 实践发展提出以下五点建议：

1. 构建适用于中国市场的 ESG 评价体系

科学、系统的 ESG 评级体系是建立 ESG 指数和相关金融产品并给出科学、准确的 ESG 评级评分的基础。在 ESG 理念之下的具体议题和指标因各国和各地区文化背景、发展阶段等的不同而存在不可忽视的客观差异性。我国目前还处于 ESG 发展的初级阶段，ESG 评级当然不能照搬国外的，必须结合我国文化背景和本土资本市场的特点，将国际标准与中国特色有机结合，培育发展权威性的国内 ESG 评级体系。

2. 加强 ESG 数据基础设施建设

成熟的 ESG 评级体系需要丰富、真实的基础数据作为支撑，基础数据的真实性与丰富程度影响着 ESG 评价结果的可靠性。国内的 ESG 数据基础设施并不完备，导致我国 ESG 发展存在数据缺失、信息披露不充分、数据准确性欠缺等问题。加强 ESG 数据基础设施的建设是提升 ESG 数据评价的准确度和实际参考价值的重要环节，这将为进一步丰富 ESG 主题投资产品提供有效的数据支撑。

3. 进一步完善 ESG 信息披露制度

我国 ESG 体系建立较晚，发展至今已经初步形成了由政府主导颁布、金融机构辅助发布的ESG信息披露体制机制，但“双碳”目标提出之后需要披露的内容逐渐增加，对披露格式的要求也更为规范。目前，商业银行的ESG信息披露存在较大的差异性，头部银行的ESG信息披露能力和质量在不断提升，而小规模商业银行在该方面则相对缺乏。加强ESG信息披露是推动公司高质量发展的客观要求，可以树立负责任的公司形象，既有利于绿色债券的发行，也有利于企业的全面发展。进一步建立和完善ESG信息披露制度可从立法、证券交易所配合推动、披露要求过渡为强制披露以及设置奖罚制度等方面入手。同时，商业银行本身也需要对ESG理念有较高的思想觉悟，积极探索实践ESG理念，提升ESG信息披露能力和质量。

4. 丰富深化ESG投资市场

目前，我国ESG投资市场小，绿色投资产品供求不足。在产品供给端，ESG资产管理规模较小，影响机构进行绿色投资。随着我国资本市场改革进入深水区，全面实行股票发行注册制等一系列改革加速，ESG投资也将迎来更好的市场环境与更广阔的创新空间。丰富深化ESG投资市场，重点是丰富ESG绿色投资产品。银行机构应抓住当前ESG投资创新风口，挖掘绿色产业等领域高质量发展需求，积极探索绿色债券品种创新，丰富绿色金融产品体系。例如，鉴于目前GS银行缺乏ESG理财产品的现状，GS银行理财子公司应将ESG理念纳入理财产品的流程管理之中，积极开发ESG主题的理财产品，特别是要加大对权益和混合ESG理财产品研发创新。这不仅有助于加强绿色金融风险管理，实现投资收益，满足监管要求，还能提升差异化竞争能力，实现自身的可持续发展，建设国际领先的绿色银行。

5. 培养ESG专业人才

就ESG投资市场而言，两类专业人才必不可少。首先，研发ESG投资产品，需要ESG专业人才。商业银行可与高等院校开展合作，将对ESG人才的需求与高校进行沟通，通过开设相关课程培养ESG理论知识丰富且实践能力较强的人才。同时，商业银行应进一步加强对ESG相关工作人员的培训，提高员工对ESG的认知。其次，ESG绿色投资者在绿色投资当中扮演着重要角色。扩大ESG投资需求的关键是培育ESG投资者。目前，我国ESG投资市场导向较弱，绿色投资者较少，应采取相应的措施，培育ESG绿色投资者，提高投资者对ESG的认知，树立ESG投资理念。

（二）绿色证券投资

综合来看，目前我国绿色证券投资基金经济效益表现较为突出，但环境效益有待进一步提高，未能很好地兼顾环境效益与经济效益，“绿色”优势尚不明显。

首先，基金经理人对招募说明书中写明的投资策略要充分予以执行，根据投资范围和投资策略严格按照“绿色”标准选股投资，避免为了追求高回报率而忽视投资标的环境绩效的行为。基金经理人在投资前要做好对投资标的的调研，避免盲目跟风，将资金投入到真正有发展潜力且环境绩效优良的企业，同时还应提高基金管理能力和风险分散能力，及时识别潜在风险，积极调整投资计划，注意合理调仓。

其次，进一步完善与绿色证券投资基金发展相关的配套机制和法律法规。对我国绿色证券投资基金的内涵和外延在法律层面做出明确定义，明确基金的分类，对资金投向、运作方式等通过立法方式进行约束，规范绿色证券投资基金发展。完善绿色评估标准，提高环境信息强制披露程度，进一步扩大信息披露主体范围，鼓励非上市公司进行信息披露，对披露内容进行明确规定，同时要确保环境信息披露内容的连续性和时效性。加强环境信息披露不仅可以为投资者提供参考，也便于有关部门进行监管，防范“漂绿”风险。政府还应该完善绿色基金投资绩效评价体系，根据不同绿色基金的特点建立有不同侧重点的绩效考核指标，丰富和完善绿色公募基金评价体系，对绿色基金的经济效益、环境效益、社会效益进行综合、科学的评价，逐步建立与国际接轨的绿色基金评价体系。

最后，提高投资者对绿色证券投资基金的认可度。要激发全社会参与绿色投资的意识，培育更多的绿色投资主体，建立民间资本、国外资本和政府资金等多方参与的多层次、多元化投资主体结构。鉴于绿色环保产业成本高、投入大、周期长的特点，再加上绿色投资自身所固有的外部性与公益性，与社会资本在投资周期和风险收益方面并不完全匹配。需要政府加强政策引导，建立有效的社会动员机制和激励机制，鼓励市场主体主动参与绿色经济建设发展过程。引导养老金、金融机构等长期资金进入绿色投资领域，为环保企业提供更多的长期资金。发挥大型企业集团的作用，将企业投资行为与业务发展相联系，凭借其良好的平台优势和强大的资本运作能力，选择与企业自身发展战略相一致的绿色项目进行投资，这不仅有助于解决绿色项目和绿色企业融资难的问题，也有利于投资企业提升社会声誉和环境绩效水平，履行社会责任。政府等有关部门还应健全风险赔偿机制，解决绿色项目与社会资本在资金需求及风险收益属性方面的错配问题，对于有政府参与投资的绿色基金，政府可以适当让利给社会资本。

【思考题】

（1）加强企业在哪些方面的信息披露可以帮助基金经理甄别绿色投资产品？

（2）结合中国金融市场，应该从哪些方面完善ESG评级体系？

（3）如何帮助投资者科学认识绿色投资产品？

（4）如何平衡对绿色投资基金的投资约束和政策支持？

（5）企业可以从哪些层面来实践ESG理念？

参考文献

[1] 王遂昆，董晨曦．央行担保品绿色金融政策如何助力企业绿色转型［J］．金融与经济，2023（7）：3－16.

[2] 刘自敏，李娟，申颢．绿色金融政策与城市经济高质量发展——来自绿色金融改革创新试验区的证据［J］．金融理论与实践，2023（5）：38－52.

[3] 庹林华，陈涛．绿色基金视角下风险度量模型的实证对比探究［J］．中国市场，2022（35）：39－41.

[4] 季立刚，张天行．“双碳”背景下我国绿色证券市场 ESG 责任投资原则构建论［J］．财经法学，2022（4）：3－20.

[5] 张桂芝，孙红梅．绿色金融抑制碳排放效果的实证研究［J］．区域金融研究，2022（6）：5－14.

[6] 于同奎，黄静娣．绿色金融对碳排放的影响研究［J］．当代金融研究，2022，5（5）：57－70.

[7] 李治宇，洪帅．绿色投资基金绩效评价研究［J］．经济与管理，2022，36（3）：51－57.

[8] 苏东慧，李素梅，王晗．“一带一路”视角下绿色基金风险研究［J］．华北金融，2021（9）：46－54.

[9] 邹小芃，胡嘉炜，姚楠．绿色证券投资基金财务绩效、环境绩效与投资者选择［J］．上海经济研究，2019（12）：33－44.

[10] 单科举．我国绿色发展基金运作情况探析［J］．金融理论与实践，2018（11）：93－96.

[11] 王波，董振南．我国绿色金融制度的完善路径——以绿色债券、绿色信贷与绿色基金为例［J］．金融与经济，2020（4）：84－90.

案例2 LG集团发行绿色债券，赋能企业可持续发展*

内容摘要：在碳达峰碳中和的背景下，绿色金融成为我国产业转型和可持续发展政策的重要着力点。LG集团实践探索发行绿色金融，在产业园区内践行绿色金融改革创新。本研究通过深入分析LG集团绿色债券发行模式，结合监管政策发现我国绿色债券市场存在认定标准、第三方评估和信息披露等方面的问题。本研究为促进我国绿色债券市场健康发展，分别从国际标准互认、强化监管要求和加强政策支持等角度提出政策建议。

关键词：绿色债券；可持续发展；“双碳”目标

一、案例背景

2030年前实现碳达峰、2060年前实现碳中和是我国在应对气候变化进程中向全球所做出的承诺，碳达峰碳中和被写入中央经济工作会议、“十四五”规划纲要、政府工作报告等中央各类重要政策文件。据市场多方预测，碳达峰碳中和这一目标的实现需要百万亿元级的巨大资金投入，年均投资将在3万亿元左右。因此，实现减排目标不仅依靠政府资金，还依靠金融体系在内的市场资金充分参与。

目前，针对环境改善方面的绿色金融业务已经成为当前产业转型政策的重要着力点。产业园区内聚集大量企业和各种生产要素，具有共享资源和克服外部负效应的重要优势。多家金融机构在产业园区内践行绿色金融改革创新，与园区内企业合作，推出一系列绿色金融工具。绿色债券是最主要的绿色金融产品之一，本案例结合LG集团实践探索企业如

---

* 本案例作者为王向进、阿艺佳和杨慧兰。其中：王向进，上海立信会计金融学院金融学院副教授、经济学博士，研究方向为绿色金融、科技金融等；阿艺佳，上海立信会计金融学院金融学院本科生；杨慧兰，上海立信会计金融学院金融学院本科生。

何发行绿色债券，推动能源利用效率提高，实现节能减排、环境效益和经济效益。

二、LG 集团发行绿色债券概述

（一）发行绿色债券的基本情况

上海 LG 经济发展（集团）有限公司（以下简称 LG 集团）多年持续关注探究碳中和、乡村振兴、可持续挂钩融资等绿色金融方案。2018 年 3 月，LG 集团在上海证券交易所发行绿色公司债（见表 2－1），由联席主承销商（摩根士丹利华鑫证券有限责任公司和申万宏源证券承销保荐有限责任公司）负责组建承销团，以余额包销的方式承销。实际发行规模 10 亿元，分为 2 个品种，其中品种一发行规模 6.5 亿元，品种二发行规模 3.5 亿元。本次募集资金用于 LG 科技创新城 A0202 地块项目，即 LG 集团总部大楼创晶科技中心建设，该项目达到绿色建筑设计标准（见表 2－2）。

表 2－1　LG 集团绿色公司债券基本信息表

债券全称	LG 集团公开发行 2018 年绿色公司债券	
债券品种	品种一	品种二
发行人	上海 LG 经济发展（集团）有限公司	
发行规模	6.5 亿元	3.5 亿元
发行利率	5.28%	5.28%
票面金额	100 元	
发行价格	平价发行	
发行方式	公开发行	
发行时间	2018 年 3 月 15 日	
上市场所	上海证券交易所	
评级机构	中诚信证券评估有限公司	
主体评级	AAA 级	
债项评级	AAA 级	AAA 级
期限	4 年	5 年

表 2－2　LG 集团绿色债券募集资金使用情况

项目名称	项目总投资额（万元）	拟使用募集资金额度（万元）	占项目建设成本比例（%）
LG 科技创新城 A0202 地块项目	145558.00	100000.00	68.7

（二）发行绿色债券的项目投向

中诚信国际是本期绿色债券的第三方评级机构。中诚信国际审阅了本次债券募集资金所对应项目的绿色建筑报告、备案意见、环评批复、用地批复和节能批复等相关文件，对项目合规性进行核查，未发现与《中国证监会关于支持绿色债券发展的指导意见》和《上海证券交易所关于开展绿色公司债券试点的通知》不符的情况。本期债券募集资金拟投向的LG科技创新城A0202地块项目属于新建公共建筑，根据《住房和城乡建设部办公厅关于绿色建筑评价标识管理有关工作的通知》中对绿色建筑的相关规定，该项目达到绿色建筑设计标准二星级，属于第一大类“节能”中“1.2可持续建筑”下“1.2.1新建绿色建筑”类。本次债券募集资金可实现节能量2305.92吨标准煤，可替代化石能源量4874.30千克标准煤，水资源节约量2378.37立方米，建设利用可再生循环材料用量42.51万吨（见表2－3）。

表2－3　LG集团绿色债券项目预计可实现环境效益表

拟投向项目总体可实现的环境效益（每年）		本次债券募集资金可实现的环境效益	
节能量	3357.41吨标准煤	节能量	2305.92吨标准煤
可替代化石能源量	7096.99千克标准煤	可替代化石能源量	4874.30千克标准煤
水资源节约量	3462.90立方米	水资源节约量	2378.37立方米
建设利用可再生循环材料用量	61.89万吨	建设利用可再生循环材料用量	42.51万吨

（三）发行绿色债券的优势

1. 融资手续简便、融资审批快

《中国证监会关于支持绿色债券发展的指导意见》中指出，绿色债券的发行实行“专人对接、专项审核”，适用“即报即审”政策。为了提高绿色债券上市预审核和挂牌条件确认的工作效率，交易所专门为绿色债券的申报、受理及审核开辟了绿色通道。

2. 融资成本相对较低

发债成本较普通债券更低。这是因为各地政府为了支持发债企业，减轻企业负担，针对绿色债券专门出台一系列补贴政策，如通过税收减免、投资机构监管指标优惠、财政贴息等方式降低企业融资成本。

3. 支持六大类绿色项目

根据《绿色债券支持项目目录（2021年版）》，其支持项目包括六大类：节能环保产业、清洁生产产业、清洁能源产业、生态环境产业、基础设施绿色升级、绿色服务。与新片区高度相关的绿色债券支持项目有：新能源汽车关键零部件制造和产业化、充电、换电及加氢设备制造、绿色船舶制造、园区污染治理集中化改造、危险废物处理处置、园区资源利用高效化改造、风力发电装备制造、海洋能开发利用装备制造、风力发电设施建设和运营、超低能耗技术、绿色建筑、建筑可再生能源应用、城乡公共交通系统建设和运营等项目。本次发行属于节能—可持续建筑—新建绿色建筑绿色项目。

三、绿色债券市场发展模式分析

绿色债券通常指政府部门、金融机构或企业为发展符合规定条件的绿色项目向社会募集资金的一种债权债务凭证。绿色债券是绿色金融领域大力发展的融资工具，其区别于其他债券的核心特征就是发行人募集资金须投放于具有环保效益的绿色项目，核心社会效益是实现绿色环境效益。

（一）绿色债券的参与主体

绿色债券参与主体包括发行主体、交易平台、监管机构、登记结算和托管机构等。

（1）发行主体：金融机构、政府、企业单位。

（2）交易平台：银行间市场、交易所（沪深两市、新三板）、机构间私募产品报价与转让系统、券商柜台、银行柜台。

（3）监管机构：中国人民银行、国家金融监督管理总局主管发行金融债；财政部发行国债和地方债；国家发展改革委批准发行企业债；证监会审核公开发行债券和非公开发行债券。

（4）登记结算和托管机构：中央国债登记结算有限责任公司、上海清算所；中国证券登记结算有限责任公司及证监会认可的其他机构。

发行人、投资人和中介机构是绿色债券一级市场参与者。其中，发债主体从开始的财政部发展到包括政府、政策性银行、金融机构和企业等多种类型、多层次的发行人结构。一级市场的投资者主要包括社会公众团体、企事业法人、证券经营机构、非营利机构、外国企事业机构和个人投资者等。由于一级市场大部分债券采用承购包销的形式，主要投资者是机构投资者，特别是资金实力雄厚的金融机构。

中介机构主要包括承销商、信息咨询类机构、信用评级机构、律师事务所、会计师事务所、专业的绿色债券认证机构、登记托管机构、中央国债登记结算公司及中国证券登记结算公司等。

（二）绿色债券的发行与承销

1. 绿色债券的发行

首先，要确认所发债券是否具备绿色属性。绿色债券的发行流程类似于普通债券，但更加重视治理、可追踪性和透明度。绿色债券发行方案制定需要依据绿色产业项目的特征和需要综合平衡。除此以外，还需要根据募集资金用途、项目回收期、募投项目建设期、项目预测现金流情况等多方面选择发债类型。

2. 绿色债券的承销

企业在进行债券融资前，承销商会负责债券的准备和发行的相关工作，根据债券的性质和要求向发行人提供多方面的建议，以实现最优筹资。发行公司债券应当由具有证券承销业务资质的证券公司承销。金融债、企业债和中期票据等非金融企业债务融资工具，各相关文件均规定应由金融机构承销。

（三）绿色债券支持项目范围及评估认证

1. 国际绿色债券标准

（1）国际资本市场协会（ICMA）的《绿色债券原则》（GBP）。

国际资本市场协会（ICMA）倡导的《绿色债券原则》（GBP）规定，绿色债券的募集资金应用于绿色项目（包括项目、资产或产业，下同），并在四个方面符合相关原则。

首先，募集资金用途方面。发行人需要在募集说明书等相关法律文件中对本次发行绿色债券的募集资金用途做出适当描述，并且确保拟投向的绿色项目能够产生积极、可量化评估的环境效益。

其次，项目评估和筛选流程方面。发行人应在相关文件中对本次募集资金所投项目是否符合绿色债券标准及其参考依据进行披露，并且详细披露具体决策过程。

再次，募集资金管理方面。绿色债券的募集资金应可以追溯管理。因此，发行人需建立相应制度设立专门账户或以适当方式对募集资金的使用进行追溯。另外，募集资金是否被用于绿色项目的投资与运作还需要通过内部建立正式的验资流程。若发行人将闲置资金进行适当投资，应根据相关要求及时向投资者披露。

最后，报告和披露方面。发行人需要按照规定定期对外披露募集资金使用情况，具体披露内容包括募集资金投向的项目的简要描述、绿色项目清单、募集资金的支出总额和项目的预期影响等。

（2）气候债券倡议组织（CBI）的《气候债券标准》（CBS）。

气候债券倡议组织认可的绿色项目类型包括太阳能、风能、低碳建筑、快速公交系统、低碳运输、农林、生物质能、水资源、基础设施环境适应力、地热能、工业能效、废弃物管理和其他可再生能源等。需要强调的是，CBS 明确排除了所有与化石燃料相关的项目。目前使用的是 2019 年 12 月 11 日发布的最新的气候债券标准 V3.0。

2. 国内绿色债券标准

2021 年 4 月，中国人民银行、国家发展改革委、证监会联合发布的《绿色债券支持项目目录（2021 年版）》是专门用于界定和遴选符合各类绿色债券支持和适用范围的绿色项目和绿色领域的专业性目录清单。《绿色债券支持项目目录（2021 年版）》修订和调整了绿色债券的统一标准及用途、绿色债券发行管理模式等方面的内容，实现了国内绿色债券监管标准的重大突破。

（1）科学规范绿色项目界定标准。将煤炭等化石能源清洁利用等高碳排放项目从支持范围目录中去除。为了严格减碳约束，首次采纳国际通行的“无重大损害”原则规范绿色范围界定。

（2）优化债券发行管理模式。解决了绿色债券各相关管理部门对绿色项目的界定标准不统一的现象，有效降低绿色债券发行、交易和管理成本，提升绿色债券市场的定价效率。

（3）稳定我国绿色债券发展框架。为了境内外主体更好地识别、查询和投资绿色资产，设定《绿色债券支持项目目录（2021 年版）》的二级和三级目录与国际主流绿色资产分类标准一致，四级目录与《绿色产业指导目录（2019 年版）》三级目录一致，以促进国家绿色低碳转型发展重点项目得到“清单”式金融服务。

3. 绿色债券评估认证

绿色债券的募集资金需要按规定投向可以产生环境效益的绿色项目。由于信息不对称，往往需要引入第三方认证，增加绿色债券项目信息披露的透明度，以提高发行人声誉和投资者的信赖程度。国际上活跃的认证机构主要包括环境咨询机构、学术研究机构、国际审计机构、社会责任咨询公司和传统检验认证机构，依据主要是《绿色债券原则》和《气候债券标准》。

（1）《绿色债券原则》建议债券发行人使用外部审查的方式确认其发行的债券符合其规定的核心要件。

（2）《气候债券标准》要求相对严格。债券发行人希望债券被认定为气候债券，必须进行第三方认证，气候债券倡议组织推荐的第三方认证包括：利用气候债券倡议组织批准的审核者，根据《气候债券标准》进行绿色债券的认证；寻找信誉良好的科学机构对绿色债券的资质进行审查。

2017 年 12 月，中国人民银行、证监会联合发布《绿色债券评估认证行为指引（暂行)》（以下简称《指引》），明确指出“绿色债券评估认证包含发行前和存续期评估认证两部分”。

（1）发行前评估认证重点判断发行人绿色债券框架“是否合规完备”，内容包括绿色项目以及绿色项目筛选和决策程序是否合规、募集资金管理、信息披露报告制度是否完备、环境效益目标是否合理。

（2）存续期评估认证重点判断上述内容“是否有效执行”，主要包括对募集资金使用、信息披露合规性和环境效益预期目标实现程度的评价。绿色金融债券存续期按年进行认证；非金融债则在存续期满一年进行存续期首次认证，并于投资的绿色项目发生更新时进行更新认证。

《指引》对绿色债券评估认证机构提出了制度要求、资质要求、人员要求，评估认证机构开展绿色债券评估认证业务，应当具备以下四项条件：

（1）建立了开展绿色债券评估认证业务所必备的组织架构、工作流程、技术方法、收费标准、质量控制、职业责任保险等相关制度；

（2）具有有权部门授予的评级、认证、鉴证、能源、气候或环境领域执业资质；

（3）具有相应的会计、审计、金融、能源、气候或环境领域专业人员；

（4）最近 3 年或自成立以来不存在违法违规行为和不良诚信记录。

2018 年 12 月 7 日，在中国人民银行、证监会等主管部门的指导下，绿色债券标准委员会成立，旨在研究制定绿色债券评估认证备案操作规则，实施市场化评价，并开展执业行为检查，通过形成优胜劣汰的市场环境提升专业水平。

（四）绿色债券市场发展的监管政策

公司发行绿色债券应符合普通公司债券的发行条件、上市或挂牌条件、信息披露、投资者适当性管理、债券持有人权益保护等方面的要求。

自 2015 年年末中国人民银行、国家发展改革委及中国金融学会绿金委相继发布文件开始构建中国绿色金融体系，制定一系列监管政策规范不同市场绿色债券的发行条件、审核要求、信息披露、交易规范、项目定义及投向范围等。2016 年，上交所和深交所建立绿色公司债的发行与交易规范；2017 年，中国银行间市场交易商协会建立非金融企业绿色债券的发行与交易规范；2019 年，国家发展改革委印发《绿色产业指导目录（2019 年版)》，开始明确绿色产业和绿色项目的界定与分类，中国人民银行出台政策支持试验区内企业注册发行绿色债务融资工具；2020 年，上交所和深交所对绿色债券上市申请的监管标准、信息披露及审核要求进行相关规范；2021 年，中国人民银行、国家发展改革委、证监会联合发布《绿色债券支持项目目录（2021 年版)》等相关文件政策，进一步统一绿色债券的标准及用途，重新调整募集资金投向。在发行审核过程中，证券交易所除按照普通公司债券审核内容进行审核外，还应该按照以上相关文件对绿色债券是否符合政策要求等进行审核。

（五）绿色债券市场发展存在的问题

通过分析绿色债券市场发展模式发现，绿色债券项目范围逐渐国际化，支持绿色债券发行的政策越来越多，债券市场的认可度也随之提升，但是仍存在以下问题：

（1）国内外标准仍存差异。国内外绿色债券标准的差异主要源于各国政策支持方向的区别。例如，国内募集资金使用用于一般公司用途的比重明显高于国际标准，导致国内外绿色债券相互认定困难，最终必然影响绿色债券跨境投资和交易成本。

（2）第三方评估有待规范。由于信息不对称问题的存在，发行绿色债券募集资金往往需要引入第三方评估认证。2017 年，中国人民银行、证监会联合发布了《指引》，该文件尚未明确具体评估细节，因此我国外部评估行业仍存在诸多管理不规范的行为，无法对绿色债券发行人的行为及项目做出合理评估。

（3）信息披露文件指引不完备。2021 年，优化了信息披露相关规则，使部分绿色债券的披露得到规范，但是仍存在部分绿色债券未按照要求披露资金使用用途，以及某些品种绿色债券品种需进一步披露的情况。信息披露内容和频率不完善的情况会增加投资者获取绿色债券信息的难度和投资难度。

四、结论与建议

（一）LG 集团发行绿色债券具有创新意义

LG 集团本次发行具有创新性的意义，LG 集团成为上海市首家发行绿色债券的非金融企业，也是上海证券交易所首单以绿色建筑为标的的绿色债券。目前，LG 集团也在持续推进绿色金融，积极研究和探讨碳中和、乡村振兴、可持续挂钩融资等绿色金融方案，引导产业绿色发展，打造绿色园区。在国家产业政策扶持和指导下，园区集聚特色产业经过快速发展，为经济腾飞作出突出贡献。过快的扩张造成园区发展面临一定的瓶颈问题。为了应对激烈的竞争和转型压力，园区发展呈现由粗放式向集约化转变的趋势，也产生了大量的融资需求。为了实现碳达峰碳中和的目标，政策层面的出台和金融体系的构建增加了绿色金融的业务机会。同时，通过产融结合，由金融机构深度参与绿色金融助推园区可持续发展，抑制或优化高碳行业，加大推动清洁能源与绿色行业发展力度，实现金融与产业双向共赢局面。

（二）绿色债券市场发展的政策建议

从绿色债券市场发展本身的战略意义角度来看，未来绿色债券市场发展前景广阔，其健康发展不仅将助力各行业长期可持续发展并为行业发展提供新的利润增长点，更有助于实体经济个体自身顺应政策导向及宏观经济趋势。未来应及时修正发展战略，适应新环境、新变化，在激烈的全球化竞争中取得优势，分别从以下三个方面提出政策建议。

（1）完善制定标准，推进国际互认。比对绿色债券国内和国际标准之间在募集资金使用比例及用途两方面的差异，进一步修正对接国际标准，推动国际互认弥补差距；积极参与国际绿色债券标准认定和规则制定，增加国际影响力。

（2）吸取国际经验，强化监管要求。吸取国际绿色债券发展监管经验，基于微观层面制定政策和交易框架；推动第三方评估认证标准和流程的规范化和透明化，严格监督第三方评估机构执行标准，提高评估结果的公信度；政策上分别从定性、定量角度优化管理绿色债券的信息披露，定期跟踪后期情况，有效监管资金使用，防止损害投资者利益的违法违规行为发生。

（3）加大发行支持，优化投资者结构。持续加大财政支持力度，对绿色债券发行企业主体采取主动激励措施；增加发行补贴、加快审批通道，对绿色企业和项目认定费用进行补助、对绿色债券违约进行风险补偿；加大对发行“碳中和债”的政策支持力度，鼓励高碳企业积极践行绿色发展理念向低碳化转型；建立社会责任投资者制度，引导投资者树立绿色投资意识，培养投资者积极践行ESG投资理念，提高市场对绿色债券的关注度以及对绿色债券的接受认可程度。

【思考题】

（1）发行绿色债券募集资金可以投向哪些方面？

（2）发行绿色债券与其他金融工具相比具有哪些优势？

（3）绿色债券发行参与主体包括哪些？

（4）国内和国际绿色债券标准有什么区别？

（5）结合我国绿色债券市场发展存在的问题提几点政策建议。

参考文献

[1] 陈骁，张明．中国的绿色债券市场：特征事实、内生动力与现存挑战［J］．国际经济评论，2022，157（1）：104－133＋7.

[2] 陈幸幸，宋献中，齐宇．绿色债券与企业技术创新［J］．管理科学，2022，35（5）：51－66.

[3] 李勇．绿色债券专题报告之一：九万里鹏风正举——绿色债券市场回眸 2021，展望 2022［R］．东吴证券，2022.

[4] 刘宛晨，刘文蓉，彭刚龙．我国绿色债券规则完善与制度优化研究［J］．财经理论与实践，2022，43（6）：64－71.

[5] 张文，陈志峰．我国绿色债券市场保障制度：现状、问题与政策建议［J］．南方金融，2022，549（5）：70－78.

[6] 李凌，高雨萌．钢铁企业绿色债券发行的挑战与机遇［J］．中国钢铁业，2022（5）：22－26.

[7] 陈婉．首次统一绿色债券评估认证标准［J］．环境经济，2018（1）：38－39.

[8] 丁辉．双碳背景下中国气候投融资政策与发展研究［D］．中国科学技术大学，2021.

[9] 张末冬．人民银行发展改革委证监会印发《绿色债券支持项目目录（2021 年版）》［N］．金融时报，2021－04－22（001）.

[10] 李娜．三部门联合印发《绿色债券支持项目目录（2021 年版）》［N］．财会信报，2021－04－26（A03）.

[11] 马英博．基于国际经验的绿色债券标准研究［D］．暨南大学，2018.

案例3　SYHB绿色债券信用评级案例研究*

内容摘要：面对全球对气候变化和严峻的环境问题，绿色债券作为一种重要的金融工具，在支持可再生能源、能源效率和其他环境友好项目发展上发挥越来越重要的作用。本案例以SYHB绿色债券信用评级作为案例，对SYHB财务能力、绿色债券对SYHB影响和SYHB发行绿色债券的动因三个方面进行了分析，并得出相关结论和建议。

关键词：绿色债券；信用评级

一、案例背景

随着全球气候变化和环境问题日益加剧，绿色金融市场逐渐成为全球的研究热点。其中，绿色债券作为一种绿色金融工具，已经成为环境领域融资的主要方式之一。绿色债券是指以环保项目或可持续发展项目为基础的债券，资金用于支持环境友好型的投资项目。绿色债券市场的快速增长反映了全球范围内的环保意识和环境问题的严重性，根据国际金融公司（IFC）发布的数据，绿色债券市场规模从2013年的不足100亿美元增长到2019年的约2500亿美元，且仍在快速增长。绿色债券的发行和投资有助于推动环境友好型产业的发展，减缓气候变化和环境污染的影响，同时给投资者提供一个投资风险较低的选择，具有很高的社会和经济价值。

我国绿色债券市场正处于向高质量发展的转型时期，信用评级对市场的重要程度在不断地提高，对绿色企业提出了更高的需求。研究绿色债券评级，有助于融资主体获得低息债券，获得政府贴息和降低融资成本；对于投资者或投资机构来说，能整体评估绿色债券

* 本案例作者为周珊珊和江展鹏。其中：周珊珊，经济学博士，上海立信会计金融学院金融学院讲师；江展鹏（通讯作者），上海立信会计金融学院金融学院本科生。

的水平和环境绩效，降低投资风险；对于政府部门来说，能激励绿色企业。本文以绿色债券为案例，对发行主体的基本情况、重点业务分布情况和发行债券的成因进行介绍，了解其主体评级和绿色债券评级。

二、案例概述

（一）SYHB 概况

1. 公司概况

公司的前身是澄海市树业编织厂，2014 年在新三板挂牌上市，在全国股份转让系统进行挂牌公开转让，股权的结构并未发生变更，所募集的资金主要用于对公司废料“膜到膜”循环利用项目和“环保生物自降解快递袋”生产线及配套设施的建设。公司主要经营薄膜业务和包装业务，薄膜业务为双向拉伸聚酯薄膜（BOPET）业务（见表3－1）。

表 3－1　　SYHB 业务范围

子公司	主营业务	设立时间	控股比例（%）
广东 SYHB 研究院有限公司	环保技术研发	2016－8－9	100
广东 SYHB 包装有限公司	生物降解快递袋研发	2016－11－25	100
汕头市 SYHB 包装有限公司	生产环保包装材料	2017－1－23	75.44

数据来源：根据中证鹏元公布资料整理。

2. 公司的治理和管理

实际控制人在 2017 年增持到 30.08%。从股权结构看，公司股权较为分散，公司第一大股东和实际控制人为兄弟关系，除此之外，公司股东之间不存在其他关联关系（见表 3－2）。从公司人员情况看，公司董事长兼总经理、董事兼副总经理、监事会主席、采购部经理等均具有多年塑料薄膜行业工作经验，对公司主营业务较为熟悉，有利于公司日常经营。截至 2017 年 12 月末，公司共有员工 467 人，其中销售人员和技术人员的占比分别为 8.14% 和 16.70%，大专以上学历占比 46.89%，公司员工构成能够满足日常经营管理所需。

表 3－2　　前三大股东的持股情况（截至 2018 年 3 月）

股东名称	期末持股数（股）	质押股数（股）	控股比例（%）
第一大股东	67369000	66000000	97.97

续表

股东名称	期末持股数（股）	质押股数（股）	控股比例（%）
实际控制人	41878000	7167764	17.12
星辉互动娱乐股份有限公司	21344000	0	0

数据来源：根据中证鹏元公布资料整理。

3. 运营环境

公司主要经营薄膜业务和包装业务。薄膜业务为双向拉伸聚酯薄膜业务，塑料软包装行业的上游供给充足，但在低端市场，中小企业发展的业务众多，供给充足。塑料软包装在未来几年平均价格有一定的下行压力，随着劳动力成本价格的上涨，会进一步压榨公司的利润。在环保购物袋市场里，环保购物袋属于劳动密集型行业，缺乏创新性，SYHB 的成本优势逐渐减弱，但由于消费行业的快速增长和限塑令的预期及其他政策，环保购物袋的市场会得到进一步提升；在电子商务方面，快递袋的市场也随着电子商务市场不断扩大而更加广阔，但市场上主要是聚氯乙烯或聚乙烯，难以降解。随着各项环境政策的出台，电子商务行业也正在向绿色包装方向发展。在国家扶持政策方向下，SYHB 的功能性聚酯薄膜受到了国家的重点扶持，为功能性聚酯薄膜产品的发展提供了有力的政策保障。

4. 经营与竞争

公司主要采用“以销定产”，同时保留安全库存的生产模式。公司先与客户签订合同，客户每次采购再以订单的形式发送给公司确认。生产部门按照客户确定的产品规格、供货时间、质量和数量组织生产，并通知采购部门根据生产订单实时变更物料采购计划、调整生产顺序，协调生产资源配备，满足客户个性化需求。同时，公司通常还会在客户订单基础上，预留一定的安全库存，以备客户的额外需要。但是，公司 BOPET 产品的生产能力有限，对于这部分产品的生产，公司采用外协生产模式，即公司提供生产所需的原材料及辅料，外协厂商按照公司提供的图纸或样品进行生产，通过支付加工费的方式取得外协服务。公司包装产品分为内销、外销两部分，2015—2017 年内销占比逐渐提升，主要是受东南亚等低劳动力成本国家的冲击，国际订单毛利下降，行业内竞争压力较大（见表 3 -3）。

表 3 -3　　2015—2017 年内外销情况　　单位：万元

年份	内销	占比（%）	外销	占比（%）
2015	40673.44	72	16049.24	28
2016	55136.38	81	12970.57	19
2017	64327.88	86	10729.63	14

数据来源：根据中证鹏元公布资料整理。

由表3－3可以看出，公司在东南亚竞争的环境下，将销售策略逐步转移到国内市场，但是国内市场也在爆发式增长，公司未来销售量和利润也会受到一定的负面影响。

（二）SYHB绿色债券债项评级概况

1. 债券基本情况

（1）债券名称：2018年SYHB科技股份有限公司绿色债券。

（2）发行总额：2亿元。

（3）债券期限和利率：4年期固定利率债券，附存续期内第3年末调整票面利率选择权及投资者回售选择权。

（4）还本付息方式：每年付息一次，到期一次还本，最后一期利息随本金的兑付一起支付。

（5）本期债券募集资金用途：项目拟建设光学级BOPET薄膜生产线项目，即将厂区原有BOPET薄膜生产线通用仓库改建成光学级BOPET薄膜生产车间，购进主要生产工艺设备及配套装置，利用废旧聚酯材料回收获得的PET切片，生产光学级BOPET薄膜。项目建成后将形成光学级BOPET薄膜25000吨的年产能（见表3－4）。

表3－4　　本期债券募集资金投向明细　　单位：万元

项目名称	总投资	募集资金使用规模	占投资比例（%）
光学级BOPET薄膜生产线	31060.43	12000.00	38.63
补充公司营运资金	—	8000.00	—
合计	31060.43	20000.00	—

数据来源：SYHB科技股份有限公司提供。

2. 债项担保方风险评估

在对SYHB的主体信用评级的过程中可以了解到，公司的偿债能力不足，流动性不足，存在一定的资金压力。这可能会使除环保型投资者之外的投资者产生负面态度，不利于绿色企业的转型和融资。所以，SYHB寻求了担保机构对其发行的绿色债券进行增信。

（1）担保企业的现状。粤财担保集团成立于2009年2月17日，原名广东省中小企业信用再担保有限公司，由广东粤财投资控股有限公司初始注册资本20亿元。2011年3月更名为广东省融资再担保有限公司，2021年4月19日更名为现名。经过历年增资，截至2020年年末，粤财担保集团注册资本为60.60亿元，由粤财控股全资控股。粤财控股成立于1984年，是广东省人民政府授权经营单位，资本实力雄厚。粤财担保集团最终控制人为广东省人民政府。因此，该绿色债券实际上是由政府信用背书。

（2）增信后绿债等级。广东再担保的保证担保有效提升了本期债券的信用水平。本期绿色债券由广东粤财融资担保集团有限公司提供无条件的、不可撤销的销连带责任保证担保，担保范围包括本期债券本金及利息、违约金、损害赔偿金、实现债权的费用和其他应支付的费用，担保期限为本期债券的存续期及债券到期之日起 2 年。经中证鹏元综合评定，其主体长期信用等级为 AAA，由其为本期债券提供无条件的不可撤销的连带责任保证担保，有效提升了本期债券的信用水平。

3. SYHB 跟踪评级

（1）SYHB 主体跟踪评级。2018 年后，公司流动性大幅减弱，公司存在多项财务报告内部控制重大缺陷；无法提供资金拆借可回收性和股权转让款回收性的审计报告；对 SYHB 可持续性经营存在很大的不确定性；公司股票自 2021 年 5 月 7 日被实施其他风险警告，股票简称由“SYHB”变为“STSY”，中证鹏元决定将公司的长期信用等级从 AA－下调至 A。由于在此之后并未给予审计报告，SYHB 在 4 个月内评分一路下滑。2021 年 8 月以来，中证鹏元多次对 SYHB 及本期债券进行日常风险事件回访和不定期跟踪，SYHB 均未能配合评级项目组提供回访或不定期跟踪所需关键材料及信息，中证鹏元无法对 SYHB 的信用状况作出判断，从而终止对其跟踪评级（见表 3－5）。

表 3－5　中证鹏元对 SYHB 评分的调整

评级性质	债项级别	主体级别	日期	展望
调级公告	AAA	BBB－	2021－8－11	负面
定期跟踪	AAA	BBB＋	2021－6－30	负面
调级公告	AAA	A	2021－5－11	负面
定期跟踪	AAA	AA－	2020－6－23	稳定
定期跟踪	AAA	AA－	2019－6－26	稳定
首次评级	AAA	AA－	2018－8－6	稳定

数据来源：根据中证鹏元公布资料整理。

（2）绿色债券的跟踪评级。在 SYHB 主体评级的评分不断下调中，SYHB 本应承受大部分偿债压力，但由于粤财担保集团实力雄厚，业务发展情况较好，中证鹏元授予粤财担保集团主体长期信用等级 AAA，其提供的无条件不可撤销的连带责任保证担保能有效提升本期债券的信用水平。

三、案例分析

（一）SYHB 财务能力分析

中证鹏元基于 SYHB 提供的经立信会计师事务所审计的报告，从资产结构与质量、资产运行效率、盈利能力和财务安全性方面对其进行财务分析。

1. 资产结构与质量

由表 3－6 可知，公司流动资产主要由货币资金、应收账款、预付款项、存货和其他流动资产构成。公司货币资金主要由银行存款、少量其他货币资金及库存现金构成。公司非流动资产主要由长期股权投资、固定资产、在建工程、无形资产和其他非流动资产构成。总体来看，受益于公司业务发展，公司资本实力逐年提升，资产以经营性设备、厂房及货币资金为主，部分资产权利受限。

表 3－6　　公司主要资产构成　　单位：元

项目＼年份	2017	2016	2015
货币资金	35438.56	65917.16	41881.50
应收账款	10664.64	12525.43	7662.33
预付账款	7588.414	1263.10	2142.04
存货	6080.97	5847.61	4253.57
流动资产合计	79146.94	97215.71	56658.90
非流动资产合计	58517.94	32578.13	29889.82
资产总计	137664.88	129793.84	86548.72

数据来源：根据中证鹏元公布资料整理。

2. 资产运营效率

由表 3－7 可知，近年公司应收账款周转天数持续上升，其中 2016 年公司应收账款周转天数较 2015 年增加 6.36 天，主要是 2016 年公司应收账款余额较 2015 年大幅增加了 63.47% 所致，而应收账款增长是因为公司产销规模不断扩大，在销售额不断增长的情况下，信用额度内的应收账款也随之增长，使近年公司固定资产周转天数持续减少，公司对厂房、设备等固定资产的利用效率持续提升。

表 3－7　　公司主要运营指标　　单位：天

项目＼年份	2017	2016	2015
应收账款周转天数	55.61	53.35	46.99
存货周转天数	35.23	32.24	51.88
应付账款周转天数	53.37	57.77	36.94
净营业周期	37.47	27.82	61.93

续表

项目＼年份	2017	2016	2015
流动资产周转天数	432	407	279
固定资产周转天数	98	112	128
总资产周转天数	641	572	459

数据来源：根据中证鹏元公布资料整理。

3. 盈利能力

由表 3－8 可知，近年公司营业收入和营业利润规模均持续增加，但营业利润的增长速度超过营业收入的增长速度，使公司营业利润率由 2015 年的 7.53% 持续增加至 2017 年的 11.76%。公司净资产收益率持续下滑，由 2015 年的 9.85% 降至 2017 年的 8.84%。

表 3－8　　**公司主要盈利指标**　　单位：万元

项目＼年份	2017	2016	2015
营业收入	75057.51	68106.95	56722.68
营业利润	88826.48	6887.34	4270.95
利润总额	8791.14	8104.82	5295.56
净利润	8092.81	7425.64	4846.49
营业利润率（%）	11.76	10.11	7.53
净资产收益率（%）	8.84	9.51	9.85
净利润增长率（%）	8.98	53.22	50.93

数据来源：根据中证鹏元公布资料整理。

4. 财务安全性

由表 3－9 可以了解到 SYHB 的流动资产负债率逐年上升，刚性债务与债务总额也在逐年上升，虽然负债率不太高，但是由于其实行扩张策略，负债以短期刚性债务为主，在本次绿色债券发行的过程中负债的压力会进一步地加大。由以上的各项指标可以得出，对于 SYHB 主体存在以下正面影响和需要关注的点。对于 SYHB 正面影响的是：公司的收入规模持续增长，高附加值产品收入占比扩大；公司的 BOPET 创新技术的突破减轻了环境的压力，扩大公司盈利空间。需要关注的是，BOPET 产能过剩，公司的产品毛利率降低，收入规模容易波动；拆借资金规模大，面临着一定的资金压力；公司实际控制人股权质押比率较高。考虑到以上数据，中证鹏元决定给 SYHB 主体评级为 AA－。

表 3－9　　公司偿债能力指标

年份 指标名称	2017	2016	2015
资产负债率（%）	32.54	30.42	23.89
流动比率（%）	2.30	2.77	3.15
速动比率（%）	2.12	2.60	3.24
EBITDA（万元）	12559.52	11174.18	8324.19
利息保障倍数	8.79	13.60	5.97
刚性债务/债务总额（%）	52.39	58.64	39.92

数据来源：根据中证鹏元公布资料整理。

（二）SYHB 发行绿色债券的动因分析

1. 外部原因

近年来，随着全球气候变化和环境污染等问题的不断加剧，环保已成为全球关注的热点问题。作为世界上最大的发展中国家，中国政府也越来越重视环境保护，将其作为经济社会发展的重要目标之一。因此，国家和地方政府出台了一系列政策，推动绿色金融体系的建设和发展，应对环保和经济发展的双重压力，实现可持续发展。绿色债券在我国绿色金融体系中占有重要地位，且发展较快。本文认为，SYHB 发行的绿色债券是响应政策号召的表现，所募集的资金将用于光学级 BOPET 薄膜生产线和生态功能区建设等绿色产业项目，符合国家绿色债券支持的项目领域，也有助于当地绿色产业的发展和绿色经济的提升。

2. 内部原因

在我国推行绿色债券初期，政府出台了较多的优惠政策，旨在大力扶持绿色债券的运行，从而完善我国绿色金融的发展模式。2018 年 SYHB 科技股份有限公司绿色债券，是国家发展改革委核准发行的"贴标绿债"，是全国首单新三板绿色企业债，也是首个广东民营企业绿色企业债。"18 SYHB 绿色债"的发行是 SYHB 积极响应国家绿色金融创新发展战略的具体实践，是积极推进绿色金融理念落实到实体经济的深入探索，企业在为新项目融资时，为使利益最大化，会考虑交易成本的存在，因此更偏向于优先进行内部融资，使用内部剩余的盈余，继而考虑债权融资，最后才考虑股权融资。基于此，本文对 SYHB 在发行绿色债券前常用的融资渠道进行了分析。近年来，SYHB 频繁运用的融资方式是向银行借贷，公司在 2017 年之前也从未发行过绿色债券。由此可以了解到 SYHB 发行绿色债券的内部原因是拓宽融资渠道。

（三）绿色债券对 SYHB 影响分析

1. 正面影响

（1）提升 SYHB 形象。通过发行绿色债券，SYHB 可以将筹集到的资金用于投资生态保护、环保塑料袋、光学级 BOPET 薄膜等环保和可持续发展领域，从而为社会作出贡献。同时，SYHB 绿色债券的发行也可以让公众更加了解企业在环保和可持续发展方面的努力和成果，提高企业的社会形象和声誉。而且，该绿色债券具有严格的发行标准和评估体系，能够为投资者提供透明、可靠的投资机会。投资者和公众会更倾向于支持那些在环保和可持续发展方面表现出色，并且对社会有所贡献的企业。因此，本文认为发行绿色债券可以吸引更多投资者和公众的关注和支持，为企业的发展带来更多机遇和资源。

（2）促进环保技术创新。绿色债券资金专用于 SYHB 的环保项目，可以激励企业加大研发投入，发展和应用环保技术，提高生产效率，降低生产成本。企业通过发行绿色债券获得的资金可以用于优化生产流程，提高产品质量，提升客户满意度，从而增强环保产品对于传统产品的竞争力。

2. 负面影响

（1）限制资金用途。这种限制确保了绿色债券的有效用途，将资金引导到环境友好型项目中，以推动可持续发展和减缓气候变化，有助于加快清洁能源的发展、提高环境质量、推动低碳经济等。通过强制要求绿色债券项目符合特定的环境标准和指标，可以确保投资者和社会获得可靠的环境效益。然而，这种限制可能会对其他领域的投资和发展产生一定的限制，特别是对于 SYHB 来说，由于绿色债券的资金主要用于环保项目，可能导致其他 SYHB 相关的投资项目无法获得同等的资金支持。这可能对其他高附加值产品方面的发展造成一定的影响，导致资金链出现问题。

（2）项目风险。SYHB 通过发行绿色债券来筹集资金，专门用于资助环境友好型项目。这些债券的发行旨在吸引那些对环保事业感兴趣的投资者，希望通过资金的投入来支持可持续发展和生态保护。尽管 SYHB 发行绿色债券可以为项目筹集所需的资金，但这些资金也可能面临更大的投资风险。从 SYHB 出现信用风险可以了解到：一方面，由于环保项目的回报周期较长，投资者需要有足够的耐心和长期视野来等待投资回报；另一方面，由于环保技术的创新和应用仍处于发展阶段，存在一定的技术风险，这意味着项目的技术可行性和商业可行性可能存在一定的不确定性，从而增加了投资风险。

总体来说，绿色债券对企业绩效的影响是多方面的，既有正面影响，也有负面影响。对于有环保需求和可持续发展战略的企业来说，发行绿色债券可以带来更多的机遇和挑战。企业需要根据自身的实际情况和发展目标，权衡利弊，作出合适的决策。

四、结论与对策建议

（一）结论

本文以SYHB绿色债券作为案例进行深入分析。在SYHB企业的现金流下降、偿债能力下滑、偿债意愿萎缩的情况下，主体信用评分下降，剖析该绿色债券评分未下降的案例对于往后的绿色债券评级有重要的理论意义。通过理论和案例分析，本研究明晰担保企业对绿色债券评级的重要作用，了解在企业主体信用评分下降的情况下，担保企业提供无条件的不可撤销的带责任担保，提升了绿色债券的信用水平。

在债券市场中，受信人和授信人存在信息不对称情况，一方参与的决策会受到自己所拥有和对方所拥有信息的影响，而受信人总是拥有更多的信息，导致市场出现不完全竞争、低效率和不稳定的情况，因此信用评级尤为重要。信用评级能更好地消除绿色债券市场的信息不对称情况，减少债券市场的低效率现象，保障受信人和授信人的权利。

绿色债券的评级要点是在综合评定发行主体或所投绿色项目本身的财务状况、经营成果和现金流状况的基础上，将环境污染因素、生态系统影响及自然资源利用效率等“正外部性”纳入评级体系。建立一个科学、完整、统一的绿色债券评级体系，有助于提高证监会的监管效率，降低发行主体的融资成本，同时可以减少非绿色企业的融资规模，使社会上的资金流入环境友好型企业中，从而实现“三赢”。对于绿色债券来说，评级的客观性和真实性不足，存在虚假表述，投资者可以适当参考评级机构给予的评分，应该谨慎对待其对绿色债券的评估结果。

（二）建议及对策

1. 完善绿色债券的信用评级体系

行业方面，可以考虑依据行业特征调整行业信用中枢。因为不同的行业具有不同的特征，所受的影响因素也不同，信用评级机构需要综合考量行业的周期性、政策变动、市场竞争格局等因素，依据不同行业的特征动态调整其某一阶段的信用中枢，进而客观地反映行业的整体情况。部分信用评级机构提出，可以在信用评级制度中加入ESG因素，即环境、社会和治理，在现有体系中融入可持续因素。

2. 加强担保行业对绿色债券发行管理

担保行业在进行担保时，需要了解发行企业是否存在“漂绿”现象，了解发行企业的信用管理能力，减少无条件的不可撤销的连带责任保证担保的使用，防止骗保。

3. 推动信用评级行业组织建设

从本文可以了解到，中证鹏元对 SYHB 存在高估现象。在进行绿色债券评级时，需要通过行业组织建设来推动政府监管与市场自律监管同步发展，用信用评级的声誉来约束评分高估现象。

4. 完善信息披露制度

要吸取已存的信息披露经验与流程，从信息披露要求和信息披露标准两方面进行完善，其中，信息披露要求建议可以从不强制原则转换到半强制或者强制原则；对于信息披露标准，建议吸取国际经验，从典型的欧洲市场、美国市场、日本市场、中国市场等结合研究寻找适合我国绿色债券信息披露的标准与政策。

【思考题】

（1）应对气候变化，金融市场推出了哪些金融工具？

（2）企业发行绿色债券的目的是什么？

（3）如何让投资者愿意投资绿色债券？

（4）担保企业对绿债进行担保时需要注意什么？

（5）对于完善绿色债券发行有哪些政策启示？

参考文献

［1］朱向华，万丹丹．解决小微企业融资困境的出路：构建信用评级指标体系［J］．征信，2014，32（3）：39－42.

［2］洪艳蓉．绿色债券运作机制的国际规则与启示［J］．法学，2017（2）：124－134.

［3］王营，冯佳浩．绿色债券促进企业绿色创新研究［J］．金融研究，2022（6）：171－188.

［4］商道融绿．解读《中国绿色债券支持项目目录 2021》［R］．商道融绿，2021.

［5］徐高，曹建海．“双碳”背景下我国绿色债券发展研究［J］．当代经济管理，2022（10）：1－16.

［6］张文，陈志峰．我国绿色债券市场保障制度：现状、问题与政策建议［J］．南方金融，2022（5）：70－78.

［7］马步云．企业发行绿色债券对公司绩效的影响［J］．黑龙江金融，2020（6）：

28－31.

［8］祁怀锦，刘斯琴．中国债券市场存在绿色溢价吗［J］．会计研究，2021（11）：131－148.

［9］陈国进，丁赛杰，赵向琴．中国绿色金融政策、融资成本与企业绿色转型——基于央行担保品政策视角［J］．金融研究，2021，498（12）：75－95.

［10］潘晓滨，刘尚文．绿色债券市场“洗绿”现象法律规制问题探究［J］．华北金融，2023（2）：26－36.

［11］刘茁，刘云．绿色债券发行中的问题与对策［J］．合作经济与科技，2023（9），78－79.

案例4　J银行发行绿色债券案例分析*

内容摘要：中国是世界第二大经济体，仅次于美国。伴随经济发展，中国面临资源浪费、环境污染等生态问题，成为经济发展的主要障碍。中国将绿色金融作为发展战略，有利于经济的绿色转型发展。绿色债券是绿色金融的重要组成部分，本文通过研究J银行发行的17绿色债券，我们可以认识到，J银行结合自身发展，对发行绿色债券的需求增大。J银行依靠强大的实力、良好的运营、高效的管理和完备的措施，为按期兑付债券本息提供了有力保障。在效果方面，J银行发行绿色债券，融资成本降低，社会效应显著。

关键词：绿色金融；绿色债券；效益；成本

一、案例背景

（一）政策背景

目前，中国已经成为世界上仅次于美国的第二大经济体。可是伴随经济快速发展的同时，中国出现了资源浪费、环境污染等生态问题。联合国环境规划署报告称，自2010年以来统计的各类污染物排放量，中国均位居世界首位，已经超过环境可接受的极限；指出近10年来中国已消费了全球一成的石油、二成的能源、五成的煤炭；二氧化硫、氮氧化物和二氧化碳等大气污染物排放量占世界总量的四分之一。资源消耗过多，效率低下，环境污染严重，已严重阻碍中国经济的健康可持续发展。

（二）相关理论背景

1. 相关概念

根据中国人民银行、财政部等七部委联合印发的《关于构建绿色金融体系的指导意

---

* 本案例作者为魏忠，经济学博士，上海立信会计金融学院金融学院副教授，主要研究方向为宏观经济、金融理论。

见》，绿色金融是指为支持环境改善、应对气候变化和资源节约高效利用的经济活动，即为环保、节能、清洁能源、绿色交通、绿色建筑等领域的项目投融资、项目运营、风险管理等所提供的金融服务。绿色金融，包括两层含义：一是金融部门要促进环保和社会经济的可持续发展；二是金融机构要保持自身的可持续发展。前者指明，绿色金融要引导资金流向节约资源技术开发和生态环境保护产业；后者指出，金融业自身的可持续发展。

中国绿色债券标准委员会发布的《中国绿色债券原则》指出，绿色债券是指募集资金专门用于支持符合规定条件的绿色产业、绿色项目或绿色活动，依照法定程序发行并约定还本付息的有价证券。绿色债券应满足募集资金用途、项目评估与遴选、募集资金管理和存续期信息披露四项核心要素的要求。

2. 基础理论

优序融资理论是经典的现代融资理论，被用来决定公司融资的最佳顺序。存在信息不对称和交易成本的情况下，公司融资有两种路径可供选择：一是内源融资，二是外源融资。内源融资花费的时间和成本比较小，外源融资由于存在繁杂的程序，交易时间和成本较大，因此内源融资优于外源融资。外源融资主要包括债权融资和股权融资。债权融资有避税效用，可以减少公司税费；股权融资会减少公司股东的控制权，因此债权融资优于股权融资。这样，公司融资的顺序为：第一是内源融资，第二是债权融资，第三是股权融资。

通常情况下，公司融资的顺序大都会成立，可是由于外部条件常常处于变动中，并不能一成不变地照搬，要从公司利益最大化或成本最小化的角度出发，进行选择。公司在收获所有的相关信息之后，比较三种融资方式，选择融资成本最低的。在本案例中，J 银行选定发行绿色债券进行融资，主要有三个方面原因：第一，股权融资程序繁杂，交易的时间和成本较大；第二，J 银行融资数额较大，内源融资难以满足；第三，发行绿色债券可以走快速的专门审批通道，节省许多的时间和成本。

在联合国环境与发展系列工作会议上，可持续发展的观念获得广泛认同，其定义可表述为：可以满足现在人的要求，并且不危害后代子孙满足其要求的能力。在与国际社会一致认可的基础上，中国进一步丰富了可持续发展的本土化内容，表述为：可持续发展是不断提升人民物质生活水平的发展，是满足当代人需求又不损害后世子孙满足其需求能力的发展；满足一个地区人民的需求，又不损害其他地区人民满足其需求能力的发展。

J 银行将发行 17 绿色金融债券所募集的资金，全部投到绿色产业项目上，不仅保护了生态资源和自然环境，并且找到了新的经济增长点，促进了经济发展。

二、J银行绿色债券案例概述

（一）基本情况

作为国有大型商业银行，J银行发行的首单17绿色金融债券，获得了穆迪公司最高评级AAA，研究该债券具有重要意义。该债券发行规模100亿元，3年期限（2017年9月20日至2000年9月19日），年利率2.95%，具体信息如表4-1所示。

表4-1　J银行17绿色金融债券的基本情况

债券名称	J银行17绿色金融债券
发行规模	100亿元
债券属性	固定利率债券
债券面值	100元
票面利率	2.95%
计息期限	3年
信用评级	发行人主体评级为AAA，债券评级为AAA

数据来源：J银行17绿色金融债券募集说明书。

该债券的条款，主要就计息方式、付息方式、资金用途和偿债顺序说明如下：

（1）计息：该债券的计息方式是按照固定利率计息，利息的计算采用单利，按年计息。若债券出现逾期，逾期期限不另计利息。

（2）付息：该债券在规定的付息日支付利息，在兑付日兑付本金，还本付息均由中央国债登记结算有限责任公司按照规定的流程进行办理。

（3）用途：该债券募集的资金将按照政策规定和J银行自身要求，将资金投向《绿色债券支持项目目录》规定的绿色产业项目。

（4）偿债顺序：该债券属于公司的一般负债，偿还顺序位于发行人长期次级债务、二级资本工具及股权资本之前。按照《商业银行法》的要求，如果商业银行破产清算，该债券在清偿顺序上位于个人储蓄存款的本金和利息之后，与J银行吸收的存款和其他负债具有同样的清偿顺序。

（二）资金投向

2017年8月20日，J银行成功发行绿色金融债券，发行规模为100亿元，期限为3年，募集资金已于2017年8月23日全部到达J银行指定的账户上。按照《绿色债券支持项目目录》的规定和J银行的需求，募集资金投向了以下绿色产业项目：

（1）节能：主要是政府划定的节能工程项目。这些节能项目的投入运营，不仅可以有效地降低各种原材料、能源、水资源等的损耗，还可以有效地减少污染物的产生，实现节能减排，产生良好的生态效益。计有13笔贷款，共20亿元。

（2）清洁交通：主要是政府要求的绿色交通重点工程项目，满足清洁能源汽车产业的发展项目。建设项目完成之后，可以有效地减少汽车尾气等污染物的二氧化碳排放量，实现环境保护和节能增效。计有14笔贷款，共35亿元。

（3）清洁能源：主要是政府支持的太阳能、水能、风能等项目的可再生能源的有效利用，减少对化石能源的依赖性，减少二氧化碳的排放，实现较好的环境效益。计有13笔贷款，共25亿元。

（4）防治污染：主要包括污水处理、固定垃圾和危险废弃物处理等项目，项目设施建成之后，可以有效地减少污染物的排放，实现生态环境的保护和改善。计有12笔贷款，共12亿元。

（5）节约资源：主要包括节约水资源，废弃垃圾、农业与林业固定废弃物综合利用等项目，提高废弃资源利用率，变废为宝，实现资源节约，有效地减少废弃物对环境的污染，实现良好的生态效益。计有13笔贷款，共8亿元。

截至2017年第四季度末，17绿色金融债券所募集的资金已经全额投放，项目贷款情况如图4－1所示，贷款金额单位为万元。

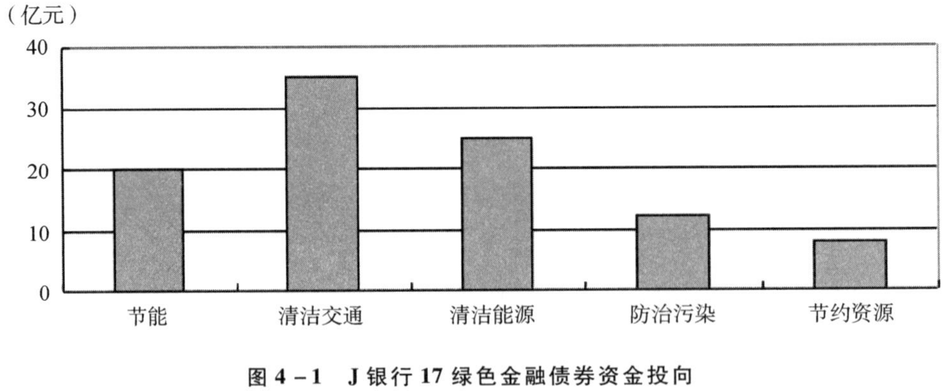

图4－1　J银行17绿色金融债券资金投向

数据来源：文中数据。

可见，清洁交通项目的贷款金额为35亿元，贷款笔数为14笔，项目贷款金额和笔数均为最高。多数项目的单笔贷款额以亿元计，J银行风险管理能力较强。清洁交通、清洁能源项目贷款的金额和笔数较多，表明J银行绿色债券募集的资金在这两个项目方面投入较大，这与J银行当前支持轨道交通建设、清洁能源的政策密切相关。

三、J 银行绿色债券的模式分析

（一）发行动因

J 银行发行绿色债券，不仅贯彻和执行政府政策，促进自身的可持续发展，同时履行了社会责任，并且为 J 银行绿色金融转型发展带来了新的机遇。

1. 新政策

2013 年，国家发展改革委发布《绿色债券发行指引》，指出支持中国绿色债券市场的健康发展，支持和引导企业使用绿色债券获得资金，促进企业绿色、健康发展，缓解或解决当前严重的生态问题，实现可持续发展的目标。

2015 年，中国人民银行在《构建中国绿色金融体系》中指出，构建中国绿色金融体系的重要性和急迫性。同年 12 月，中国绿色金融委员会发布了《绿色债券项目支持目录》，明确指出了绿色债券的募集资金投向，规范了绿色债券募集资金的适用范围，进一步推进了中国绿色债券的发展。

2016 年和 2017 年，有关部门相继出台了《关于构建绿色金融体系的指导意见》和《关于支持绿色债券发展的指导意见》，正式阐述了绿色金融的内涵和绿色金融产品的发展规划。这些政策文件，对绿色债券的发行、募集资金的使用和审批核准等方面内容作出了明确、细致的规定，为规范绿色债券市场和推动绿色债券发展提供了良好的保障。

2. 新发展

通过发行绿色债券，J 银行不仅可以走出经营困境，还可以找到自身利润新的增长点。目前，在利率市场化和直接融资冲击下，J 银行传统业务的市场份额呈现下降态势，J 银行陷入行业竞争激烈、融资成本上升等困境。J 银行发行绿色债券，有利于走出困境，有利于发展绿色金融，通过参与碳排放交易，支持传统企业转型绿色发展，并为企业提供风险管理咨询服务，培育新的利润增长点，促进 J 银行可持续性的新发展。

（二）兑付能力

1. 本息兑付

J 银行积极准备统筹安排绿色金融债券兑付工作。J 银行密切关注匹配资产、贷款到期的现金流，做好流动性管理工作，加大资金备付，确保准时兑付该绿色债券。J 银行为保护该债券投资者的利益，总结了之前发行债券的经验，制定了绿色债券的管理制度，明确了绿色债券相关各个部门的职责，做好该债券的兑付工作。

从最近3年的财务指标中，我们可以发现J银行经营情况较好，财务指标良好，偿债能力较强，主要财务数据如表4－2所示。

表4－2　　J银行主要财务指标　　单位：亿元

项目＼年份	2017	2018	2019	2020
营业收入	1854	1882	2042	2232
利润	827	815	827	847
净利润	650	679	712	750
资产	80671	86768	91499	95094
贷款	39389	42786	46737	51061
存款	45395	47331	55616	58230
股东权益	6071	6492	6771	7689
交易性金融资产	1720	2179	3613	3902
买入返售金融资产	653	646	1148	150

数据来源：根据J银行2017—2020年资产负债表和利润表（内部）整理。

从表4－2中，我们能够看见偿付该债券的资金来源，主要有两种：

第一，持续良好的盈利。近4年，J银行盈利能力和水平不断提高，2017—2020年，J银行的净利润分别为650亿元、679亿元、712亿元和750亿元。此三年期的绿色金融债券于2020年到期，J银行的净利润足以覆盖该债券产生的本息。在这3年期间，J银行的盈利能力不断上升，内部经营情况较好。持续良好的盈利能力是J银行确保按时兑付该债券本息的来源之一。

第二，稳定增长的资产。J银行的资产规模一直保持适度稳定增长，资产规模与资金配置合理。2017—2020年末，J银行资产总额分别为80671亿元、86768亿元、91499亿元和95094亿元，资产规模呈现平均每年4.5%的速率增长，表明J银行拥有较强的资产管理能力和运营能力，发展态势良好。稳定增长的资产也是J银行按时兑付该债券本息的来源之一。

2. 保障措施

前述，J银行依靠良好的盈利水平和正常经营所获得的现金流，就能够确保按期兑付本次债券的本息。如果发生经营环境急剧恶化或其他不可预见的情况，J银行将无法依靠自身经营所产生的现金流偿付本次债券，因此为了确保按时偿债，J银行将实行以下措施：

第一，同业拆借。在银行同业拆借市场上，J银行具有很强的融资能力，可以根据实际情况，采用多种债务融资方式，借入足够的资金补足资金缺口，保证能够按时兑付本次债券的本金和利息。

第二，流动性资产变现。J 银行拥有较大规模的流动性资产，必要时可以通过变现以较低成本筹集到充足的资金，用以偿付本次债券本息。2017—2020 年，J 银行的流动性比例分别为 51%、59%、67% 和 69%，符合流动性比例不低于 25% 的监管要求，充足的流动性是 J 银行保证按时兑付本次三年期债券本息的重要保障。

由此可见，J 银行拥有强大的资本实力、良好的盈利能力、较好的流动性管理体制和高效的市场融资渠道等，这些都为确保按期兑付本次债券本息提供了巨大的支持，增强了投资者信心。若出现环境恶化或不可预见因素等情况，会影响到本次债券的正常兑付，对此 J 银行将采用同业市场拆借、流动性资产变现等应急措施，来保障按时兑付该债券的本金和利息。

（三）效果分析

1. 较低的融资成本和较少的时间成本

成功发行债券势必重视发行的成本，这关系到银行的发展，较低的发行成本可以降低银行财务方面的偿债压力。我们将同时期、同期限、同级别其他的绿色金融债券和普通金融债券，与 J 银行发行的 17 绿色金融债券进行对比，分析发行成本的情况，具体如表 4 - 3 所示。

表 4 - 3　　发行成本比较

名称	年限	票面利率	其他绿色金融债券的票面利率平均值	差异 1	普通金融债券的票面利率平均值	差异 2
J 银行 17 绿色金融债券	3 年	2.95%	3.1%	-15bp	3.75%	-80bp

数据来源：根据中国金融信息网（www.cnfin.com）绿色金融债券、金融债券有关数据整理所得。

到期后，这些债券都需要还本付息，支付利息越低，说明融资成本越小。从票面利率方面来看，J 银行发行的绿色金融债券票面利率为 2.95%，对比的绿色金融债券的票面利率平均值为 3.1%，对比的普通金融债券的票面利率平均值为 3.75%，可以发现，J 银行发行的绿色金融债券票面利率比绿色金融债券、普通金融债券的票面利率都低，是最低的；发行绿色金融债券的成本是第二低的。这表明，J 银行发行本次绿色金融债券可以降低 J 银行的融资成本。可比的绿色金融债券的票面利率比普通金融债券的低，说明发行绿色金融债券的融资成本较低。可见，绿色金融债券利差优势明显，表明绿色金融债券的绿色属性已被市场接受和认可，成功转化为绿色债券的成本优势。

此外，J 银行发行的绿色金融债券在申报审批上花费时间较少，时间成本优势明显。国家发展改革委指示，绿色债券的发行申报、受理和审核等工作适用“即报即审”政策。为此，上交所、深交所都设立了审核绿色债券发行的绿色通道，简化了审核流程，加快了审批速度，节省了时间，减少了 J 银行的融资成本。

2. 促进绿色经济发展

一般而言，绿色产业项目投资高、回收期长，较少受到投资者青睐，难以筹集到足够的资金进行发展。而发行绿色债券解决了这一难题，但是对筹集资金的投向有所限制，必须用于发展清洁能源、清洁交通等绿色产业项目。

严格的绿色债券管理体系。J 银行对募集资金的管理、绿色项目的选择和项目投资的评估，都有着一系列严格的规定。J 银行根据中国人民银行 2015 年第 39 号公告，结合自己的内部情况，制定了《J 银行绿色金融债券募集资金管理办法》，对募集资金进行严格管理。在选择绿色项目时，J 银行按照《绿色债券支持项目目录》，结合自身对风险管理方面的要求，筛选出本期绿色金融债券投资的项目。

本期 J 银行发行的 17 绿色金融债券，募集资金共计 100 亿元，在发行之后的第三天全部到达 J 银行的指定账户。为了确保投资方向，J 银行建立了绿色项目投资明细，避免资金投向出现差错。由于筹集资金的数额较大，难以在短期内将全部资金贷放出去，造成了资金闲置，对此 J 银行也有严格的要求，闲置资金可投资流动性强的金融产品，严禁投资污染环境的项目。据评估，本期债券可节约 621 万吨标准煤和 801 万吨水资源，减排 1495 万吨二氧化碳①，为节约不可再生能源、防止环境污染和清洁交通、清洁能源等作出了巨大的贡献，有效地促进了我国绿色经济的发展。

四、建议及对策

本文对 J 银行发行的 17 绿色金融债券展开研究，主要从发行动因、兑付能力和效果方面对该绿色金融债券进行分析。在动因方面，基于环境变化、内在要求和自身存在的优势等，J 银行有发行绿色金融债券的需求。在兑付能力方面，J 银行不仅有充足的流动性作为偿债准备，还有保障措施以确保 J 银行能够按期兑付该期债券的本金和利息。在效果方面，J 银行发行该债券能够产生巨大的环境效益，降低了融资成本，促进了经济的绿色转型发展，对社会和 J 银行自身发展均有较大益处。

作为一家国有大型商业银行，J 银行实力雄厚，经营稳健，连续几年业绩较好，发展

① 评估数据来自 J 银行风险管理部门的内部信息。

趋势向好。J 银行今后应在现有的基础上，充分发挥自身优势，积极响应国家绿色经济可持续发展战略，促进绿色经济发展，创新绿色金融产品，开拓绿色融资国际渠道，加大投融资力度，加快绿色金融建设，更好地为绿色经济服务。

【思考题】

（1）绿色金融的概念是什么？如何理解其含义？

（2）绿色债券的概念是什么？绿色债券要满足哪些核心要素的要求？

（3）关于可持续发展，中国是如何定义的？

（4）结合本案例，分析 J 银行是如何选定发行绿色债券来募集资金的？有哪些启示？

参考文献

［1］凌玲，董战锋等．绿色金融视角下中国金融与环保产业关联研究［J］．生态经济，2020（3）：51－58.

［2］葛红梅．关于商业银行绿色金融业务可持续发展的思考［J］．中国市场，2021（4）：37－39.

［3］王然．国内外绿色债券市场发展的实践与启示［J］．新金融，2021（12）：53－58.

［4］汪洪波．绿色债券助力低碳经济发展［J］．中国金融，2021（17）：47－49.

［5］李琪．绿色金融支持新能源汽车全产业链加快发展［J］．中国银行业，2022（4）：101－104.

案例5　可持续发展意识债券（SAB）案例分析*

内容摘要：在社会和可持续债券的补充下，在可持续金融立法的帮助下，绿色债券在引导资本用于可持续经济活动方面变得越来越重要。本案例以欧洲投资银行（EIB）可持续发展意识债券（SAB）为对象，分析指出SAB有能力致力于为更长期限的绿色产业提供更稳定、更优惠的融资方式，支持绿色技术的创新投入和绿色产业链塑造。本文建议进一步完善绿色金融报告体系，明确优惠政策标的，深化多边发展银行合作，提升绿色债券对绿色转型的积极推动作用。

关键词：可持续发展意识债券；气候意识债券；运行模式；绿色发展

一、案例背景

欧洲投资银行（European Investment Bank，EIB）是欧洲经济共同体各国政府根据《建立欧洲经济共同体条约》建立的合资经营的金融机构，成立于1958年，总部设在卢森堡。欧洲投资银行股东包括欧盟28个国家，不以营利为目的，业务重点包括在欧共体内落后地区项目兴建、工业结构改革和长期贷款，也包括共同体以外的地区输出资本、投建项目。该行的宗旨是利用国际资本市场和共同体内部资金，促进共同体的平衡和稳定发展。主要贷款对象是成员国不发达地区的经济开发项目，包括两种形式：一是普通贷款，即运用法定资本和借入资金，主要向共同体成员国政府和私人企业发放，贷款期限可达20年；二是特别贷款，即向共同体以外的国家和地区提供的优惠贷款，主要根据共同体的援

* 本案例作者为葛璐澜、王彤彤、陈可欣和张云。其中：葛璐澜，经济学博士，上海立信会计金融学院金融学院讲师；王彤彤，上海立信会计金融学院金融学院本科生；陈可欣，上海立信会计金融学院金融学院本科生；张云，理论经济学博士后，上海立信会计金融学院金融学院教授。

助计划，向同欧洲保持较密切联系的非洲国家及其他发展中国家提供，贷款收取较低利息或不计利息。欧洲投资银行约 90% 的贷款用于支持欧盟持续发展和一体化的欧盟成员国项目，小部分资金流向欧盟南部和东部邻国以及非洲、中亚等地区。

欧洲投资银行注重全人类可持续发展，致力于成为全球气候变化行动项目最大的融资机构，调动更多的气候融资，同时，欧洲投资银行是全球气候行动和环境可持续性的主要融资机构之一。欧洲投资银行对“气候”投资作了明确的界定，具体包括“减缓气候变化”和“适应气候变化”两类。2021—2030 年对于应对地球的气候和环境紧急情况至关重要，为了实现这一目标，需要进行数万亿美元的投资，欧洲投资银行宣布将逐步增加用于气候和环境可持续行动的资金比例，争取到 2025 年达到 50%。欧洲投资银行树立了 5 个目标：到 21 世纪末将全球变暖限制在比工业化前水平高 1.5℃、适应气候变化不可避免的影响、防止环境退化、遏制生物多样性丧失，以及停止扩大不平等。

欧洲联盟（EU）站在全球应对气候变化和环境退化斗争的前列，通过《欧洲绿色协议》，使欧洲经济具有可持续性和包容性。欧洲投资银行是这一新增长战略的重要合作伙伴，同时在实施《巴黎协定》和可持续发展目标方面发挥着主导作用。欧洲投资银行既是发行绿色债券规模最大的多边开发银行，也在建立绿债市场实践机制、孵化新型绿债品种上起到了重要作用。欧洲投资银行将可持续发展作为活动的核心，所有项目都必须符合环境和社会标准，社会发展方面的考虑日益成为主流。目前，欧洲投资银行累计已为 130 多个发达国家和发展中国家的可持续发展项目进行了融资。2022 年，欧洲投资银行用于气候行动和环境可持续性项目的投资份额上升至 365 亿欧元，占总体投资份额的 58%。

此外，为促进气候投融资的可持续性，欧洲投资银行在撬动民间资本方面进行了很多尝试，如创新融资机制和开发金融工具等。这些创新机制包括股权基金、分层风险基金（绿色发展基金、欧洲能效基金）和母基金（全球能效和可再生能源基金）。欧洲投资银行及其合作伙伴还一起设计了其他金融工具促进绿色投融资发展，例如，在能效方面设有私人能效融资（private finance for energy efficiency），在自然资本保护方面有自然资本融资机制（natural capital financing facility）等。

在金融市场的建设方面，欧洲投资银行也发挥着关键作用。欧洲投资银行与许多合作伙伴及讨论小组开展合作，包括新的欧盟可持续金融平台。同时，欧洲投资银行还是欧盟可持续活动分类法和欧盟绿色债券标准的顾问。这些工作都为欧洲创造了更加透明和强大的绿色投资市场。此外，欧洲投资银行在全球绿色金融标准化工作中也发挥着积极作用。2017 年和 2018 年，欧洲投资银行与中国金融学会绿色金融专业委员会合作，连续两年在联合国气候大会上发布《探寻绿色金融的共同语言》（the Need for a Common Language in Green Finance）白皮书，提出未来应在中欧绿色债券标准之间建立较为清晰的标准比对和转换机制的建议。

欧洲投资银行在气候融资领域始终保持领先地位。2007 年 7 月，欧洲投资银行发行了首只气候意识债券（climate awareness bond，CAB），这是世界上第一个绿色债券，总额 6 亿欧元，募集的资金用于可为再生能源或能源效率类项目提供贷款。自气候意识债券发行以来，绿色债券已经从小众走向主流。在经历初期的平稳发展后，2013 年以来，全球绿色债券发行量出现爆炸式增长。在社会和可持续债券的补充下，在可持续金融立法的帮助下，绿色债券在引导资本用于可持续经济活动方面变得越来越重要。此后，全球绿色债券市场的累计发行量已超过 1.5 万亿欧元的门槛，并辅以约 720 亿欧元的社会和可持续债券。

二、可持续发展意识债券概述

实现气候目标将决定人类后代的健康与寿命。欧洲投资银行在气候融资领域始终保持领先地位，也是绿色债券的最大发行主体。2018 年 9 月 7 日，欧洲投资银行发行了首批可持续发展意识债券（sustainability awareness bond，SAB），这笔 5 亿欧元的交易是欧洲投资银行首次直接支持可持续金融的资金，并建立在欧洲投资银行通过绿色债券释放投资的先锋作用之上，表明了对联合国可持续发展目标的承诺。另外，欧洲投资银行还发行了价值 7.5 亿欧元的可持续发展债券。2021 年 1 月，欧洲投资银行发行了新的可持续发展债券，价值 15 亿欧元，将于 2041 年到期。这一债券将只分配给对欧盟可持续发展目标有重大贡献的环境和社会项目。可持续发展意识债券是对气候意识债券（CAB）的补充，并将其方法扩展到环境可持续性（减缓气候变化除外）和社会可持续性的更多领域。通过可持续发展意识债券，欧洲投资银行扩展了既定的分配和报告做法，以涵盖可持续性的全部领域。可持续发展意识债券与国际资本市场协会（ICMA）的绿色债券原则、社会债券原则和可持续发展债券指引相一致。

（一）发展概况

1. 发行情况

发行首只气候意识债券后，欧洲投资银行不断扩大绿色债券的发行规模，丰富绿色债券发行币种，增加绿色债券付息方式，并发行了以欧元、美元和英镑计价的基准绿色债券。同时，欧洲投资银行建立了以欧元为计价单位的绿色债券收益曲线，该曲线包含 1 年期、4 年期、7 年期、13 年期、18 年期、28 年期 6 个期限的收益情况，使绿色债券的投资收益更加直观、立体。2021 年，欧洲投资银行发行了 86.8 亿欧元的气候意识债券和 28.5

亿欧元的可持续发展意识债券。

欧洲投资银行不仅注重对绿色债券内涵的丰富，更着力于对环境投资意识的整体提升。可持续发展意识债券将其目标内容扩展到包含“保护及恢复生物多样性和生态系统”。可持续发展意识债券自发行以来，发行总量处于上升趋势，发行规模逐步扩大。2007—2022 年，气候意识债券和可持续发展意识债券的发行总量如图 5－1 所示。

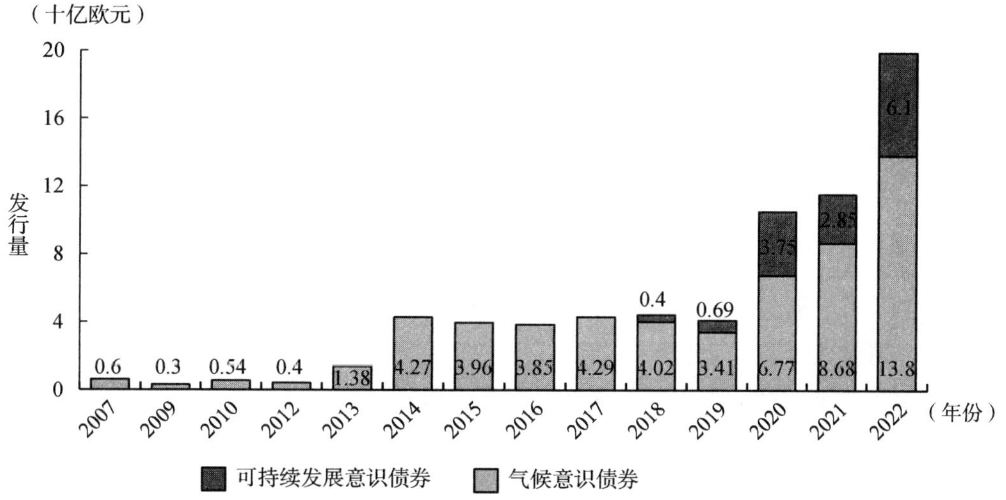

图 5－1　2007—2022 年气候意识债券和可持续发展意识债券的发行总量

资料来源：《欧洲投资银行气候和可持续发展意识债券简讯》。

表 5－1 列出了 2018—2021 年可持续发展意识债券发行信息。可以看出，2018—2021 年，可持续发展意识债券发行的债券净收益是逐年增加的。可持续发展意识债券不仅推动了绿色金融市场的发展，还为投资者带来可观的收益，推动了国际投资者对气候投资的关注。

表 5－1　　可持续发展意识债券发行信息（2018—2021 年）

2018 年第四季度						
债券编号	发行日期	到期日	票面利率（%）	计价货币	票面价值（百万）	净收益（百万欧元）
XS1878833695	2018－9－13	2026－5－15	0. 37	欧元	500	497
合计						497
2019 年						
债券编号	发行日期	到期日	票面利率（%）	计价货币	票面价值（百万）	净收益（百万欧元）
XS1878833695	2019－9－12	2026－5－15	0. 375	欧元	250	250
XS2052474678	2019－9－19	2026－9－21	0. 125	克朗	2000	184
XS1878833695	2019－11－13	2026－5－15	0. 375	欧元	250	261
合计						695

续表

2021 年						
债券编号	发行日期	到期日	票面利率（%）	计价货币	票面价值（百万）	净收益（百万欧元）
XS2287879733	2021 - 1 - 11	2041 - 5 - 15	0.01	欧元	1500	1500.96
AU3CB0272201	2021 - 2 - 17	2030 - 5 - 28	1.40	澳元	100	63.88
XS2154339860	2021 - 8 - 11	2028 - 5 - 15	0	欧元	100	102.97
XS2398918024	2021 - 10 - 8	2026 - 5 - 15	0.875	英镑	500	581.04
XS1878833695	2021 - 11 - 22	2026 - 5 - 15	0.375	欧元	350	362.09
XS1878833695	2021 - 12 - 9	2026 - 5 - 15	0.375	欧元	250	258.64
合计						2869.58

资料来源：可持续发展意识债券框架体系。

表 5 - 2 和表 5 - 3 列出了 2018—2019 年和 2021 年可持续发展意识债券的相关财务信息。从财务信息可以看出，可持续发展意识债券发行总额与分配总额迅速提升，发行规模不断扩大。可持续发展意识债券将环境改善与投资收益捆绑，环境的改善可以直接提高投资收益，继而刺激更多的投资者参与可持续发展意识债券投资，形成循环正向激励，进一步促进绿色债券的发展。

表 5 - 2　　2018—2019 年可持续发展意识债券财务信息

项目	欧元（百万）
2018 - 9 - 1	0
发行总额	497
分配总额	- 125
未分配利润	- 1
2019 - 1 - 1	371
发行总额	695
分配总额	- 872
未分配利润	- 1
2019 - 12 - 31	193

表 5 - 3　　2021 年财务信息

项目	欧元（百万）
2021 - 1 - 1	98.45
发行总额	2869.59
分配总额	2656.46

续表

项目	欧元（百万）
未分配利润	-4.58
2021-12-31	307.01

资料来源：可持续发展意识债券框架体系。

图5-2列出了全球各大洲存量绿色债券的加权平均发行利率，对比来看，可持续发展意识债券的发行利率远低于平均水平。欧洲投资银行具有良好的信用资质和较低的风险水平，结构完善、监管制度完备，因此票息也相对极低。可持续发展意识债券明显呈现发行成本低、发行期限长的特点，该风险与收益的错配表明可持续发展意识债券有能力致力于为更长期限的绿色产业提供更稳定、更优惠的融资方式，同时严格的监管机制也有效限制了发行主体违约风险，有助于可持续领域的发展。

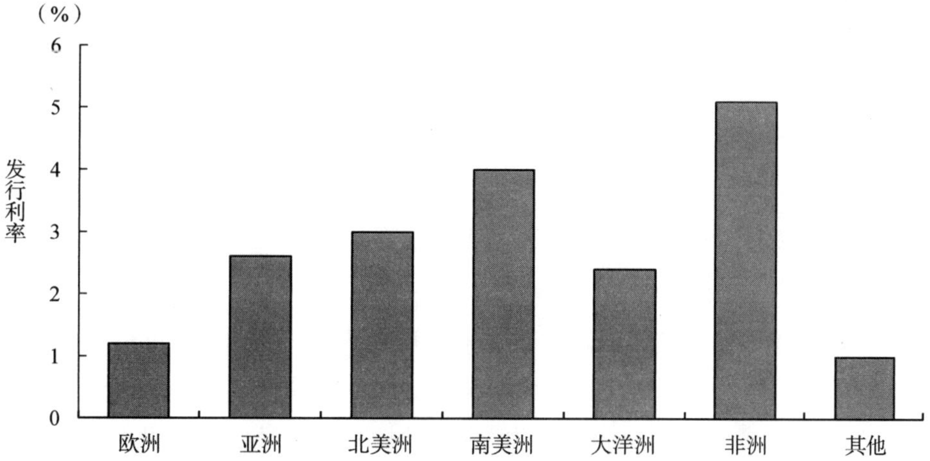

图5-2　全球各大洲存量绿色债券加权平均发行利率比较（截至2022年5月）

可持续发展意识债券投资评级为AAA级，投资体系成熟，违约风险极低，吸引了以保值增值、长期投资为目的的投资者。从表5-4来看，养老金/保险和银行等机构是可持续发展意识债券的主要投资者，占比超过60%。

表5-4　各类投资者比重

投资者类型	比重（%）
养老金/保险	33
银行	33
CB/OI	18
基金	16

资料来源：可持续发展意识债券框架体系。

2. 发展路径

目前，可持续发展意识债券主要针对废水处理、水供应和洪水防治领域，未来投资范围有望进一步扩大，进一步深化欧洲投资银行在全球绿色发展进程中聚焦气候和海洋的角色定位。可持续发展意识债券的发展路径可以总结为以下两点。

第一，以水利部门作为起点，因为它是一个成熟的行业，具有明确定义的影响指标。欧洲投资银行是全球最大的水利项目融资机构之一，首批可持续发展意识债券的收益将分配给支持欧盟立法规定的可持续发展目标的水利投资。这些部门包括：水和海洋资源的可持续利用和保护；向循环经济、废物防治和回收利用过渡；污染防治；保护健康的生态系统。

第二，未来，可持续发展意识债券的范围将进一步扩大，进一步涵盖健康和教育，这两个领域也是可以改善世界各地人们日常生活的关键领域。可持续发展意识债券也将进一步扩大绿色投资范围，丰富和完善绿色债券体系。

（二）债券宗旨

1. 专注于高影响力和转型投资

可持续发展意识债券将重点根据欧洲投资银行的行业和影响定义，选择影响力高的项目进行投资，并提供详细的报告。这种方法一方面提高了项目运行的透明度，另一方面有助于推动欧盟委员会可持续金融技术专家组正在进行的分类法构建。

2. 支持欧洲和世界各地的可持续投资

欧洲投资银行在全球项目融资方面拥有深入的技术和金融经验。可持续发展意识债券将支持整个欧盟以及新兴和发展中经济体的项目。一方面吸引和引导更多公共资金、私人资金进入绿色发展领域；另一方面将高评级和流动性兼具的绿色资产引入市场，构建多样化的绿色投资组合，进而推动绿色投资的良性循环。

3. 以资本市场的最佳实践为基础

在与领先的社会责任投资者和行业团体协商后，可持续发展意识债券将有助于加强有关收益使用、项目评估和选择、报告和验证。新的可持续发展意识债券反映了投资者的反馈意见，基于欧洲投资银行对符合绿色债券原则、社会债券原则和可持续发展债券指引的严格框架的承诺。

4. 立足欧洲投资银行在绿色债券市场的先锋作用

可持续发展意识债券建立在欧洲投资银行气候意识债券的基础上。欧洲投资银行于2007 年开创了绿色债券市场，此后发行了超过 23 亿欧元的气候意识债券，并继续成为最大的绿色债券发行人之一。绿色债券的发行将进一步支持绿色技术的创新投入和绿色产业链塑造，对绿色转型起到积极的推动作用。更进一步看，此举或将在显著促进全球绿色投资的同时，进一步扩大欧盟绿色发展的标准、规则、产业、技术及市场优势，进而引发绿色发展迫切性陡增，激起全球绿色投资的新一轮热潮。

三、可持续发展意识债券运行模式分析

（一）可持续发展意识债券支持绿色项目流程

欧洲投资银行拥有一套完善的环境和社会原则和标准（environmental and social standards，ESEP），旨在维护所有业务环境和社会的可持续性。ESPS 的开发符合国际最佳实践标准，同时，欧洲投资银行会定期与其他多边开发银行协调。ESPS 旨在确保任何欧洲投资银行资助的运营不会造成重大的环境和（或）社会不利影响。具体来说，ESPS 对请求欧洲投资银行融资的项目发起人提出了最低要求，项目理事会在评估阶段对项目进行尽职调查，流程包括核实财务和经济状况以及环境与社会适配度。评估结束后，项目理事会将可持续发展意识债券项目提交给董事会，董事会在 IT 系统中输入可持续发展意识债券项目信息并进行贷款发放。

可持续发展意识债券设计了专用 IT 工具来自动追踪数据。可持续发展意识债券收益将以先进先出为基础，由 IT 工具自动分配给仅在发行日期后发生的无再融资的新项目；未分配可持续发展意识债券收益的每日余额可以随时由 IT 工具确定，允许通过匹配可持续发展意识债券投资组合的日常变动来跟踪可持续发展意识债券合格支出的记录，每半年集中汇报一次。债券发行的净收益将在欧洲投资银行的财政部内分配给运营货币市场投资组合的子投资组合来获取收益余额。只要绿色债券尚未偿还，IT 工具会定期调整跟踪净收益余额，以匹配在此期间对符合条件的绿色项目的投资分配。可持续发展意识债券的贷款流程和支持绿色项目流程分别如图 5－3 和图 5－4 所示。

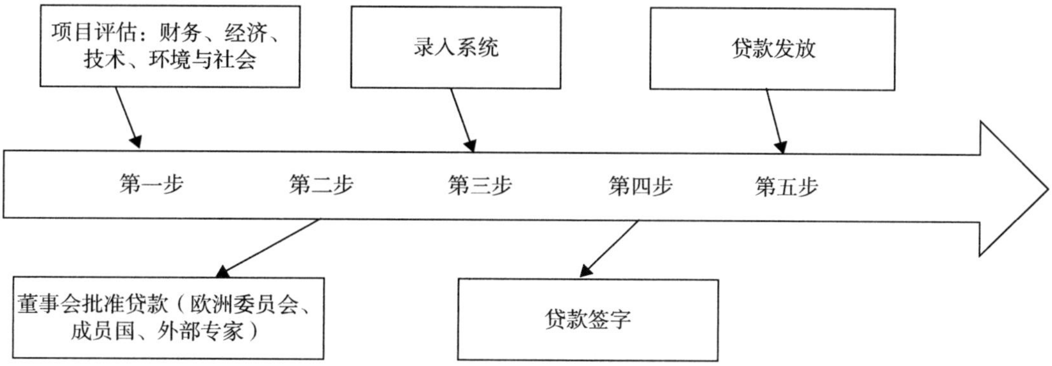

图 5－3　可持续发展意识债券贷款流程

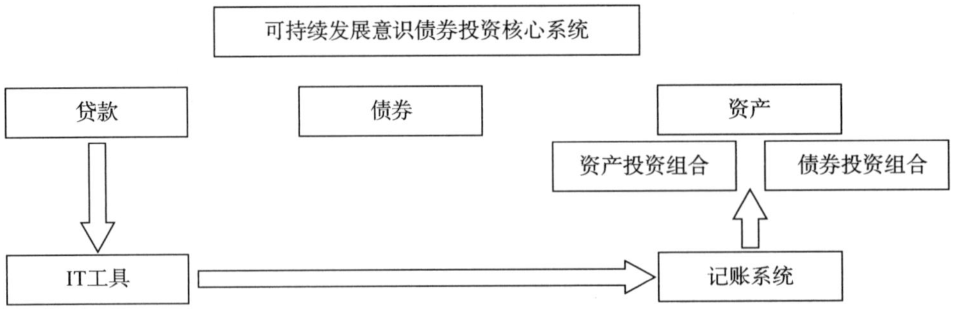

图 5-4　可持续发展意识债券支持绿色项目流程

可持续发展意识债券支持绿色项目流程的优点和创新点包括以下 4 点。

（1）自动化和实时性。通过 IT 工具从系统自动检索和处理数据，可实现实时分配可持续发展意识债券收益并跟踪支出记录。

（2）先进先出分配。可持续发展意识债券收益首先分配给较早发生的合格支出，实现统一分配方式。

（3）实时跟踪未分配余额。IT 工具可以实时确定每日的未分配可持续发展意识债券收益余额，方便决策使用。

（4）降低出错率，提高效率，节约成本。所有数据来自 IT 系统，增加透明度和可检验性，自动化匹配和分配降低了人工错误可能，减少人力参与，提高效率降低管理成本。

总的来说，上述流程通过利用 IT 工具和自动化，实现了可持续发展意识债券投资管理的创新与优化，降低人工干预，但仍然能监督整个流程。图 5-5 列出了可持续发展意识债券的自动机制流程图。

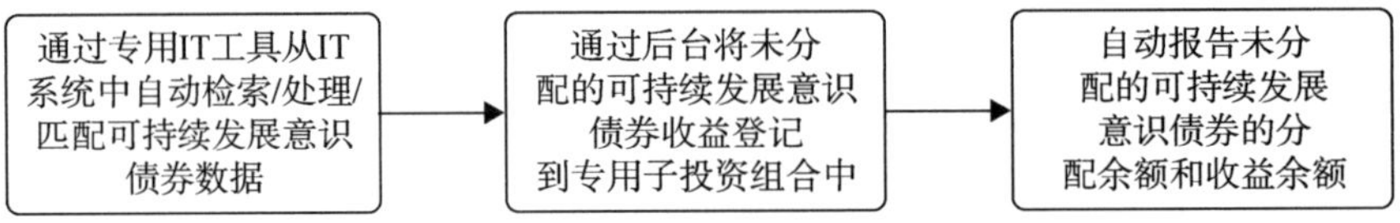

图 5-5　可持续发展意识债券的自动机制

（二）职责管理

可持续发展意识债券将项目管理与财务管理分设为两个部门，独立运作，避免了可能出现的漂绿风险。

1. 项目管理

项目管理部门主要对可持续发展意识债券的标准进行规范，并定期对可持续发展意识债券的项目信息进行审查。具体来说，项目管理部门的职责包括以下 4 项。

（1）规范定义了可持续发展意识债券标准，与不断发展的欧盟分类法规保持一致。

（2）每月审查董事会上月批准的贷款，并在 IT 系统中录入相关信息。

（3）每季度生成并审查一份包含所有合格付款的清单；检查并解决银行 IT 系统中存储的相关可持续发展意识债券报告指标中的任何不一致；向财务局提交核对清单，允许财务局将项目局提供的数据与财务局运营的专用 IT 工具单独提供的数据进行核对，并允许调查与项目局之间的任何差异。

（4）接受外部审计，每年向独立外部审计师和财务局提供经验证的可持续发展意识债券接受项目影响报告。

2. 财务管理

财务管理部门主要对可持续发展意识债券项目的收益进行审查，具体来说，财务管理部门的主要职责包括以下 2 项。

（1）在先进先出的基础上与绿色项目进行匹配，并计算未分配可持续发展意识债券收益的每日余额。

（2）每季度核对项目局提供的支出清单与财务局运营的专用 IT 工具单独提供的数据，并调查与项目局之间的差异。

（三）取得成效

实现可持续发展目标需要大量的投资，资金需求远远超出公共部门的支持范围。因此，改革现有的金融体系以调动和重新引导资本实现可持续发展过程中的重要一步。可持续债券虽然处于起步阶段，但欧洲投资银行在绿色债券方面的尝试在各界，尤其是在应对气候变化领域，引起了广泛关注。总结来说，可持续发展意识债券的成效有以下 4 点。

（1）可持续发展意识债券的收益被分配给那些对环境（不包括减缓气候变化）和社会目标有重大贡献的项目，产生了正向的外部环境效应。

（2）可持续发展意识债券文件与不断发展的欧盟可持续金融立法保持一致，包括欧盟分类条例。

（3）最初，可持续发展意识债券的投资范围集中在水利活动上，现在已经逐渐扩展到教育和健康领域的活动（包括与 Covid－19 有关的活动），以促进社会目标的实现。

（4）相较于气候意识债券只有减缓环境变化的环境目标，2021 年可持续发展意识债券资格扩展到“保护和恢复生物多样性和生态系统”和“获得社会负担得起的住房”等目标，覆盖范围不断扩大。

表 5－5 总结了可持续发展意识债券目标及成效。

表 5－5　　可持续发展意识债券目标及成效

	环境（不包括减缓气候变化）	社会
目标	到目前为止： • 水和海洋资源的可持续利用和保护（2018 年） • 污染防治（2018 年） • 保护和恢复生物多样性和生态系统（2021 年）	到目前为止： • 获得水和卫生设施（2018 年） • 自然灾害风险管理（2018 年） • 获得公平和全纳教育的机会（2019 年年底） • 普遍获得负担得起的卫生服务（2019 年年底） • 突发卫生事件响应和准备能力（2020 年） • 获得社会负担得起的住房（2021 年）
措施	符合条件的措施： • 水供应和管理（2018 年） • 废水收集和处理（2018 年） • 可持续森林管理（2021 年）	符合条件的措施： • 水供应和管理（2018 年） • 废水收集和处理（2018 年） • 洪水保护（2018 年） • 教育（2019 年），包括高等教育（2020 年） • 健康（2019 年），包括与 Covid－19 有关的活动（2020 年） • 住房（2021 年）

（四）发展意义

欧洲投资银行于 2018 年设计并发行了第一只可持续发展意识债券，通过自身实践进一步提倡可持续投融资，为国际贴标债券市场的丰富起到了示范作用，也为全球绿色金融投资的升级起到了重要的引领作用。可持续发展意识债券的发展意义可以总结为以下 3 点。

第一，利用全球投资者和资本市场的资金支持对于实现可持续发展目标（SDG）和改善人们的日常生活至关重要。可持续发展意识债券将侧重于对供水、卫生和防洪的投资，一旦详细的报告框架到位，预计它们将扩大到卫生和教育等其他部门。

第二，联合国估计，要成功实现可持续发展目标，每年需要 6 万亿美元的新投资，新的可持续发展意识债券将加强投资者对转型可持续投资的支持，成为可持续债券市场发展的里程碑，推动欧洲和全球基础设施的发展。

第三，为实现联合国定义的 17 个可持续发展目标作出贡献，巩固了欧洲投资银行作为 ESG 领域先驱的地位，以及其不断释放对全球社会、绿色和可持续项目进一步投资的愿望。有助于提高环境问题在政策领域的突出地位。

四、建议及对策

（一）针对进一步发展可持续发展意识债券的相关建议

1. 完善绿色金融报告体系

欧洲投资银行对“气候”与“环境”的区别固然有其可取之处，但是，我们也应该注意到，欧洲投资银行对“气候”与“环境”的具体判断，还存在着一些不确定因素。举例来说，根据欧洲经济委员会的统计，目前在环保方面的投资已经达到了194亿欧元，而在这些投资中，有92亿欧元被投入可再生能源和能效项目中。在多边开发银行联合报告中，欧洲投资银行在气候方面的投资达到了49亿欧元。这种差别反映出欧洲投资银行对多边开发银行项目标准的定义并不一致。因此，我们建议欧洲投资银行应加强与多边发展银行之间的交流与合作，以促进多边发展银行之间绿色准则的统一，改善环境信息披露与报告体系。

2. 明确优惠政策标的，避免宽泛性盲目补贴

尽管多边发展银行提供的优厚的资金条款有助于达到具体的政策目的，但是若运用得不恰当，也可能会造成市场秩序的混乱。我们建议欧洲投资银行先在绿色金融领域筛选合格的项目，然后才为它们融资，而不是根据开发金融机构（development finance institutions）的指引进行广泛的补助。欧洲投资银行在非绿业已开始了更严格的项目筛选工作，建议其在绿色金融方面也采取相应的措施。

3. 深化多边发展银行合作实现规模经济

目前，欧洲投资银行与很多欧洲的代理公司开展了合作，拓展了它们的经营范围。但考虑到欧洲投资银行与其他多边开发银行在部分区域的投资有一定的交集，由此建议欧洲投资银行也应与其他区域多边开发银行（如非洲发展银行、亚洲发展银行、亚洲投资银行等）进行合作，以提高绿色投资的效率。在政策咨询、定价、融资等方式上，多边开发银行之间存在着良好的竞争关系，有利于促进金融系统的发展。

（二）针对中国进一步发展绿色债券市场的相关建议

随着一系列政策落地，中国的绿色金融发展已有章可循、有据可依。绿色金融对环境、社会和减缓气候变化产生重大影响，但面临的挑战也比比皆是，例如，缺乏绿色金融意识与协调政策，信息披露不足，以及缺乏对绿色金融投资者、机构的激励措施。国外一般采用自下而上的市场促进方法，而中国采用自上而下的市场导向方法。我国绿色债券市

场的建设可以适当借鉴可持续发展意识债券的发展路径。

1. 探索发行绿色熊猫债

目前，中国已成长为全球绿色债券最大的发行主体之一，但绿色熊猫债的发行数量较少、发行经验不够成熟。中欧联合发布的第二版白皮书中提出，将通过探索欧洲投资银行在中国资本市场发行绿色熊猫债券，深度参与我国绿色债券市场的建设和完善，为中国绿色债券市场国际化形成示范效应。

2. 借鉴创新绿色债券产品

中国贴标绿色债券的付息方式较为传统，可以借鉴欧洲投资银行设立与环境指数挂钩的浮动付息方式，加强投资收益和环境效益的关联，让绿色债券的正外部性得以更充分地体现。

3. 完善绿色债券信息披露

欧洲投资银行采取定期发布投资者报告的方式，针对之前发行的绿色债券信息、已募集资金的投向和未来的展望作出明确说明，极大地增加了绿色债券的信息透明度。我国对于绿色债券的信息披露周期和方式虽然有较为明确的规定，但信息披露的质量和标准还有进一步提高的空间。

4. 加强绿色债券对基础设施投资的支持

绿色债券具备解决基础设施投资难题的潜力，可以充分实现经济增长与可持续发展的双赢，我国基础设施投资升级需求庞大，但通过绿色债券撬动基础设施建设升级的体系尚未形成。而欧洲投资银行已关注了包括饮用水设备、超高压电基站、清洁交通站点等多项绿色基础设施建设，如何将其政策研究和项目开发经验推广到我国是一个颇具价值的议题。

5. 推动中国绿色意识升级

欧洲投资银行已经在气候意识债券的基础上进一步发行了可持续意识债券。可持续发展早已上升为我国国家战略，但可持续银行还在探索中，可持续债券市场刚刚起步，市场可持续融资需求远远没有得到满足。未来可以借鉴欧洲投资银行，尝试对可持续债券市场的政策支持和机制设计，与国家发展目标相结合，定义“绿色”新概念。

【思考题】

（1）应对气候变化，欧洲投资银行进行了哪些尝试？

（2）可持续发展意识债券的债券宗旨包括哪几点？

（3）可持续发展意识债券的贷款流程包括哪几个步骤？

（4）可持续发展意识债券的发行取得了哪些成效？

（5）针对进一步完善绿色债券发行有哪些政策启示？

参考文献

［1］挂云帆．欧洲投资银行［EB/OL］．https：//www.guayunfan.com/lilun/384418.html，2022－11－26.

［2］李捷文，张思静．浅谈我国投资项目对国外贷款的利用（一）［J］．中国工程咨询，2013（1）：18－24.

［3］马骏．绿色金融：中国与 G20［J］．海外投资与出口信贷，2016，（6）：3－10.

［4］云祉婷．从欧洲投资银行绿色债券实践，我们该学到什么［J］．现代商业银行，2019（17）：91－96.

［5］张珉．欧洲投资银行绿色金融研究［J］．金融发展研究，2015（9）：4.

［6］Brookings. The New Global Agenda and the Future of the Multilateral Development Banking System［R］．Washington DC，USD：Brooking Institution，2018.

［7］Development Finance Institutions. DFI Working Group on Blended Concessional Finance for Private Sector Projects［R］．2017.

［8］EIB. Outstanding Climate Awareness Bond［EB/OL］．EBRD Website，retrieved from：https：//www.eib.org/en/investor_relations/products/type/cab/index.html，2019.

［9］Larsen，Mathias Lund. Bottom－up market－facilitation and top－down market－steering：Comparing and conceptualizing green finance approaches in the EU and China［J］．Asia Europe Journal，2023，21（1）：61－80.

案例6　NJDT 集团绿色债券案例研究*

内容摘要：绿色债券推动资本向绿色产业流动并助力实现产业绿色转型的目标。本案例以 NJDT 集团绿色债券为案例，分析绿色债券发行动因和具体实施措施，指出绿色债券发行通过降低融资成本大幅提高发行人资金使用效率和灵活性，也为金融行业助力绿色产业起到了良好的示范作用。建议通过完善绿色债券顶层设计、推动制定绿色债券标准、加大金融产品创新和研发力度提升绿色债券发行规模和资金使用效率，助力经济结构转型与经济发展。

关键词：绿色债券；举债措施；融资效应；绿色金融

一、案例背景

绿色债券指募集资金专门用于支持符合规定条件的绿色产业、绿色项目或绿色经济活动，依照法定程序发行并按约定还本付息的有价证券。发行绿色债券的目的在于为具有积极的环境效益或者气候变化效益的项目提供资金。2015 年，为进一步推动绿色发展，促进经济结构调整优化和发展方式加快转变，国家发展改革委制定了《绿色债券发行指引》（以下简称《发行指引》）。《发行指引》旨在鼓励企业积极发挥企业债券融资作用，加强与相关部门在节能减排、环境保护等领域项目投融资方面的协调配合，努力形成政策合力，破解资源环境瓶颈约束。绿色债券发行能够推动发展质量和效益提高，加快建设资源节约型、环境友好型社会。2018 年，为进一步增强企业债券服务实体经济能力，国家发展改革委推出优质主体企业债券，支持信用优良、经营稳健、对产业结构转型升级或区域经济发展具有引领作用的优质企业发行企业债券。优质主体企业通过一次性申报较大规模的

---

* 本案例作者为汪鹏、葛璐澜、象海琦、金以灵和张高慧。其中：汪鹏，经济学博士，上海立信会计金融学院金融学院讲师；葛璐澜，经济学博士，上海立信会计金融学院金融学院讲师；象海琦，上海立信会计金融学院金融学院本科生；金以灵，上海立信会计金融学院金融学院本科生；张高慧，上海立信会计金融学院金融学院本科生。

债券额度，同时根据项目进度、市场利率等情况，在不同时间节点，申请发行各期债券。

NJDT 集团有限公司是南京市地铁项目投资建设、运营管理和资源开发的最主要主体，需承担南京市主要轨道交通线路建设及运营的职能。NJDT 集团有限公司需按照规划，进行相关轨道交通项目建设，进一步提升南京市公共交通品质，促进低碳交通发展，降低人均碳排放量，加快南京市基础设施补短板，带动区域经济发展。

轨道交通行业具有投资规模大、投资回收周期长、融资需求强的特点，因而对城市轨道交通公司的融资规模、时点等方面提出较高要求。在满足地铁建设服务城市发展的前提下，如何合理设计融资方案，高效利用资金、降低融资成本，成为 NJDT 及所有合作金融机构需要解决的问题。南京证券股份有限公司在充分掌握优质主体债和绿色债券审核标准的基础上，结合发行人企业实际情况，为 NJDT 集团有限公司制订了优质主体绿色债融资方案，申报了长三角地区首只轨道交通行业绿色优质主体企业债券，帮助南京地铁大幅提高资金使用效率，为南京地铁开拓了较低成本融资的渠道，助力南京地铁进一步提升市场知名度，增强了南京地铁资本市场持续融资能力。支持南京地铁轨道交通项目的建设，有助于进一步提升南京市公共交通品质，促进低碳交通发展，降低人均碳排放量，加快南京市基础设施补短板，带动区域经济发展。本案例将以 NJDT 集团有限公司优质主体绿色债券为例，分析绿色债券在服务实体经济结构转型、带动区域经济发展方面的现实作用。

二、NJDT 集团绿色债券概述

（一）NJDT 集团概述

NJDT 集团有限公司成立于 2012 年 6 月（前身为南京地下铁道有限责任公司），为市属国有大型企业，主要负责全市地铁工程的规划、建设、运营管理、资金筹集及与地铁相关的物业开发等。目前，南京地铁已形成运营 10 条线、174 座车站、378 公里的网络。地铁运营成本主要涉及资产折旧、人力资源成本和能源使用消耗，占地铁运营板块收入的 200% 以上，同时资产折旧本身就随年限而不断增加，同时劳动力成本也是逐渐攀升状态，能源价格的攀升也导致其成本上升，导致运营成本持续上升。

当前，南京市城市轨道交通建设仍处于较快增长的阶段，市区内部基本交通网络建立，仍有延长线和城际线路需要完善以加快城市化进程、增加和周边城市的互联互通，轨道交通作为国民经济的基础行业，基础设施建设的核心要素，对于南京城市化推进、都市圈建设和区域经济发展都发挥了突出作用。NJDT 集团是综合地铁建设投资、地铁运营协作和资源利用开发等全方面服务的公司，可承揽多线并行建设工程项目和管理综合线网运行等，拥有出色的资源开发综合实力，以及在推进城市公共交通中的轨道交通发展中充当指路人角色，能够将地铁的功能作用和市场化运作有机结合。

（二）NJDT 集团绿色债券简介

优质主体绿色企业债实行“一次核准额度、分期自主发行”的发行管理方式。2019年5月24日，国家发展改革委核准了NJDT此次优质主体绿色债券总金额100亿元，要求债券期间不超过15年。2019年起，NJDT集团陆续发行绿色债券，用于支持南京轨道交通建设。现以2021年度第一期绿色中期票据（以下简称21NJDT GN002）为例，介绍NJDT绿色债券概况（见表6－1）。

表6－1　　21 NJDT GN002 基本信息

债券简称	21 NJDT GN002	债券代码	132100126
债券种类	中期票据	上市场所	全国银行间债券市场
发行时间	2021年10月19日	债券期限（年）	3
批准规模（亿元）	10	发行规模（亿元）	10
债券面值（元）	100	发行价格（元）	100
认购倍数	3.38	票面利率	3.10%
计息方式	固定利率	起息日	2021年10月18日
上市交易日	2021年10月19日	债券摘牌日	2024年10月18日
债项/主体评级	AAA/AAA	评级机构	中债估值中心
第三方认证	中债资信	托管机构	上海清算所
主承销商	兴业银行	联席主承销商	中国建设银行

资料来源：NJDT集团碳中和债募集说明书。

本期绿色债券本质是中期票据，中期票据是介于超短期融资券和长期债券之法人资格的非金融企业根据募集说明书列示相关情况，按照发行计划按期发行，并约定在一定期限还本付息的债务融资工具，发行期限可长达15年，市场上绿色债券通常为3年期或5年期居多。本次绿色债券中，NJDT集团依据公司财务状况及募集资金投向，将发行期限定为3年期，主要用于存量债务的偿还本息。该债券发行规模为10亿元，平价发行。票面利率按固定利率3.10%计息。主体评级由中诚信国际和中债资信完成，未进行绿色债券的贴标认证，债项评级和主体评级均为AAA级，后续跟踪评级也维持AAA级稳定。该绿色债券托管机构为上海清算所，主承销商为兴业银行。

（三）NJDT 发行绿色中期票据的动因分析

1. 获取低成本长期稳定使用资金

企业在发展过程中不可避免地面临投融资问题。关于融资需要着重考虑融资成本、融资规模和融资方式的选择。目前，我国企业以间接融资方式为主，但是这种融资方式的融资成本和时间成本较高。对于 NJDT 而言，由于行业特征，投资资金需求量大，投资时间长，因此可以通过直接融资获得资金。由于 NJDT 集团是国企并不是上市公司，因而不能采用发行股票进行融资，只能通过发行债券。通过发行中期票据进行融资，融资成本低于公司债券，具有一定的融资成本优势。

NJDT 发行绿色中期票据的用途主要有二：一是用于后续项目建设，从而减少贷款金额；二是用于偿还到期贷款。根据 Wind 数据，NJDT 发行的三期绿色中期票据的时间分别是 2019 年 3 月、2020 年 2 月和 2021 年 10 月，对应的季度分别是 2019 年第一季度、2020 年第二季度和 2021 年第四季度，这三个季度的金融机构人民币贷款加权平均利率分别是 5. 69%、5. 08% 和 4. 76%，而 NJDT 发行三次中期票据的发行利率分别是 4. 18%、3. 45% 和 3. 10%。由于中期票据的发行的成本还包括债券承销费率，一般在 0. 3% 以内，我们可以保守估计，假设承销费用为 0. 3%，在此条件下 NJDT 发行三期中期票据的融资成本分别为 4. 48%、3. 75% 和 3. 40%。根据对比可以发现，NJDT 发行绿色中期票据进行融资的融资成本低于中国人民银行的商业银行贷款基准利率，远低于同季度金融机构贷款成本。

NJDT 发行绿色中期票据另一目的是偿还建设项目的到期贷款，也就是置换银行贷款。上海清算所官网公布的 20 NJDT GN001 募集资金用途说明文件记录了绿色中期票据发行的募集资金中用于偿还到期贷款的金额。

2. 绿色因素引发投资者追捧

NJDT 发行绿色中期票据的另一个可能动因是绿色偏好机制。绿色债券要求所有或大部分筹集的资金必须投资于绿色和低碳项目。因此，利用绿色债券融资，伴随着主动承担社会责任或促进企业绿色转型的趋势，具有良好的绿色或环境社会责任感的公司可能会更积极地参与绿色债券的发行。同时，绿色债券的发行可以通过提升企业的绿色形象，对企业声誉产生积极的溢出效应，因为如果一家公司更注重维护和提升绿色形象，那么在通过固定收益工具融资时，更有可能选择绿色债券。发行人可能对宏观经济的长期绿色转型和低碳发展抱有不同的期望，因此对绿色债券的理解有所不同。对于对绿色发展持积极态度的发行人而言，绿色债券可能被视为一种发展中的融资工具，具有可预见的增长趋势和融资优势。

3. 减轻政府融资负担的需要

NJDT 集团有限公司作为南京市唯一一家经营地铁建设与运营的企业，在南京市的城市轨道交通建设方面发挥着不可替代的作用。NJDT 作为一家地方国有企业，公司从成立到发展壮大的整个过程中都离不开政府在政策和资金方面的支持。根据公司披露的信息，公司每年都会获得政府资金补助。虽然南京市是我国经济较发达的城市，但是财政收入有限、管理职责众多，如果每年拿出过多的资金用于地铁建设，长此以往，必然会导致政府财政紧张。因此，NJDT 应该摒弃“等、靠、要”的融资理念，减少对政府补助资金的过度依赖，不断开拓新的融资途径，为地铁建设提供源源不断的资金流。公司通过发行绿色中期票据这种方式来获得建设资金，在一定程度上可以减轻政府的融资负担，给政府财政松绑，有利于政府更好地发挥自身职能。

4. 促进自身融资方式多元化并提高融资效率

资金是企业的“血液”，源源不断的资金流供给使企业保持生命力和活力。融资问题是企业发展过程中必须面对的问题，我国国有企业融资历程可以简单地分为三个阶段：第一阶段是在市场化改革之前，我国国有企业的主要资金来源是财政资金投资，这导致了国企缺乏激励，经营效率低下；第二阶段是在我国建立社会主义市场经济体制之后，越来越多的国企开始通过银行贷款这种间接融资方式来获得资金；第三阶段就是当前我国的国有企业不断拓展融资途径，通过多元化方式来获得资金，资金来源包括银行贷款、股权融资、债券融资、资产证券化、融资租赁等。NJDT 作为南京市的地方国有企业，通过发行绿色中期票据进行融资，拓展了公司的融资方式。此外，中期票据这种融资方式无须审批，发行流程简单，发行方式灵活，减少了融资的时间成本，提高了融资效率。

三、NJDT 集团绿色债券模式分析

（一）NJDT 集团绿色债券具体举措

南京证券股份有限公司为 NJDT 集团有限公司向国家发展改革委申报了总规模不超过 100 亿元的优质主体绿色债券，债券期限不超过 15 年，所筹资金 50 亿元用于南京市轨道交通项目、50 亿元用于补充营运资金。2019 年 5 月 24 日，国家发展改革委核准了 NJDT 此次优质主体绿色债券总金额 100 亿元，既满足了发行人的融资规模需求，也提高了发行人的资金使用效率，为 NJDT 集团开辟了长期稳定且成本较低的融资渠道。

本次债券拟用于的轨道交通建设项目包括南京地铁 6 号线项目、宁句线项目、9 号线一期项目和 10 号线二期项目，预计投资分别为 310.9 亿元、209.8 亿元、194.0 亿元和 105.9 亿元，合计总投资约 820.6 亿元。拟投资项目均已列入经国家批准城市轨道交通建设规划，其中 6 号线项目、9 号线一期项目及 10 号线二期项目已列入《南京市城市轨道交通第二期建设规划（2015～2020 年）》；宁句线项目已列入《江苏省沿江城市群城际轨道交通网规划（2012 年～2020 年）》。

在本次债券的发行过程中，南京证券敏锐把握市场动态，协助发行人 NJDT 集团选择

合适的发行时机，充分沟通发行预案并向投资者进行积极推介，快速有效地完成每一期债券的发行前准备工作，使发行人 NJDT 集团以同期市场较低的利率发行债券，有效节约了发行人的融资成本。

2019 年 NJDT 集团有限公司绿色债券（第一期）于 2019 年 9 月 19 日发行，募集资金共 20 亿元，5 亿元用于南京至句容城际轨道交通工程项目建设、15 亿元用于补充营运资金，发行期限为 5 年期，票面利率为 3.98%，为同时期发行企业债券最低票面利率。

2020 年 NJDT 集团有限公司绿色债券（第一期）于 2020 年 4 月 20 日发行，募集资金共 30 亿元，8 亿元拟用于南京至句容城际轨道交通工程项目建设、3 亿元拟用于南京地铁 9 号线一期工程项目建设、3 亿元拟用于南京地铁 10 号线二期工程项目建设、6 亿元拟用于南京地铁 6 号线工程（不含岗子村站及相邻区间）项目建设、10 亿元拟用于补充营运资金，发行期限为 5 年期，票面利率为 3.18%，认购倍数超过 3 倍，获得了投资者的高度认可，创近三年同期限企业债券利率最低和近三年同期限同行业全市场产品利率最低。本次债券在新冠疫情期间发行，为企业在特殊时期提供了大量的长期低成本资金，有力地支持了新冠疫情期间的南京轨道交通建设，获得企业及主管部门的高度认可。

（二）NJDT 发行绿色中期票据的效应分析

1. 融资成本影响分析

NJDT 集团当前主要的非流动负债为长期借款、应付债券和长期应付款。有息负债金额在 2021 年第三季度已经达到 1602.73 亿元，近三年有息债券占到总负债的比例有所增长，达到了 98%。而从非流动性负债结构来看，长期借款占比最高。

NJDT 通过发行 21 NJDT GN002 绿色中期融资票据，获得的募集资金为 10 亿元，用于归还存量债务本息和。其中，6 亿元用于偿还本金，包括 3 号线银团、2 号线银团和南延线银团等。由于以上的银团借款均用于 NJDT 建设，因此归还的债务本息均用于绿色产业领域，资金用途合法合规。同时，根据 2021 年第三季度公司应付债券情况，公司应计利息为 1715.77 万元。综合融资成本包括绿色债券发行过程中的承销佣金，一般为发行金额的 0.5%，在本次融资 30 亿元，因此按平均水平计算约为 150 万元，考虑相关手续费后金额总计约 180 万元，通常在首次发行时一次缴纳。中介费用是指债券融资过程中需要一些专业中介机构而产生的费用，例如，会计师事务所对公司财务状况进行尽职调查和财务分析、现金流健康状况判断，提供相关审计报告和会计咨询等；律师事务所对发行人及资产债务的法律状况进行调查，出具法律意见书；专业的第三方评级机构对项目主体和发行人主体分别进行评级，涉及宏观经济和政策环境、行业和区域环境、发行人的基础素质分析等，出具评级报告。这类成本总计约 50 万元。

根据之前的分析，NJDT集团有限公司考虑融资所需各项费用和每年支付的利息，年平均为310万元，综合总融资额为10亿元，综合融资成本约为3.10%，与银团贷款4.65%的利率、城投债AAA级3年期利率相比，具有较大的成本优势。

2. 财务状况影响分析

（1）偿债能力分析。

从短期偿债指标来看，NJDT集团的流动比率从2018年到2021年第三季度，从1.70倍下降至1.61倍，速动比率从1.62倍下降至1.56倍。轨道交通公司的主营业务性质导致流动资产中存货占比较小，因此NJDT速动比率大于1，且与流动比率相差较小。流动比率和速动比率下降，主要是由于短期借款、其他应付款、其他流动负债增加。从长期偿债指标来看，NJDT的EBITDA利息保障倍数呈现波动变化趋势，而财务杠杆方面，资产负债率保持上升态势，上升至68.66%，总资本化率达到66.92%（见表6-2）。虽然由于新建线路使资金需求不断增加，而项目资本金比例较低，且政府补贴或注资等情况通常具有滞后性，公司的财务杠杆率一直在高位水平，且一直攀升，但随着多条地铁线路陆续完工进入运营阶段，发行人营业收入将较快增加，整体表现会趋于稳定，长期偿债能力也将得到加强。

表6-2　　NJDT主要偿债能力指标

项目 \ 时间	2018年	2019年	2020年	2021年第三季度
流动比率（倍）	1.70	1.49	1.58	1.61
速动比率（倍）	1.62	1.43	1.54	1.56
资产负债率（%）	63.65	64.63	65.98	68.66
EBITDA（亿元）	16.92	20.90	21.80	—
EBITDA利息保障倍数	0.34	0.41	0.34	—

（2）盈利能力分析。

NJDT从2018年到2021年第三季度，营业总收入一直呈现下降趋势（见表6-3）。由于票务收入无法覆盖运营成本，加之新冠疫情影响，出行人数减少，地铁运营作为主营业务亏损日趋严重，营业毛利率一直为负值，表现出背后劳务成本上升、资产折旧等对于公司利润的伤害都非常严重，公司利润出现亏损。但现在新冠疫情受到控制后，业务若逐渐恢复正常，再加之10号线、3号线、4号线等陆续投入运营，政府的专项补助和相关补贴资金到位，NJDT票务收入和资源开发收入不断增加，营业总收入会转为增加态势，利润表现也会变好。

表 6-3　公司盈利能力水平相关衡量指标

项目 \ 时间	2018 年	2019 年	2020 年	2021 年第三季度
营业毛利率（%）	-79.38	-80.44	-145.55	-118.35
净利润（亿元）	2.21	2.75	3.00	-1.11
经营活动净现金流（亿元）	2.29	2.35	-1.76	-3.41
资产负债率（%）	63.65	64.63	65.98	68.66

（3）运营能力分析。

NJDT 集团在轨道交通的线路建设、运营等方面具有垄断地位，且资产运作管理水平均处于一线城市中的领先位置。南京市城市发展迅速，有广阔的市场，具有不可撼动的先天竞争优势。根据 Wind 数据，应收账款周转率近几年总体呈现上升趋势，经营效率稳中有增。轨道运营行业的存货总体较低，主营收入的增速快于存货增加的速度，故而存货周转率也不断上升。公司的运营能力也与系统化、规模化的线路运行有关，随着交通运输网的逐渐完善，NJDT 集团的运营能力也将表现得更为良好。

3. 风险分析

（1）财务风险。

由于 NJDT 集团不断进行大规模项目扩张，财务杠杆持续增加，债务规模也不断增加。债务规模的增加会给公司带来还本付息的压力和现金流稳定的威胁，对于公司业务开展也会产生一定影响。NJDT 根据《南京市城市总体规划方案》等文件和自身发展规划，预计将加大对于周边城市的辐射范围，面临较大的融资需求。在集团的信贷融资额度使用过半、资本金扩张规模有限的情况下，继续使用发行债券的方式进行外部筹资是主要手段，因此公司面临更大的财务杠杆。另外，公司的长期负债占比较高，使整体负债结构倾向于长期，优势是可以减轻当前偿还本金的压力，劣势是可能加大债务的跨周期连锁效应，酝酿更大的债务风险。

（2）市场风险。

银行间债券市场上流通的债券会受到市场交易量和活跃性的影响。同时，区域经济的变化可能会影响当地政府的税收等，进而降低预算收入的增长速度，减弱政府对于轨道交通项目的财政支持。原材料、劳动力、能源等是地铁运营的主要成本，若项目建设期内拆迁成本上升，在当前宏观经济不景气、世界政治经济局势动荡的背景下，能源价格的飙升等都可能给公司的成本带来巨大变化。

（3）安全风险。

地铁项目的建设运行可能面临众多安全问题，例如，建设过程中的塌方、渗漏，运营过程中的系统设备故障、行车事故、乘客伤亡等，后续运行过程中也可能面临环保问题，这些都会在一定程度上对项目预算、竣工时间和营业外支出产生较大影响。公司始终重视安全生产工作，对于设备的定期检查、项目承建第三方的责任监督和应急备案的压力测试都定期进行巡检，以减少风险事件的发生。

（三）NJDT 集团债券工作亮点

1. 大幅提高发行人资金使用效率和灵活性

轨道交通行业具有投资规模大、投资回收周期长、融资需求强的特点，因而对城市轨道交通公司的融资规模、时点等方面提出较高要求。本次债券发行使 NJDT 集团的资金使用效率大幅提高，资金使用也具有较高的灵活性。相较于其他融资工具，本次债券募集资金用途环节的审核从“事前审核”转变为“加强事中事后监管”，有利于发行人 NJDT 集团有限公司更加灵活便利地使用募集资金，一次性获批 100 亿元的发行规模为 NJDT 轨道交通项目建设提供长期稳定的资金来源。另外，本次债券为发行人开拓了低成本融资渠道，进一步提升了自身市场知名度，增强了公司资本市场持续融资能力。

2. 长三角地区首只绿色优质主体企业债券

NJDT 集团作为南京市地铁项目投资建设、运营管理和资源开发的最主要主体，在本次债券资金拟投资项目建成后，将进一步提升南京市公共交通品质，助力构筑覆盖全域、多层次、多方式无缝衔接、换乘便捷的公共交通换乘枢纽体系，也将进一步加速推进南京市交通基础设施领域补短板，促进有效投资，推动长江经济带城市集群融合发展，同时将进一步节约能源并降低碳排放及其他污染物的排放强度，为加快南京市绿色循环低碳交通运输城市区域性试点建设作出重要贡献。本次债券的发行为金融行业助力绿色产业起到了良好的示范作用。

3. 长三角地区首只轨道交通行业优质主体企业债券

为深入贯彻落实党中央、国务院关于增强金融服务实体经济能力的决策部署，进一步增强企业债券服务实体经济能力，打好防范化解重大风险攻坚战，提高直接融资比重，优化债券融资服务，推动经济实现高质量发展，国家发展改革委于 2017 年年底开展探索优质主体企业债券融资试点工作。江苏省发展改革委迅速响应试点工作，并积极组织南京市等区域优质企业进行申报筹备。南京市发展改革委积极配合推进，确定以包括 NJDT 集团在内的共 3 家优质企业率先开展试点。在省、市发展改革委的支持和指导下，南京证券股份有限公司自 2018 年积极参与试点的调研、论证等工作，并作为主承销商参与组织协调 3 家试点企业的优质企业债券申报工作，其间南京证券专业高效、扎实、细致的工作得到有关部门和单位的高度认可。2018 年 12 月 12 日，国家发展改革委正式发布《关于支持优质企业直接融资进一步增强企业债券服务实体经济能力的通知》，支持信用优良、经营稳健、对产业结构转型升级或区域经济发展具有引领作用的优质企业发行企业债券，NJDT 集团有限公司作为首批优质企业向国家发展改革委申报优质主体企业债券。

四、建议及对策

（一）对绿色债券发行人的建议

1. 绿色贴标助力形成品牌效应

我国致力于和世界各国形成逐步一致的绿色债券认证标准。2021 年 4 月，中国人民银行、国家发展改革委和证监会三部门联合出台的《绿色债券支持项目目录》不仅将绿色债券的定义更加明确，也在境内实现了各类绿色债券标准的统一。包含的六大类别与旧版保持基本一致，涉及清洁能源产业、节能环保产业、绿色服务等，使发行主体可以在募集资金时指定具体用途，项目层面可以广泛明确地对这一标准进行应用。这一标准是建立绿色金融体系的关键，对于向低碳、资源高效利用的经济转型作出突出贡献和引领性指导作用。

NJDT 在发行时参考《绿色债券评估认证行为指引》《绿色债券原则》等多个文件，使债券资金投向项目符合绿色项目名单，且相关批复文件也均符合合规性手续。轨道交通类项目属于电气化铁路，不仅天然具有节约土地资源、安全环保等特点，还符合《气候投融资意见》《绿色产业指导目录》中的相关条目，因此成功进行绿色贴标，获取融资成本优惠和政府相关政策激励。

2. 全面利用国家的支持优惠政策，扩大自身优势

2021 年，国内政策面规范并支持绿色债券发行，首次推出“碳中和债”。相关政策文件陆续出台完善绿色债券发行的制度安排，不断创新绿色债券的品种，规范绿色评级过程，为其审批开放绿色通道和提供优惠服务费率。发行主体应积极利用申报和审核中的“专人对接、专项审核”等便捷服务提高发行效率，降低过会等待时长，同时通过登记费、付息兑付服务费等优惠降低综合融资成本中的间接费用，充分发挥比较优势。众多企业应该抓住国家重点支持绿色产业发展的春风，合理利用地方层面的财政补贴和上市奖励等多方面政策。

（二）对政策制定者的建议

1. 完善绿色债券顶层设计

合理的绿色债券发行制度将有利于市场主体的积极参与和投资者的广泛投入，从而增

加市场流动性和透明度。对于不同类型的发债方，目前我国分为金融机构、企业、公司和包含特殊目的实体的资产证券化产品，相关政府部门应根据各自特点，制定相适应的发行规范和准入准则，从而使风险、收益要素可以有效匹配，为投资者提供更加开放透明的交易环境。

2. 推动制定绿色债券标准

推动绿色债券标准的统一不仅便于相同发行人在不同市场下的绿色债券发行，还便于各个市场绿色债券发行的比较，降低中间不必要的发行成本。此前，中国人民银行、国家发展改革委、交易所和交易商协会对发行不同类型的绿色债券发布指引，主要包括绿色金融债券、绿色企业债券、绿色公司债券和绿色债务融资工具，对于募集资金投向绿色项目的比例和债券存续期内信息披露的频次要求各有不同。统一的绿色债券标准将进一步减少市场信息不对称带来的成本增加，并降低企业外部融资成本，有利于培育更大规模的市场。

3. 宏观政策多措并举、协同发力

货币政策方面，进一步发挥结构化性货币政策的精准滴灌作用。例如，2021 年，我国创设了碳减排支持工具，并新增了 2000 亿元的支持煤炭清洁高效专项利用再贷款，有效地促进了煤炭的清洁高效利用和绿色发展实践。在下一阶段，我们需要进一步创新和有效使用结构性货币政策工具，引导金融资源向绿色领域倾斜，强化资源配置。财政政策方面，可以通过财政贴息、结构性减税、风险补偿基金等方式，引导金融机构加大对清洁能源、节能环保、碳补集、碳封存技术的支持力度。监管政策方面，加强政策引导，发挥金融监管激励约束作用。例如，开展金融机构支持绿色发展工作情况专项评价，并把评估结果作为金融机构产品和业务创新、分支机构设立、业务范围等方面的重要参考，督促引导金融机构加大对乡村振兴的支持力度。此外，也可适当提高相关领域贷款不良容忍度。

4. 加大金融产品创新和研发力度，积极助力绿色发展金融机构

拓展绿色金融的支持范围，鼓励金融机构根据生态产品特点规范开展绿色金融创新，加大绿色信贷、绿色保险、绿色债券、绿色基金和绿色信托等对具有市场发展前景、生态效益突出的生态产业和项目的支持力度，整合各类资金，强化股权投资支持，稳妥采用政府和社会资本合作（PPP）模式推进重大生态修复、流域和污染治理项目。

5. 做好绿色金融领域风险防范工作

绿色金融也是金融，也具有金融的特征，也会有金融风险。为此，金融体系应进一步主动识别和分析在绿色金融领域潜藏的风险，实现助力绿色发展和风险防范的有机结合。

6. 进一步深化绿色金融领域国际交流合作

通过绿色基金方式联合全球合作伙伴，在“一带一路”沿线进行绿色投资和绿色低碳技术研发的落地，利用丝路基金、世界银行、亚洲开发银行、亚洲基础设施投资银行等机

构和国际资本实现“一带一路”绿色化发展。鼓励设立中外合作的绿色基金，发展政府引导基金、金融机构、国内外资本共同参与的多元化投资主体，有效发挥引导作用，对境内外机构参与绿色低碳技术市场予以支持，鼓励绿色技术创新和企业海外投资、自贸区（自贸港）发展有效衔接，推动绿色投资、绿色技术推广及国际合作的进程。

【思考题】

（1）企业绿色债券的发行目的是什么？

（2）NJDT 集团发行绿色债券的具体举措有哪些？

（3）NJDT 集团发行绿色债券的动因有哪些？

（4）绿色债券的发行给 NJDT 集团带来哪些影响？

（5）NJDT 集团的绿色债券发行带来了哪些政策启示？

参考文献

[1] 亚洲金融合作协会，中国金融学会绿色金融专业委员会．NJDT 集团绿色债券案例 [EB/OL]. https：//mp. weixin. qq. com/s/P6XI07AiaHz4wYX366Vp1g，2023 –5 –4.

[2] 安国俊．碳中和目标下的绿色金融创新路径探讨 [J]. 南方金融，2021 (2)：3 –12.

[3] 陈昆，史璐阳，陈海忆．碳中和背景下绿色债券发行定价的影响因素研究 [J]. 区域金融研究，2021 (6)：13 –21.

[4] 李若愚．我国绿色金融发展现状及政策建议 [J]. 宏观经济管理，2016 (1)：58 –60.

[5] 刘丽．兴业银行发行绿色债券的案例分析及启示 [D]. 河北金融学院，2017.

[6] 孙秋枫，年综潜．“双碳”愿景下的绿色金融实践与体系建设 [J]. 福建师范大学学报（哲学社会科学版），2022 (1)：71 –79.

[7] 尤志婷，彭志浩，黎鹏．绿色金融发展对区域碳排放影响研究——以绿色信贷、绿色产业投资、绿色债券为例 [J]. 金融理论与实践，2022 (2)：69 –77.

[8] 于庆．武汉地铁集团发行绿色债券案例分析 [D]. 湘潭大学，2018.

[9] 张鑫．城市轨道交通碳中和债券研究 [D]. 外交学院，2022.

[10] 中国银保监会政策研究局课题组，洪卫．绿色金融理论与实践研究 [J]. 金融监管研究，2021 (3)：1 –15.

案例7　DF 新能源汽车主题混合型证券投资基金案例研究*

内容摘要：作为绿色金融体系的重要组成部分，绿色基金投资领域涵盖环境治理、生态保护和气候适应、绿色交通等多个方面，成为绿色可持续发展的新动力。“DF 新能源汽车主题混合型证券投资基金”，成立于 2011 年 12 月 28 日，专注投资新能源汽车公司相关的股票。为最大限度地发挥基金投资效果，公司设立了专业的投研部门对相关行业、公司、产品进行分析选择，并结合宏观经济形势进行综合研判。同时，将 ESG 理念贯穿始终，致力于绿色投资。

关键词：绿色基金；ESG 理念；新能源汽车主题

一、案例背景

绿色基金是指投资于绿色产业或绿色项目，同时获取经济利益和社会效益的基金。由财政部、生态环境部和上海市政府三方共同发起的国家级投资基金，于 2020 年 7 月 15 日在上海市揭牌成立。绿色基金的宗旨是以习近平生态文明思想为指引和根本遵循，按照加强生态文明建设总体要求，面向市场需求，积极引导社会资本投向大气、水、土壤、固体废物污染治理等外部性强的绿色发展领域，促进污染治理、生态修复、绿色交通、清洁能源等绿色产业和绿色经济高质量发展。

绿色基金的目标是促进企业环境绩效、发展绿色产业和减少环境风险，投资领域包括雾霾治理、水环境治理、土壤治理、污染防治、清洁能源、绿化和风沙治理、资源利用效率和循环利用、绿色交通、绿色建筑、生态保护和气候适应等。绿色基金作为绿色金融体

* 本案例作者为刘一腾、张云和王彬涵。其中：刘一腾，经济学博士，上海立信会计金融学院金融学院讲师；张云，理论经济学博士后，上海立信会计金融学院金融学院教授；王彬涵，上海立信会计金融学院金融学院本科生。

系的重要组成部分，可以成为绿色可持续发展的新动力。

（一）绿色基金的特点与分类

绿色基金具有三大特点：一是具有节能环保特性。这意味着绿色基金投资的项目致力于减少资源浪费、减轻环境负担并提高资源使用效率。这些项目通常采用清洁、可再生能源，采用高效能源技术，或致力于废物减量和回收等方法，以减少碳排放、降低能源成本、改善空气和水质等，实现可持续发展目标。二是具有较高的科技含量。绿色基金的投资对象往往是科技创新的引领者，这些项目依赖于高科技、前沿技术或创新解决方案，以应对环境挑战。三是具有良好的回报前景。虽然绿色基金投资可能需要较长时间才能实现回报，但这些项目通常具备良好的长期回报前景。随着全球对环保和可持续性的重视程度不断提高，市场上对环保产品和服务的需求也逐渐增加，这为绿色基金投资项目提供了良好的市场前景，也为投资者提供了更大的风险分散机会。总的来说，绿色基金所投项目的这三个特点使其成为吸引投资者的重要因素，不仅有助于推动环保和可持续发展，还可以为投资者带来可持续的财务回报，因此受到越来越多投资者的青睐。

绿色基金在组织形式上一般有三种模式：一是纯政府投资的基金，政府通过财政拨款的方式成立一只基金用于支持当地的环保类项目，这种模式有很强烈的公益性质。二是纯市场化模式，如信托、基金或资管机构成立一个产品用于募集社会资金投资于一个或多个环保项目，并且有明确的产品架构和盈利模式，一般来说有较强的功利性。三是政府与市场相结合的绿色基金（PPP模式基金），也是现有绿色基金最主要的模式。从投资标的来看，绿色基金可分为绿色产业投资基金、绿色债权基金、绿色股票基金、绿色混合型基金等。

（二）绿色基金的发展现状

欧美发达国家的绿色金融从法制制度、市场主体和绿色金融工具等方面已经形成了较为完善的体系。2021年，全球共有5900只可持续发展基金，规模跃升至2.74万亿美元，全球受气候债券标准认证的绿债发行量超过了2000亿美元。欧洲在可持续基金资产方面继续领先，占总资产和资金流入量的80%左右，美国占10%，亚洲（除日本）占可持续基金规模总额的2%（632亿美元）。

中国绿色基金也保持较快的发展速度。2019年，在中国证券投资基金业协会备案的绿色基金已超过850只，截至2021年第三季度末，绿色、可持续、ESG等方向的公私募基金数量接近1000只，规模合计7900多亿元，较2020年年底规模增长36%。中国人民银行最新公布的数据显示，2022年年末，全国本外币绿色贷款余额22.03万亿元，同比增长

38.5%，增速较2021年年末提高5.5个百分点，全年新增6.13万亿元，存量规模居全球前列。商业银行绿色贷款余额稳步提升，股份制银行表现突出。截至2022年年底，国内21家主要银行绿色信贷余额达20.6万亿元，同比增长33.8%。其中，兴业银行、浦发银行、中国银行的绿色贷款余额超过3000亿元，华夏银行、光大银行、民生银行、平安银行的绿色贷款余额超过1000亿元。此外，中国境内累计发行绿色债券525只，规模达8701.91亿元。

二、DF新能源汽车主题混合型证券投资基金案例概述

（一）基金概况

DF新能源汽车主题混合型证券投资基金简称DF新能源汽车主题混合，成立于2011年12月28日，投资类型为混合型，投资方向主要集中在新能源汽车领域，属于绿色基金。基金管理人是DF基金管理股份有限公司，基金托管人是中国邮政储蓄股份有限公司，会计师事务所是立信会计师事务所（特殊普通合伙）。

（1）投资理念。在严格控制风险的前提下，通过积极主动的资产配置，力争获得超越业绩比较基准的投资收益。

（2）投资范围。主要为具有良好流动性的金融工具，包括国内依法发行上市的股票（创业板股票、中小板股票和其他经中国证监会核准上市的股票）、债券（国债、中央银行票据、地方政府债、金融债、政策性金融债、企业债、公司债、中期票据、短期融资券、证券公司短期公司债券、超短期融资券、可交换债券、可转换债券、可分离交易可转债等）、债券回购、资产支持证券、货币市场工具、银行存款（包括协议存款、定期存款及其他银行存款）、同业存单、股指期货、国债期货、权证以及法律法规或中国证监会允许基金投资的其他金融工具。

（3）投资策略。主要投资于与汽车产业发展相关的投资产品，由于电动化、智能化等是中长期产业发展趋势，产业自身的总量周期和产品周期是周期性变量。DF新能源汽车主题混合基金综合以上周期与趋势，致力于把握产业发展的规律，寻找行业中的优质公司。在大类资产配置基础上精选个股，严格控制投资风险，追求基金的长期、稳定增值。

（4）风险收益特征。该基金为混合型基金，预期收益及预期风险水平高于债券型基金和货币市场基金，但低于股票型基金，属于中等风险水平的投资品种。

（5）持有人结构。机构持有0.42亿份，占总份额的0.81%；个人投资者持有51.55

亿份，占总份额的99.19%。

（二）持仓情况

DF新能源汽车主题混合主要投资于股票，持仓占比前十的股票情况如图7－1所示，其中，持仓占比前十的股票均属于新能源、新材料行业，持仓板块多为固态电池、锂电池。

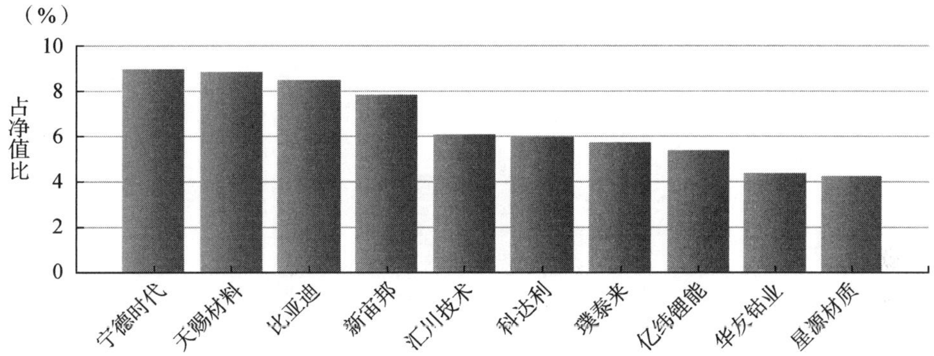

图7－1　持仓占比前十的股票（截至2023年6月30日）

（三）基金评级

海通证券系列基金评级在评价方法上进行了科学的改进，对若干具有代表性的评价方法进行融合。对于基金产品评级，海通证券采用了净值增长率、风险调整收益、持股调整收益和契约因素。2022年，DF新能源汽车主题混合的两次评级均为五星，表明市场上对这只基金的评价较高，基金的过往业绩良好（见图7－2）。

评级时间	上海证券评级（三年）	上海证券评级（五年）	海通评级
2022-10-31	—	—	★★★★★
2022-7-31	—	—	★★★★★
2018-6-15	—	—	—
2018-6-8	—	—	—

图7－2　DF新能源汽车主题混合评级结果

（四）份额规模

DF新能源汽车混合基金成立于2018年6月21日。季报数据显示，2018年第四季度末，该基金份额为2887万份；到2019年第四季度末，份额增加3910万份；至2020年第四季度末，份额增至16.78亿份，两年时间规模增长超57倍。据了解，该基金股票资产占基金资产的比例为60%—95%；投资于与新能源汽车主题相关的行业及上市公司的证券资产占非现金基金资产的比例不低于80%。截至2022年9月30日，DF新能源汽车主题混合报告期末总份额51.58亿份，比上期增加-0.75%，期末净资产162.71亿元，比上期增加-24.43%（见图7-3）。

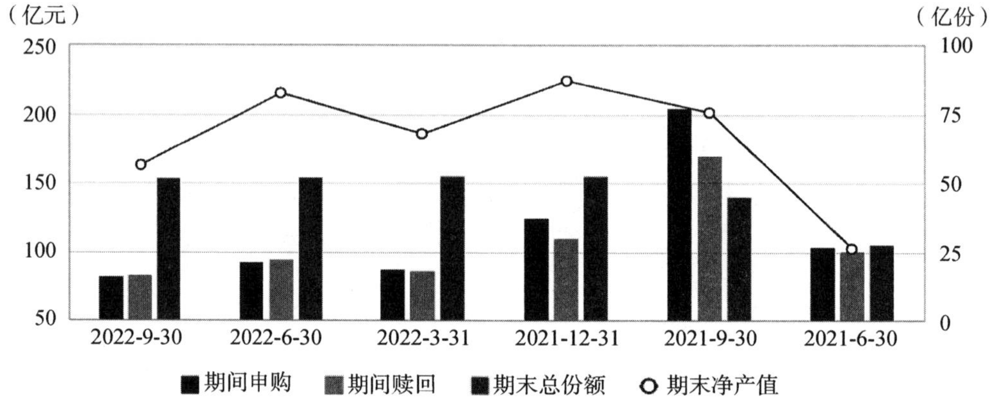

图7-3 DF新能源汽车混合基金资产和份额

（五）投资组合

2022年，DF新能源汽车混合基金的资产配置主要是股票资产，占比92.73%。行业配置主要是制造业，占比88.14%（见图7-4）。2023年的年度报告展示了最新的资产组合情况和行业分类情况，具体如表7-1和表7-2所示。

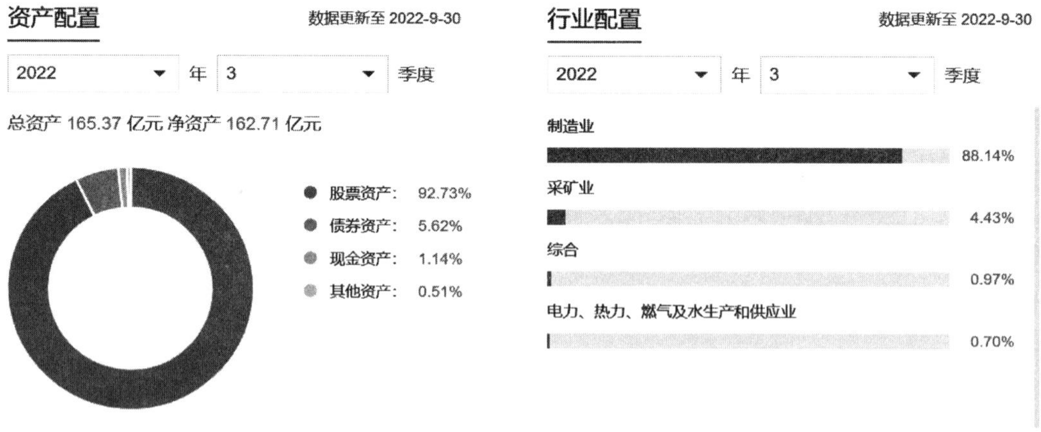

图7-4 2022年DF新能源汽车混合基金投资组合情况

表 7 - 1　　报告期末基金资产组合情况

序号	项目	金额（元）	占基金总资产的比例（%）
1	权益投资	16097512006.91	93.06
	其中：股票	16097512006.91	93.06
2	基金投资	—	—
3	固定收益投资	927587175.45	5.36
	其中：债券	927587175.45	5.36
	资产支持证券	—	—
4	贵金属投资	—	—
5	金融衍生品投资	—	—
6	买入反售金融资产	—	—
7	银行存款和结算备付金合计	165059268.25	0.95
8	其他资产	107593918.40	0.62
9	合计	17297752369.01	100.00

表 7 - 2　　报告期末按行业分类的境内股票投资组合

序号	项目	金额（元）	占基金净资产比值（%）
B	采矿业	120931723.49	0.71
C	制造业	15790973545.48	92.99
D	电力、热力、燃气及水生产和供应商	62555554.48	0.37
I	信息传输、软件和信息技术服务业	48472067.48	0.29
M	科学研究和技术服务业	13173680.00	0.08
S	综合	61405435.98	0.36
	合计	16097512006.91	94.80

从表中结果来看，截至 2023 年第二季度，DF 新能源汽车主题混合主题基金中股票资产占比已超过 90%，除股票外占比最大的是债券类产品。从资产投资行业来看，该基金投资占比最大的是制造业，超过 92%，其余投资有采矿业、电力、热力、信息传输和科学研究等相关行业，占比均不超过 1%。

（六）收益与风险分析

1. 收益走势及比较

近 1 年来，收益率比上证指数和同类平均明显更高，但是收益率波动较大，不太稳定（见图 7 - 5）。持有 6 月超大盘收益率为 4.12%，优于 41% 同类，收益能力较差；最大回撤率为 37.99%，仅优于 10% 同类，抗下跌能力较弱；夏普比率为 - 0.91，优于 56% 同类，投资性价比一般。

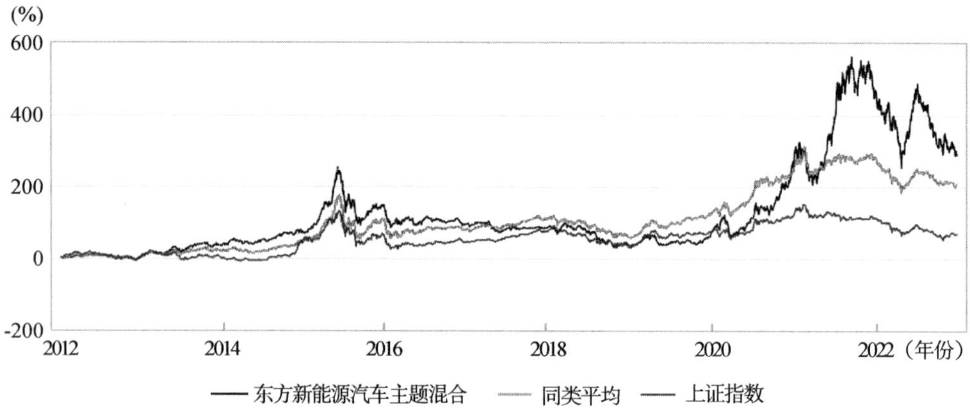

图 7－5　DF 新能源汽车主题混合基金成立以来的收益率趋势

2. 涨幅比较

与同类相比，近 1 年来，DF 新能源汽车主题混合的涨幅基本上是负值，收益率较低，涨幅数据比同类平均更低，同类排名也相对靠后（见表 7－3）。总体上看，从该基金成立至今，绝对收益能力较高，但是在最近 1 年的数据里，阶段涨幅表现不佳，抗跌能力弱。

表 7－3　　DF 新能源汽车主题混合基金的年度涨幅

项目＼年份	2022	2021	2020	2019	2018	2017	2016	2015
阶段涨幅（%）	－31.69	52.14	116.30	27.42	－26.89	－3.98	－21.17	45.30
同类平均（%）	－20.81	7.45	57.20	43.68	－20.45	12.43	－12.88	47.91
沪深 300（%）	－21.63	－5.20	27.21	36.07	－25.31	21.78	－11.28	5.58
同类排名	2423|3548	31|2895	9|1690	630|1014	444|794	637|874	366|649	209|490
四分位排名	一般	优秀	优秀	一般	一般	一般	一般	良好

3. 风险状况

DF 新能源汽车主题混合是一只混合型基金，预期收益及预期风险水平高于债券型基金和货币市场基金，但低于股票型基金。从其近 3 年的风险指标情况来看，这只基金属于中高风险等级，而一般投资者追求的是低标准差和高夏普比率，即低风险和高收益率。该基金近 1 年的夏普比率为 －0.91，说明该基金在最近这段时间没有获得超额收益，绩效表现不佳（见图 7－6）。

○ 基金风险　　来源：天天基金

基金风险指标	近1年	近2年	近3年
标准差	35.56%	39.07%	38.37%
夏普比率	−0.91	0.28	0.85

截至：2022-12-30

标准差：反映基金收益率的波动程度。标准差越小，基金的历史阶段收益越稳定。
夏普比率：反映基金承担单位风险，所能获得的超过无风险收益的超额收益。夏普比率越大，基金的历史阶段绩效表现越佳。

图 7－6　DF 新能源汽车主题混合基金风险状况

三、DF 新能源汽车主题混合型证券投资基金模式分析

（一）基金项目的优点

1. 专业的投研部门

DF 新能源汽车主题混合基金的基金经理在 2018 年开始管理该基金项目。该基金经理为中国人民大学金融学硕士，在证券行业从业已超过 10 年，其间担任过绝对收益部副经理和权益投资部研究员，具有全面的专业技能，并且在过往的任职期间，曾管理过多项灵活配置混合型基金，如今担任 DF 新能源汽车主题混合型证券投资基金经理和 DF 汽车产业趋势混合型证券投资基金基金经理，对混合基金和汽车产业的发展趋势都有较强的实践经验。基金助理陈皓为清华大学机械工程专业硕士，有 6 年的证券从业经历，曾在多个混合基金项目中担任基金经理助理。

在任期间，基金经理与基金经理助理借助自身专业的知识背景对公平交易制度和控制方法、公平交易制度的执行情况、异常交易行为的专项说明以及基金的投资策略和业绩表现都做出了及时说明。针对基金运营期间的投资策略和运作做了相关分析，研究产业发展规律，寻求优质公司，并且结合不同细分行业、公司和产品的发展阶段进行解读、分析和选择。同时，基金管理人还结合宏观经济形势、证券市场的趋势做了复盘和未来的发展展望，对整个行业做了全面剖析。

2. 不存在“漂绿”现象，将 ESG 理念贯彻始终

解决 ESG 漂绿问题，是全球 ESG 领域最关注的一件事情。近期召开的第 27 届联合国气候变化大会上，联合国秘书长古特雷斯提到，“我们必须对那些打着绿色标语但口惠实不至的做法采取零容忍态度”，无论是企业漂绿还是金融机构漂绿，都是最重要的议题。

而DF新能源汽车主题混合型证券投资基金将目标聚焦于新能源汽车公司相关的股票，持仓板块多为固态电池、锂电池，为新能源汽车的发展提供了不少支持，将ESG理念贯穿始终。

DF证券积极践行ESG理念，建立健全ESG治理体系，大力发展绿色金融，打造可持续发展新动能。作为行业内较早开展系统性ESG管理工作的证券公司，DF证券积极做好“标杆、桥梁、助推器”这三重重要角色，强化公司ESG风险管理能力，扩大金融服务对经济、社会、环境的积极影响，持续打造公司ESG文化氛围。为了能够践行ESG管理的整体规划和目标，DF证券成立了可持续发展专业委员会，治理架构如图7-7所示，DF新能源汽车主题混合基金由于自身定位与公司的组织引导，更是在切实贯彻ESG理念。

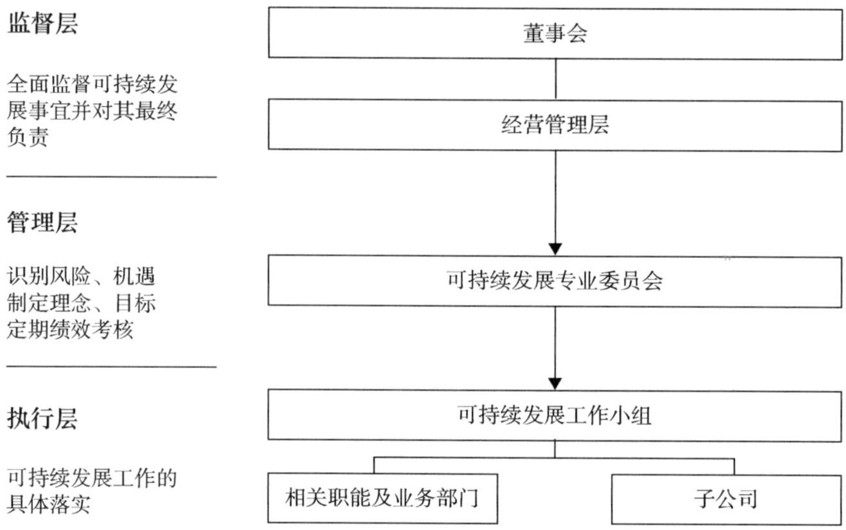

图7-7　DF证券可持续发展治理框架

（二）基金项目的缺点

1. 走势及涨幅相比同类不太稳定

近1年的数据显示，DF新能源汽车主题混合基金表现出波动大、不稳定的特点。尽管该基金的累计收益率相对同类平均更高，但仍然存在涨幅数据基本为负且比同类平均水平更低的情况，导致在同类基金中的排名相对靠后。根据同花顺爱基金网数据，该基金的单位净值为2.5471元，日增长率为-0.95%；估值涨幅为-0.69%；近1月收益率为-2.08%，近3月收益率为-5.26%，近6月收益率为-19.66%，近1年收益率为-36.38%。

波动大、不稳定的特点表明该基金的风险较高。一只基金的风险性与其投资品类有密切关联，DF 新能源汽车主题混合型证券投资基金（400015）的投资组合比例为：股票资产占基金资产的比例为 60%—95%；投资于与新能源汽车主题相关的行业及上市公司的证券资产占非现金基金资产的比例不低于 80%。而新能源汽车产业相对较为新兴和创新，市场不稳定性较大，受政策和行业发展等多种因素影响较为敏感，可能导致基金的价值波动较为明显。

2. 碳风险更高

注重绿色低碳的投资者，会选择碳风险更低的基金进行投资。碳风险是指投资组合中企业或资产所面临的与碳排放和碳定价有关的潜在风险。对于绿色低碳投资者来说，选择碳风险较低的基金可以更好地实现投资目标，同时也符合他们对环保和可持续发展的价值观。而 DF 新能源汽车主题混合作为一个投资新能源汽车主题的基金，投资对象通常包括新能源汽车产业中的相关公司，如固态电池和锂电池制造企业。尽管新能源汽车产业代表了未来的发展趋势，但与传统能源相比，新能源汽车制造过程和供应链中可能存在较高的能源消耗和碳排放。这使该基金相比其他同样注重绿色环保相关的基金来说，碳风险较高。

3. 可持续影响力相对较低

可持续影响力指标衡量基金是否有投资于那些积极应对社会和环境问题的公司。该指标不仅关注基金是否有投资于新能源、绿色建筑、污染防治等环境友好型企业，还关注基金持仓是否涵盖了教育、医疗保健和卫生用品等与人们生活和社会发展息息相关的行业。而 DF 新能源汽车主题混合型证券投资基金主要投资于固态电池、锂电池等领域，并未涵盖教育、医疗保健和卫生用品等与人们生活和社会发展息息相关的行业。投资者通常希望通过资本投资，实现积极的社会和环境影响，推动可持续发展和社会责任。他们会倾向于选择那些在各种社会和环境问题中发挥积极作用的企业和项目。如果基金的投资方向和持仓不够多样化，仅限于某些特定领域，可能会限制其在可持续影响力方面的表现，无法较好地吸引有影响力偏好的投资者。

四、DF 新能源汽车主题混合型基金的发展建议

（一）明确投资策略，加强信息披露

基金管理人在应对新能源汽车主题混合基金走势和涨幅不稳定的状况时，需要有明确的投资策略，加强风险管理，保持长期投资视角，关注行业和市场动态，透明披露信息，并寻求专业建议，以稳健的投资策略和良好的风险管理，实现基金的长期稳健增长。

首先，确定投资策略。基金管理人应该根据基金的投资目标和策略，明确投资的重点和方向，例如，确定是否偏重投资固态电池、锂电池等新能源汽车相关企业，或者是否会涵盖其他与人们生活和社会发展息息相关的行业，明确投资策略可以帮助基金管理人更好地把握投资机会和风险。同时，要关注行业和市场动态，紧密关注新能源汽车产业和市场的最新动态和政策变化，及时调整投资策略。行业的发展和政策的变化会对基金的走势产生影响，基金管理人需要及时做出相应的调整。

其次，强化风险管理。针对新能源汽车产业的行业特点和市场波动，基金管理人需要加强风险管理措施，包括有效的风险分散、投资仓位控制、止损策略等。合理规划投资组合，降低波动性，有助于稳定基金的涨幅。同时，要有长期投资视角，基金管理人应该从长期投资的视角看待基金的投资，尽量避免频繁调整投资组合。新能源汽车产业是一个具有长期潜力的行业，投资管理人应该把握行业的发展趋势，耐心等待行业的成长和回报。

最后，要加强披露信息。基金管理人应该及时向投资者披露基金的业绩表现、投资组合情况和市场展望等信息，保持透明度，增加投资者对基金的信任和理解。此外，披露信息还可以增加基金管理人的公信力和声誉。通过及时披露真实、准确的信息，基金管理人可以展现诚信和透明的态度，赢得投资者的信任和尊重。因此，基金管理人应该认识到披露信息的重要性，积极主动地向投资者披露基金的相关信息，包括业绩表现、投资组合情况、市场展望等。这样不仅有助于增加投资者对基金的信任和理解，还为基金的长期稳健发展打下坚实的基础。

（二）体现绿色金融内涵，弥补碳风险方面的不足

2016 年度《G20 绿色金融综合报告》对于绿色金融进行了描述：绿色金融是指能够产生环境效益以支持可持续发展的投融资活动。DF 新能源汽车主题混合型招募说明书中投资策略的部分要求投资于与新能源汽车主题相关的行业及上市公司的证券资产占非现金基金资产的比例不低于 80%，这有效地保障了该项目的核心是针对新能源汽车及其衍生市场的发展而展开的投融资活动，而新能源汽车便利人们出行的同时，也实现了更低碳的成果，在得到规模性普及后能有效减少污染，对经济可持续发展起到重要的作用。

借助基金主题，实现绿色金融目标。发展绿色金融的目标本质上是将环境外部性内部化，强化金融机构对环境风险的认知，以提升环境友好型投资、抑制污染型投资。传统金融市场的参与者出于对利益的追求，缺乏对环境保护的重视，且环境资源属于公共物品，环境资源投入和环境污染产出的成本又难以量化，最终导致市场经济主体的活动对环境产生的不良影响转嫁给社会来承担，即环境外部性。绿色金融通过使用各式金融工具，利用政策优势，吸引投资者自发参与，在获取收益报酬的同时也使环境因素完成内部化。DF

新能源汽车主题混合型证券投资基金的投资范围涵盖了新能源车从生产原料到技术开发再到生产制造的全流程，可以帮助绿色金融与主体金融市场相融合。

同时，可以借助证券投资基金这一金融工具打破地理空间限制，助推绿色金融发展。研究表明，当前我国绿色金融与经济高质量发展协调度呈现“东高西低，南高北低”的空间格局特征，这意味着西北内陆地区绿色金融的发展由于受到整体经济水平的限制而无法快速推广，但西北内陆地区环境污染的整治和管理却迫在眉睫。而类似于 DF 新能源汽车主题混合的绿色基金投资于日常生活中的消耗品，可以不受地理范围的局限在全国范围实施，加快地区之间的辐射，是绿色金融发展的助推器。

（三）强化 ESG 投资理念，提升基金项目的可持续影响力

为提升项目的可持续影响力，要强化 ESG 投资理念和投资标准，将环境、社会和治理（ESG）因素融入投资决策过程，以更好地评估潜在投资标的的可持续性和影响力，如筛选环境友好型企业、关注社会责任和企业治理，确保基金投资与 ESG 价值观一致。

首先，在投资范围的选择上要注重投资标的的多样化。在具体实施过程中，由于基金主题的限制不能够对投资范围进行随意扩大，但可以在新能源汽车相关类型 80% 的份额限制以外，尽可能地实现投资标的的多样化，将投资范围扩大至与人们生活和社会发展相关的行业，如教育、医疗保健和卫生用品等，提升基金的可持续影响力，吸引更多投资者的关注。

其次，在投资过程中要加强对投资标的企业的影响力评估与研究。深入了解投资标的企业在环境、社会和治理方面的表现，评估投资标的企业对社会和环境的积极影响，确保投资与可持续发展一致。一是要对投资标的企业深入调研和定期审查，了解其环境保护措施、社会责任履行情况和公司治理机制。通过实地走访、对话企业管理层和员工，获取更真实、全面的信息。二是要建立投资标的企业 ESG 报告制度，要求投资标的企业定期提交 ESG 报告，对其可持续发展的进展和成效进行监督和评估。三是要建立投资决策委员会，设立专门的投资决策委员会，由相关专家和机构代表组成，对投资标的企业的 ESG 评估结果进行综合评估，确保投资决策的科学性和合理性。通过加强对标的企业的影响力评估，基金管理人可以更好地把握企业的可持续发展潜力，选择具有积极社会和环境影响的企业进行投资，从而提升 DF 新能源汽车主题混合基金的可持续影响力，引领投资者朝着可持续投资的方向发展。

最后，DF 新能源汽车主题混合基金可以与其他有可持续影响力的基金或组织建立合作与联盟，形成合力，共同推动可持续投资理念的传播与实践。一是共同宣传可持续投资理念。合作与联盟的基金和组织可以共同宣传可持续投资理念，通过举办论坛、研讨会等活动，向投资者和公众传递可持续发展的重要性，提高投资者对可持续投资的认识和意

识。二是合作投资项目。合作与联盟的基金可以联合投资一些具有可持续发展潜力的项目，共同推动这些项目的发展，为可持续发展作出贡献。三是制定共同投资准则。合作与联盟的基金可以制定共同的投资准则，确保投资符合可持续发展的要求，共同维护行业的声誉和形象。通过与其他具有可持续影响力的基金或组织建立合作与联盟，可以在可持续投资领域形成合力，共同推动可持续发展，提升DF新能源汽车主题混合基金的可持续影响力，为推动中国的可持续发展作出积极贡献。

【思考题】

（1）在基金管理过程中，加强信息披露有哪些好处？

（2）绿色基金的出现对于我国绿色金融的协调发展是否具有积极作用？

（3）如何降低新能源汽车相关主题基金的碳风险？

（4）如何借助ESG理念助推一只基金的可持续影响力？

（5）一只基金收益率走势波动较大对基金发展会产生哪些方面的影响？

参考文献

［1］孟猛猛，谈湘雨，刘思蕊等．企业ESG表现对绿色创新的影响研究［J］．技术经济，2023，42（7）：13－24.

［2］李荣锦，刘佳乐．ESG表现与企业财务绩效的影响研究——基于政府补贴的视角［J/OL］．经营与管理：1－12［2023－1－29］．https：//doi. org/10. 16517/j. cnki. cn12－1034/f. 20230724. 002.

［3］陈翼，司登奎，倪明明．数字化转型、ESG表现与企业创新型发展［J］．现代财经（天津财经大学学报），2023，43（8）：32－48.

［4］何书娴．企业ESG表现与绿色创新［J］．商展经济，2023（13）：134－137.

［5］仪秀琴，孙赫．ESG表现能否有效缓解企业融资约束：基于融资渠道的研究［J］．金融与经济，2023（7）：65－75.

［6］刘颖，张荣旺．瞄准ESG汽车金融公司开辟绿色融资新路径［N］．中国经营报，2022－08－08（B07）.

［7］冯昊茹．汽车制造行业融资模式及风险分析［J］．中国管理信息化，2021，24（24）：169－170.

［8］张喆夫，董国姝．新能源汽车行业供应链融资模式探讨［J］．商业会计，2016（12）：31－33＋30.

案例8 “双碳”目标背景下绿色保险行业发展

——以中国 TB 产险为例*

内容摘要：党的二十大报告指出，推动经济社会发展绿色化、低碳化是实现当今社会高质量发展的关键环节。“双碳”目标的提出使众多企业转向低碳化发展。保险业根据“十四五”规划的要求，关键是要实现自身的高质量发展，同时助力经济社会的可持续发展。中国 TB 在“双碳”目标背景下对保险产品进行创新，多种绿色保险已经落地应用，基于碳汇指数设立的保险产品也有了进一步的发展。在发展过程中，数据共享、政策支持、激励机制、人才培养等方面还需要进一步加强。

关键词：大数据；绿色保险；产险

一、案例背景

（一）绿色保险概述

绿色保险是在贯彻绿色发展的理念下，围绕保障国家生态安全与生态高质量发展，实现政府生态治理所运用的一切应用保险手段进行的生态风险管控和资金运用行为的总称。银保监会发布的《绿色保险业务统计制度的通知》中明确提到，绿色保险是指保险业在环境资源保护与社会治理、绿色产业运行和绿色生活消费等方面提供风险保障和资金支持等经济行为的统称。

绿色保险又被称为环境责任保险。一般认为，环境责任保险是以被保险人因玷污或污

* 本案例作者为李文、张晗和罗瑜璐。其中：李文，金融学博士，上海立信会计金融学院金融学院讲师，研究方向为宏观金融；张晗（通讯作者），上海立信会计金融学院金融学院本科生；罗瑜璐，上海立信会计金融学院金融学院本科生。

染水、土地或空气，依法应承担的赔偿责任作为保险对象的保险。从广义上看，除环责险外，绿色保险还包括为巨灾、绿色建筑、清洁能源和绿色技术等各个领域提供风险保障的保险产品。

绿色保险作为金融产品，从宏观上来说，具有绿色产业投融资和风险保障的双重功能。一方面，保险资金本身具有较长的期限结构，在一定安全性的条件下，可以为绿色产业提供长期资金支持。另一方面，绿色保险本身的产品性质，可以对经济社会活动中遭遇的环境、气候及资源等风险进行补偿管理。绿色保险不仅让保险合同相对人间接受益，还有利于社会公众与生态保护。另外，由于绿色保险具有一般涉及赔偿金额巨大、产品需求层次具有个性化的特点，其技术和创新均需要更加专业化。目前，绿色保险产品体系主要有绿色保险产品、绿色保险服务、保险资金的绿色应用三个方面（见表 8－1）。

表 8－1　　绿色保险的产品体系

产品体系	类别
绿色保险产品	污染环境风险保障类
	绿色资源风险保障类
	绿色产业风险保障类
	绿色建筑风险保障类
	农业产品风险保障类
	绿色能源风险保障类
	绿色金融风险保障类
	巨灾/天气风险保障类
	鼓励实施环境友好行为类
	促进资源节约高效利用类
绿色保险服务	企业环境污染风险管理服务类
	病死牲畜无害化处理联动类
	绿色投资类
保险资金的绿色应用	普惠金融类（支持绿色产业项目）

绿色保险是绿色金融的重要组成部分，是在市场经济条件下进行环境风险管理的一项基本手段。它不仅在加强环境等风险管理、助力绿色产业发展和绿色技术新成果应用、加强环境生态保护等方面发挥积极作用，还可不断提升公众和社会的绿色环保意识，引导社会资源投向，促进经济社会生态优先、节约集约、绿色低碳发展，是落实国家生态文明整体战略、推进美丽中国建设、助力碳达峰碳中和目标实现的有效举措。

（二）绿色保险发展面临的问题

1. 配套政策不完善

目前，国家及相关部门不断出台相关政策法规来促进绿色保险行业的健康快速发展，相关政策如表 8－2 所示。

表 8－2　绿色保险相关政策

发布时间	相关政策	具体内容
2016－8－31	《关于构建绿色金融体系的指导意见》	提出了支持和鼓励绿色投融资的一系列激励措施，包括通过再贷款、专业化担保机制、绿色信贷支持项目财政贴息、设立国家绿色发展基金等措施支持绿色金融发展
2017－6－27	《江西赣江新区建设绿色金融改革创新试验区总体方案》	为深入贯彻党中央、国务院决策部署，落实《生态文明体制改革总体方案》和《政府工作报告》要求，加快推进赣江新区绿色金融改革创新，充分发挥绿色金融在调结构、转方式、促进生态文明建设，推动经济可持续发展
2018－7－5	《贵州省贵安新区建设绿色金融改革创新试验区总体方案》	全面推进贵安新区绿色金融改革创新试验区建设，加快推进绿色金融助推贵安新区产业发展
2019－12－30	《中国银保监会关于推动银行业和保险业高质量发展的指导意见》	提出“多渠道促进居民储蓄有效转化为资本市场长期资金”
2020－11－3	《中共中央关于制定国民经济和社会发展第十四个五年规划和二〇三五年远景目标的建议》	强化绿色发展的法律和政策保障，发展绿色金融，支持绿色技术创新，推进清洁生产，发展环保产业，推进重点行业和重要领域绿色化改造
2021－2－22	《国务院关于加快建立健全绿色低碳循环发展经济体系的指导意见》	发展绿色信贷和绿色直接融资，加大对金融机构绿色金融业绩评价考核力度。统一绿色债券标准，建立绿色债券评级标准。发展绿色保险，发挥保险费率调节机制作用。支持符合条件的绿色产业企业上市融资。支持金融机构和相关企业在国际市场开展绿色融资。推动国际绿色金融标准趋同，有序推进绿色金融市场双向开放。推动气候投融资工作
2022－5－24	《中国保险业标准化“十四五”规划》	助力保险业服务碳达峰碳中和目标，支持保险业探索开发环境气候领域等创新绿色保险产品
2022－6－22	《银行业保险业绿色金融指引》	要求银行保险机构从战略高度推进绿色金融，加大对绿色、低碳、循环经济的支持，防范环境、社会和治理风险，提升自身的环境、社会和治理表现，促进经济社会发展全面绿色转型

但是，目前我国尚未形成较为完整的绿色金融理论，绿色保险对经济高质量发展的作用机制也没有明确梳理出来，顶层设计与框架规划还不是很完善，政策并不健全。

2. 绿色保险产品单一，缺乏创新和技术支撑

我国绿色保险内部发展不平衡，产品比较单一。部分险种发展滞后和利用大数据解决保险问题的能力还很欠缺，精算技术落后也严重阻碍了绿色保险制度的实施。相较其他险种所面临的问题，目前绿色保险所面临的环境风险不仅分布较为广泛、差异性较大，而且一旦受损结果更加难以量化，定损时不确定性较为明显。

此外，我国绿色保险起步较晚，规模也不是很大，难以从气候信息与环境历史资料获取体系化的经验成果，大数法则难以发挥效果，所以目前针对绿色保险进行风险识别与评估的过程就会较为繁杂。目前发布的关于绿色保险行业相关的风险评估指引还很少，很多细分领域的风险评估准则和损害量化的技术标准还没有成形，因而费率的精算与核准也就需要更多的理论与实践支撑。所以说，当前绿色保险的技术支撑还较为欠缺。

3. 未设立专业从事绿色保险业务的金融机构

就绿色保险中最具代表性的环境污染责任险而言，目前承保环责险的境内财险机构也尚未构建起较为完善的环境风险测评体系，还需依靠外部机构对环境风险展开分析与评估。这主要由于目前我国财险机构对这类业务开展时间比较短，承保数量也不是很多，历史数据积累与实践操作经验都不是很丰富，还需要同外部机构不断加强协作逐渐积累经验。

二、案例概述

实现碳达峰碳中和目标，金融支持是重要一环。近年来，气候变暖等环境问题已成热议，我国也正式提出“双碳”目标。在这样的背景下，保险作为一种风险管理的工具，可以有效地对风险进行对冲，减缓转型中带来的冲击。中国 TB 即中国 TPY 保险在“双碳”目标下积极开展产品创新和绿色金融方面的探索。中国 TB 产险荣获“2022 年度低碳公司”。这充分体现了中国 TB 探索绿色保险服务经济社会、帮助社会进行低碳转型的成果。

（一）绿色保险产品创新

有关数据显示，2022 年中国 TB 共开发了绿色保险创新产品近 40 款，目前所拥有的服务绿色转型的保险产品则有将近 100 款。中国 TB 在众多绿色领域进行不断地创新和发展，例如，环境污染责任险、清洁能源保险、碳配额质押保险、“水质无忧”保险、云南野生动物责任险等。

2008 年，中国 TB 参与环境污染责任保险产品研发及落地，强化对企业保护环境、预防环境损害的监督管理。2021 年，中国 TB 为全国 6000 多家企业提供环境污染风险保障，总保额超过 96 亿元。2022 年，为化工、电力、煤炭开采、石油加工、金属制造等全国 7000 余家企业提供环境污染风险保障，保障限额超 110 亿元。与此同时，推行安环保模式，将传统保险转换成“安责 + 环责”保障，助力企业实现绿色环保、安全生产、节能降耗。例如，公司创新提出的碳汇湿地生态价值保险，赔款可用于对灾后湿地碳汇资源救助和碳源清除、湿地资源培育和加强生态保护修复等有关的支出；碳汇遥感指数保险以碳汇损失计量为补偿依据，运用科技手段进行定点监测，并按照约定标准对损失进行赔偿，提高灾后救助、修复能力和补碳效率。中国 TB 在维护生态平衡、应对气候变化、助力绿色金融等多个方面都作出了巨大的贡献，以自己的实际行动帮助整个社会向低碳化转型。中国 TB 围绕保障清洁高效能源体系建设、降低污染消耗、有效应对气候变化风险等方面，推进保险产品和服务创新，推动经济和社会全面绿色转型，全方位助力高质量发展。

（1）清洁能源保险。2008 年，中国 TB 承保国内首个海上风电东海大桥示范项目，并在光伏、风电、核电等清洁能源领域，持续提供全生命周期的风险保障和专业化的风险预防管理服务。截至 2021 年年末，承保水力发电保额超 500 亿元，光伏领域保额近 1000 亿元；国内海上风电开工项目 8 个，中国 TB 全部参与其中。同时，参与 29 个海上风电运营险项目，保额累计超过 1000 亿元。2021 年，承保国内 46 台在运核电机组运营险，累计保额达 240 亿元。

（2）碳配额质押保险。2021 年，在第四届中国国际进口博览会期间，中国 TB 与上海环境能源交易所、申能碳科技有限公司、交通银行达成“碳配额 + 质押 + 保险”合作，并落地全国首笔碳排放配额质押贷款保证保险业务，这是金融机构助力实现碳达峰碳中和目标的新尝试，为保险服务碳配额交易市场提供了全新思路。

（3）“水质无忧”保险。2021 年，中国 TB 承保太浦河“水质无忧”保险，这是长三角示范区内的首个水质保险项目。中国 TB 将定期提供由专业检测机构出具的水质检测报告，分析水质，做好预警。同时，组建成立 TB 青年员工护河队，定期开展志愿巡河。

（4）云南野生动物责任险。中国 TB 野生动物责任险实现云南全省覆盖，10 年间受益农户超过 15 万户。“大象的故事”让 TB 的形象更生动，TB 产险云南分公司成为联合国生物多样性公约第十五次缔约方大会唯一保险合作方。

（二）中国 TB 与其他机构合作助力“双碳”目标

中国 TB 积极与全球性绿色组织合作，签署了联合国可持续保险原则、负责任投资原则和“一带一路”绿色投资原则。中国 TB 在第五届中国国际进口博览会上的联合中国国际进口博览局引入碳普惠机制，测算并抵消活动期间个人碳排放量，这一行动为我国碳普惠体系建设贡献实践案例。

中国TB与华为成立联合实验室，实验室将围绕绿色能源、人工智能、大数据、信息技术创新等方向探索其在保险业的发展，旨在促进新型保险生态圈的构建和保险行业商业模式的创新。以华为大数据技术框架为基础，实验室推出了大数据处理平台和IT基础设施，支持中国TB快速构建了海量数据处理系统。

中国TB还与复旦大学联合发布《绿色保险助力实现“双碳”目标白皮书》，旨在通过相关政策的详细解读和未来发展路线的剖析来对国内绿色保险业的发展提出建议。

（三）贯彻ESG理念

据中金研究院的测算，近年来，中国的绿色投资需求将达到139万亿元，每年的绿色投资需求约占GDP总量的2%，这对保险行业的负债端和资产端而言都是巨大的机遇。

在追求自身可持续发展和利益最大化的同时，中国TB以国家的“双碳”目标为引领，依据公司的实际情况，将ESG理念贯彻到全公司上下，制定出适合公司的治理目标，在实际的生产和工作中将其付诸实践，做到传播绿色理念。公司传播ESG理念，让“双碳”目标深入人心，并且企业已经形成了ESG管理体系。

保险业在推动绿色发展方面具有天然优势，一方面，发挥保险产品的风险分担和损失补偿功能，为环境、社会和治理风险提供保险保障，助力绿色产业稳定发展；另一方面，利用保险资金长期性和稳定性优势，引导投资方向，为绿色技术、绿色产品引入源头活水。绿色低碳项目建设周期长、投资规模大、风险可控、收益适中，与保险资金期限长、规模大、来源稳定、风险承受能力低等特性高度契合。中国TB在全国各地通过债权投资计划、股权投资计划、资产支持计划、产业基金等形式，参与新能源、环保、水务、防污等各领域绿色项目建设，发行了首只ESG保险资管产品，推出了碳中和系列主题产品，两单聚焦绿色投资的保险债权计划获绿色认证。

作为险资“入粤”的重要力量，中国TB强调要“走绿色发展之路”，引入ESG管理理念，持续加大绿色金融产品的创新与供给力度，并积极开展ESG投资，充分发挥保险资金资源配置、资金融通作用，有效撬动社会资源，加大对绿色产业和技术的支持，深化健康、养老领域的资产配置。

（四）碳汇指数保险应用

中国TB响应国家“双碳”目标的实现，于2022年3月8日在包头落地了首个草原碳汇遥感指数保险。这类保险是公司基于草原碳汇原理与遥感数据分析，携手上海环境能源交易所专业碳汇价值评估共同完成的绿色金融创新产品，北京佳格天地科技有限公司为本次承保的农牧民提供第三方草原碳汇遥感评估服务。保险公司使用卫星遥感技术获得大量草原碳汇数据，对这些大数据进行详细分析，可以对草原全年的生长情况进行评估，并参考草原碳汇方法与草原生长原理制定保险方案。卫星遥感技术能够高效地了解碳汇规模，及时获取损失信号，统计受灾数据，从而助力理赔。内蒙古包头市启动建设碳达峰碳中和林草碳汇试验区在全国尚属首例。试验区的建设是包头市积极推动“双碳”目标落地的新思路，也是推动全市林草事业高质量发展的新路径。中国 TB 产险成功落地全国首单草原碳汇遥感指数保险，基于草原碳汇方法学与遥感数据分析，携手上海环境能源交易所专业碳汇价值评估共同完成的绿色金融创新产品，为包头市达茂旗的农牧民提供草原碳汇绿色生态风险保障。草原碳汇保险创新使用遥感数据对草原全年的生长情况进行评估，一方面，利用遥感技术的客观性和指数保险定损快、赔付快的特点，为农户提供高效率、高技术的草原风险管理服务；另一方面，该产品遵循绿色发展要求，参考草原碳汇方法学与草原生长原理设计保额与结构，为后续草原的生态产品价值实现机制创新再迈进一步。

在宁波，中国 TB 产险开发的全国首个湿地碳汇生态价值保险方案落地，为杭州湾国家湿地公园碳汇等生态价值提供风险保障。项目首次将“生态价值保险”的概念引入湿地国家森林公园建设和维护中，集政府、保险、银行、湿地管理等各方优势，充分发挥绿色金融保险的效力，助力湿地生态产品价值和“双碳”目标的实现。生态产品价值机制实现，是绿水青山向金山银山转化的实施路径，是以生态文明建设为目标的高质量发展的基础，也是生态环境领域助力“双碳”目标完成的主要抓手。中国 TB 产险利用研究创新、产品创新、技术创新和服务创新，依托太安农险研究院平台优势，同国际再保人、头部科技公司打造“风险转移 + 风险管理 + 风险咨询”的一揽子绿色保险体系，推动生态产品价值和“双碳”目标实现。

与传统的碳汇指数不同，碳汇遥感指数保险以碳汇损失计量为补偿依据，将合同约定的自然灾害造成的森林固碳量损失指数化，当损失达到保险合同约定的标准时，视为保险事故的发生，保险公司将按照约定的标准进行赔付。

三、案例模式分析

（一）绿色保险产品创新模式分析

1. 有效针对高能耗产业、战略性新兴产业和绿色产业的目标重点

绿色转型发展针对能源资源消耗和排碳排污明确了绿色转型的重点，也是实现绿色发

展总体目标的关键。绿色发展是技术革命，新型风险和风险程度提升，对保险公司的专业能力和资源投入都有更高的要求。

第一，保险产品创新重点针对八大高耗能行业的能效提升和减污降碳，更能体现保险助力工业绿色发展的成效。中国TB产险针对八大高耗能行业，一方面，通过产品迭代创新，以循序渐进的方式逐步覆盖绿色转型风险，2022年，中国TB产险为八大高耗能行业近70万客户提供绿色转型风险保障额度超8.89万亿元；另一方面，通过价格杠杆，以客户ESG风险评估和费率调节机制促进八大高耗能行业传统资产和业务转型，促进减污降碳，中国TB产险在深圳市环境污染强制责任险项目中，通过浮动费率引导，鼓励企业持续转型升级，从而享受费率优惠和更强保障。

第二，保险产品创新重点针对战略性新兴产业，更有助于服务以技术为原动力的工业绿色发展。中国TB产险针对战略性新兴产业持续推进产品创新和提升服务能力。2015年至今，中国TB产险在高技术船舶和航天器、工业制造数字设备、新能源和低碳技术、集成电路、特高压等领域为400多个重大技术装备、1300多个批次高端材料和相关工程提供超过1300亿元的产品和工程风险保障，处理赔付案件超过1800件。

第三，保险产品创新重点针对绿色产业，更有助于绿色产品供给和绿色产业链构建。中国TB产险围绕清洁能源、生态环境、基础设施绿色升级（如绿色交通）、节能环保、清洁生产等绿色产业领域，持续推进保险产品体系创新。2022年，为绿色产业提供保险保障超2.6万亿元，赔付支出超100亿元，为绿色产业发展保驾护航。

2. 紧跟绿色发展节奏和理念模式创新

绿色发展正在按照规划有序推进，绿色保险要紧紧围绕工业绿色发展的规划内容和推进节奏进行相关配套，才能更有效地集中有限资源更大助力绿色转型。中国TB产险在推进绿色保险进程中，紧紧围绕绿色转型发展的推进重点和推进节奏进行创新，提升资源配置的准确性和有效性。同时，绿色发展带来的新型风险与传统风险存在差异，且产业链关联性进一步增强，绿色保险产品创新按照传统理念和传统模式，将呈现商业不可持续性。中国TB产险在推进绿色保险创新时，以理念创新为基础，以产品创新为龙头，通过内部模式创新，来推动绿色保险产品创新落地。

3. 重点针对碳资产价值发现，以有效促进市场机制作用发挥

《工业领域碳达峰实施方案》明确“政策引领，市场主导”工作原则，要求健全以碳减排为导向的激励约束机制，激发市场主体低碳转型发展的内生动力。企业对碳资产价值的发现，将更有助于内生动力的激发。保险通过将碳资产价值纳入产品创新方向，将有助于提升企业对碳资产价值发现。中国TB产险是最早围绕碳市场生态和碳资产价值进行系列产品创新并成功落地的公司。

4. 将碳资产纳入被保险资产，有助于企业发现碳资产价值

一方面，促进高排放企业对碳资产价值的发现。2021 年 9 月，中国 TB 产险为中石油华北石化提供降碳减排损失保险，保障高排企业因灾害或事故造成超额碳排放导致的碳资产损失。2021 年 11 月，中国 TB 产险为中国华粮物流集团提供减排设备损坏碳损失保险，保障减排降碳机器设备故障产生额外碳排放造成的碳资产损失。

另一方面，促进新能源企业减排项目碳资产价值的实现。2021 年 9 月，中国 TB 产险为东海大桥海上风电二期项目提供碳资产损失类保险，保障减排项目营业中断所产生的碳资产损失风险，保障新能源企业碳资产价值收益。

5. 以保险盘活碳资产，有助于企业增加绿色转型投入

碳资产的盘活对于企业增加当期绿色转型投入具有现实助力。一方面，保险助力提升碳资产流动性。中国 TB 产险为碳资产管理方的碳配额质押贷款提供增信。2021 年 11 月，中国 TB 产险为申能碳科技公司的碳质押贷款按期履约提供保障，这是全国首笔碳排放配额质押贷款保证保险业务。2022 年 5 月，中国 TB 产险为控排的超纤材料企业出具碳配额质押贷款保证保险。

另一方面，保险助力提高金融机构认可度和降低认可成本。2021 年 11 月 7 日，中国 TB 产险推出了全国首个碳排放配额质押贷款保证保险，与中国人民银行碳减排支持工具配套，助力商业银行低碳信贷落地最后一公里。保障碳市场生态安全有助于夯实碳市场运行基础。随着碳市场生态的逐步成熟，涉及主体更多元化，涉及行为更复杂化，运行风险逐步增加。2021 年，中国 TB 产险在业内首创发布碳市场保险创新解决方案，针对各类交易主体、交易市场和服务主体所面临的资产保障、资产增信、网络安全、职业责任等风险提供全方位保障，有助于促进碳交易市场交易活跃度和运行安全性。除碳资产和碳质押保险外，2021 年 10 月，中国 TB 产险还为专业碳核查人员提供职业责任保单。

6. 绿色风险减量管理创新，重点聚焦助力减碳降污管理质效提升

第一，绿色保险创新不仅要更注重“保险保障 + 风险减量服务”的综合配套，更要注重风险减量服务的全流程嵌入。这既有助于协助企业减污降碳的过程管理和三方监督，又有助于提升保险公司绿色风险过程管理保障可持续运营。中国 TB 产险为更高效、专业地提供风险减量服务，从工作制度、技术标准、专业队伍和平台工具等维度系统设计并推动“中国 TB 产险风险减量管理体系建设”，将防灾防损、安全生产和减碳降污的相关服务整合一体，并在部分领域以产品化形式提供客户嵌入式使用。公司自主研发了数字化、可视化智能风险防控平台“风险雷达”，覆盖化工、冶金、电力、纺织、仓储、石化等 50 个重点行业，为客户提供风险源监测、分析、预防三位一体的闭环风险防控服务。“风险雷达”上线以来，为客户出具 104 余万份风险报告，提出 80 余万条风险建议，建立 42 余万份风

险档案。

第二，绿色风险减量管理标准与工业绿色发展相关标准的需要互相耦合，有助于降低企业绿色风险管理成本，提升企业绿色发展绩效。绿色转型风险管理和绿色信息披露问题，是工业绿色发展中需要重点关注的问题，通过标准的耦合链接，将保险有机纳入工业绿色发展的风险管理过程和减碳降污过程，并通过保险这个节点链接更多金融主体，有助于企业降低风险管理成本，并提升减碳降污的过程管理和过程监督，提升绿色发展融资能力，从而更有利于提升企业绿色发展绩效。

（二）问题与挑战

1. 大数据应用不足

通过大数据，保险公司可以满足其经营的基本数理要求，在需要时人们可以轻松地筛选并获取想要的各个环节的数据，并自主地找出风险，能够更加科学地设定各类指标。然而，目前我们面临的最主要的问题，也是大数据运用最基础的问题，就是海量数据的采集和分析。我国目前绿色保险行业发展还不够完善，市场能够提供的数据和案例是十分有限的，这远远不能达到大数据技术应用的要求。各个企业内部或企业与企业之间的数据进行连接仍然面临着巨大的挑战。在一些竞争过程中，一些中小型保险公司在绿色保险方面可能不具有大公司那样拥有跨时间、跨空间维度大且较为完备的数据信息，因此这类公司面临着很大的风险。长此以往下去，会形成恶性循环，不利于我国保险业在绿色保险方面的发展。

2. 信息保障不足

保险行业涉及的信息都是较为重要且机密的，如果我们获得了海量的数据，更需要有完整的保障体系来保证这些数据的安全。信息安全是一切数据能够进行连接和共享的前提，只有保障了信息的安全，才能实现信息在共享系统中的储存。保证信息安全也是对客户重视度的体现。目前，我国绿色保险行业发展快速，信息类型和数量日新月异，应该建立良好的保障模型，以提高保险业的可持续发展和建立社会经济适应力的有效性。由于变化的快速和多样，我们更要对安全保障进行及时修正。

3. 行业人才缺失

要将大数据应用于绿色金融，我们需要大量复合型人才，在掌握大数据的技能的同时，又能够将其与绿色保险业进行融合运用。相对于传统保险业来说，绿色保险是一个新型险种，这类专业人才大量缺失。同时，从海量的数据中提取出我们所需要的有效信息需要人才与技术紧密配合。在技术应用的过程中，综合型人才是必不可少的。

4. 政策激励性不足

目前，我国绿色保险处于发展阶段，迫切需要政策的支持和激励。但是现有的政策中大部分是针对绿色保险发展过程中机制不足的部分进行开阔，在实质性的技术支持上并没有举动。这导致很多企业在绿色保险方面缺少资金或者技术上的支持，从而降低对绿色保险业发展的贡献度。有数据统计，参与绿色保险领域的保险企业只占整个保险行业的15%左右，这个比例对于实现“双碳”目标来说是远远不够的，保险企业在绿色保险方面的参与度还需要大幅提高。这就需要我们制定更多对保险企业有激励作用的政策，例如，可以从技术和资金两个方面分别入手，为开展绿色保险服务的企业提供便利。

四、未来发展建议

（一）提高科技发展水平

保险公司在运作过程中无时无刻不在和众多数据打交道。为了获得海量数据，我们可以扩大数据的来源和范围，从不同的维度增加数据之间的联系和交互。此时就需要我们提高科技发展的水平，这样才能对获取的数据进行更好地储存、分析和利用。科技水平的发展不仅限于大数据自身的发展，还包括大数据和其他科技进行结合方面的发展，这些都会给绿色保险带来极大的便利。科技的发展可以实现跨界合作，丰富数据的种类和数量，从而扩大数据的来源，使数据量向“海量”靠近。同时，科技的发展可以为数据信息的安全提供保障。

（二）为绿色保险提供支持

目前，我国主要的绿色保险供给面临高风险、高损失和高成本的现状，因此需要在资金方面为企业提供一些支持，如财税政策的支持，政府对投保企业采取适当减免财税，包括免除部分营业税和所得税，而对购买的个人则免除部分所得税和居民税，从而提高民众和企业购买绿色保险的积极性。除了资金上的支持，还有政策上的支持，例如实施差别费率，控制企业温室气体的排放程度，为实现“双碳”目标作出努力。无论是资金支持还是政策支持，都是为了避免供给不足而实施的激励机制，从而提高公众的绿色发展意识，早日实现“双碳”目标。

（三）培养复合型人才

在人才培养方面，首先是各大高校。作为人才培养的摇篮，各大高校要贯彻ESG理念，加强学科之间的交叉性，如大数据和保险课程。要多开展各类讲座或课题对绿色保险进行讲解。其次是各个企业，例如，中国TB在日常的员工培训中进行人才的再培养，将

“双碳”目标的实现渗透到公司的每个角落。企业可以对员工进行培训，提升企业绿色保险业务人员的基础知识和业务能力。与此同时，加强企业间的交流和合作，也有利于人才之间的互相学习和了解。

2022 年 12 月起，各保险公司开始试报送绿色保险业务的全国数据，绿色保险业务统计制度进入实质性实施阶段。这将为我国绿色保险发展按下“快捷键”，进一步推动绿色保险高质量发展。

【思考题】

（1）绿色保险的定义是什么？已经发布的政策有哪些？

（2）我国绿色保险的发展面临哪些挑战？

（3）中国 TB 在绿色金融方面有哪些关于产品创新的探索？

（4）绿色保险产品创新有哪些成效？

（5）进一步推动我国绿色保险行业发展的政策建议有哪些？

参考文献

[1] 陈晓静，张闫文，沈洁歆，刘源．大数据背景下上海加快发展绿色保险的思考［J］．上海保险，2021（9）：57－61.

[2] 秦宏波，战昱静，鲍颖群，张渝．“双碳”视角下上海市新能源产业绿色保险的需求研究［J］．上海节能，2022（11）：1368－1374.

[3] 朱佳．大数据和人工智能在保险行业的运用［J］．现代企业，2022（9）：148－149＋154.

[4] 徐睿．中国绿色保险发展现状与对策建议［J］．上海保险，2022（11）：45－47.

案例9　碳金融服务创新案例研究

——GWYD“碳 e 融”*

内容摘要：随着全国统一碳市场建设持续推进，我国碳金融市场迅速发展。本案例以GWYD“碳 e 融”为对象，分析碳金融产品的服务模式、数字化实现途径和价值呈现方式，指出碳金融产品通过“碳业务金融化—碳金融业务化”的发展路径，引导绿色金融支持绿色企业、助力绿色行为，缓解供应链中小企业所面临的融资难、融资贵难题，为供应链金融与供应链绿色发展有效融合提供创新解决方案。

关键词：碳金融；“碳 e 融”；金融创新；价值呈现

一、案例背景

应对气候变化、实现可持续发展已成为全球共识。近年来，全球绿色金融发展迅速，绿色债券市场规模不断扩大。2021 年，全球绿色债券发行规模超过 5000 亿美元，同比增长 74%。其中，美国、中国和德国处于领先地位，发行量分别为 835 亿美元、682 亿美元和 633 亿美元，成为推动全球绿债市场发展的主力军。

在亚洲，中国的绿色金融市场规模最大。中国已经成为全球最大的绿色信贷市场和全球第二大的绿色债券市场。中国人民银行数据显示，截至 2021 年年末，中国本外币绿色贷款余额已经接近 16 万亿元，同比增长 33%，存量规模居全球第一位。2021 年，中国境内绿色债券发行量超过了 6000 亿元，同比增长 180%，余额达到 1.1 万亿元。截至 2022 年 9 月末，中国本外币绿色贷款余额进一步增加至 20.9 万亿元，同比增长 41.4%；绿色债券存量规模逾 1.26 万亿元，均居全球前列。

---

* 本案例作者为褚燕和葛巍。其中：褚燕（通讯作者），管理学博士，上海立信会计金融学院金融学院讲师，研究方向为数字金融、数据资产管理和交易；葛巍，国网英大碳资产公司，总经理。

推动绿色低碳转型发展，实现碳达峰碳中和目标，需要各方面的共同努力，绿色金融是不可或缺的一环。各国政府出台相关政策，推动绿色金融发展。例如，欧盟于 2018 年发布了《可持续金融行动计划》，旨在推动欧盟成员国的金融机构更多地投资可持续项目，促进绿色经济转型。

我国发布了《二十国集团框架下发展绿色金融的中国倡议》，绿色金融在 2016 年被首次纳入 G20 议题。2016 年 8 月 31 日，中国人民银行等七部委联合印发了《关于构建绿色金融体系的指导意见》（银发〔2016〕228 号），确立了中国绿色金融体系建设的顶层架构，明确了绿色金融的定义，绿色金融是指为支持环境改善、应对气候变化和资源节约高效利用的经济活动，即为环保、节能、清洁能源、绿色交通、绿色建筑等领域的项目投融资、项目运营、风险管理等所提供的金融服务。绿色金融体系包括绿色债券、绿色股票指数及相关产品、绿色发展基金、绿色保险、碳金融等所有主要金融工具。

2021 年，中国人民银行将“落实碳达峰碳中和重大决策部署，完善绿色金融政策框架和激励机制”列为重点工作，确立了“三大功能”“五大支柱”的绿色金融发展政策思路。同年 4 月，中国人民银行正式发布的《绿色债券支持项目目录（2021 年版）》，这是一项非常重要的绿色金融标准，首次将中国绿色债券的标准进行了统一。新版目录主要着眼于应对气候变化即碳减排，同时考虑了保护生物多样性等要求，且不再将煤炭等化石能源项目纳入支持范围，更好地实现了与国际通行标准的统一。同年 7 月实施的《银行业金融机构绿色金融评价方案》将绿色信贷、绿色债券等绿色金融业务正式纳入金融机构考核业务的覆盖范围，评价结果将纳入央行金融机构评级等政策和审慎管理工具。

2021 年第三季度，中国人民银行发布了首批绿色金融标准，包括《金融机构环境信息披露指南》和《环境权益融资工具》两项行业标准，拉开了中国绿色金融标准编制的序幕，也填补了相关领域绿色金融行业标准的空白。对银行业金融机构而言，《环境权益融资工具》标准的发布意味着发放碳排放权质押贷款有了行业标准指引，这有利于鼓励银行业金融机构积极主动为优质碳减排企业和项目提供资金支持。

碳中和为我国带来了大量的绿色信贷需求，绿色信贷规模有望迅速得到提升。根据我国绿色金融委员会测算，未来 30 年内，中国在《绿色产业目录》确定的 211 个领域内将产生 487 万亿的绿色低碳投资需求。综合估算，中国实现“双碳”目标需投资大约 150 万亿—500 万亿元。

碳金融成为绿色金融的关键词。2021 年 11 月底，北京绿色交易所升级为国家级绿色交易所，承担全国自愿减排等碳交易中心功能，CCER 一级市场也有望重启。2021 年 12 月 14 日，生态环境部等九部门决定开展气候投融资试点工作，并组织编制了《气候投融资试点工作方案》，明确气候投融资是绿色金融的重要组成部分，在碳金融领域，鼓励试点地方金融机构在依法合规、风险可控的前提下，稳妥有序探索开展包括碳资产质押贷款等碳金融服务。证监会发布《碳金融产品》（JR/T 0244—2022）行业标准，将碳资产定义为由碳排放权交易机制产生的新型资产，明确碳市场交易工具、碳市场融资工具和碳市场支持工具三大类碳金融产品，为金融机构开发、实施碳金融产品提供指引，进一步引导金融资源进入绿色领域，支持绿色低碳发展。

随着全国统一碳市场建设持续推进，我国碳金融体系的市场规模和流动性将大幅提高，交易主体和需求也将更趋多元化，可交易的碳金融产品将迅速增长，这将为碳金融业务提供广阔的发展空间。越来越多的大型能源央企布局碳管理业务，国家电力投资集团公司、中国华电集团有限公司、南方电网有限公司等纷纷组建碳资产管理专业机构，积极开展碳排放统计核算、盘查等工作，碳管理业务的重要性逐步显现。

二、GWYD 的碳金融服务模式

发展绿色金融的难点在于产业场景复杂、数据缺乏、模型缺乏通用性等。普通金融机构进军这一领域，必然面临产业链条错综复杂、底层资产较难穿透、企业主体信用状况不明等难题。

GWYD 集团有限公司（以下简称英大集团）是国家电网全资子公司和金融资产投资管理平台。作为国家电网有限公司的全资子公司，英大集团根植能源电力产业链的中枢环节，对于深耕电力行业的绿色金融具有较强的优势，通过旗下英大信托、英大证券、英大期货、英大碳资产、置信电气经营信托、证券、期货、碳资产、电力装备业务，立足银行、保险、资管三大金融业务领域，深入电力行业产业链和供应链，积极开展绿色金融多样创新工作。

英大集团开设了“电 e 金服”绿色金融服务专区，发展绿色供应链金融；推出绿色基础设施房地产信托投资基金，盘活绿色资产；研发绿色公募基金产品，打造特色竞争优势；编制英大集团绿色金融业务清单，制订绿色金融统计指标体系等；开发绿色信贷、绿色债券、绿色票据、绿色保险、绿色租赁、绿色资产证券化、绿色基金、碳金融等 18 项绿色金融业务，研发 35 款绿色金融产品，带动全产业链供应链低碳转型。其中，碳金融技术的创新迭代、厚积薄发尤为突出，被视为绿色金融颇具潜力的领域。

GWYD 碳资产管理（上海）有限公司（以下简称英大碳资产）成立于 2013 年 11 月，作为 GWYD 的全资子企业，也是国家电网公司旗下唯一的专业碳资产管理公司，英大碳资产长期深耕碳资产业务市场，拥有全国范围碳交易所会员资质和国际排放贸易协会会员资质。目前已为百余家机构投资者提供开户服务，与多家公司签署碳资产开发合同，累计碳资产开发量达数百万吨，在碳核算、碳资产开发、碳体系构建、碳能力培训、零碳解决方案、低碳课题研究、碳金融创新等方面积累了丰富的经验。

英大碳资产坚持“以碳聚融、以碳促产、创造价值”的企业定位，围绕“服务‘双碳’、链接产融、双向发力、赋能发展”，致力于成长为能源领域具有较强影响力的碳资产管理综合服务提供商。

通过“碳业务金融化—碳金融业务化”的发展路径，推动供应链相关碳能力评估数据向金融属性应用的实践转化。英大碳资产创新提出了碳账户解决方案，并相应创设“碳e融”等碳金融创新服务模式。2021年，英大碳资产参与制定首个电工装备企业绿色评价团体标准，应用于全国首创的“碳e融”业务，以专业的绿色认定评估服务与内外部金融机构合作，为碳账户用户创设包括“交碳保”“碳e信”和“网乐贷”在内的多款“碳e融”服务产品，引导绿色金融支持绿色企业、助力绿色行为，缓解供应链中小企业所面临的融资难、融资贵难题，为供应链金融与供应链绿色发展有效融合提供创新解决方案。

（一）绿色供应链金融产品——“交碳保”

“交碳保”是英大碳资产聚焦智能电网建设的减排降碳场景，联合省级电网、内外部金融机构，面向电网产业链企业创新推出的一种贷款服务，特色是“订单能融资、降碳能降息”。

企业的碳评估结果是决定银行放贷规模和利率的重要参考维度之一。对电网产业链企业的碳评估主要依托两类评估报告，即企业自身的碳能力评估和基于订单履约的产品/项目减排评估，在评估过程中，支持电网核心企业向链上企业传导碳信用。企业的碳评估结果越优秀，就越能获得较低的贷款利率。

“交碳保”面向国家电网公司协议库存采购物资供应商的专项绿色融资产品，用于满足国家电网供应商因履行国家电网绿色采购所产生的融资需求，以供应商提交的协议库存合同为依据核定授信额度，根据英大碳资产公司为国网供应商提供的《碳能力评估报告》《产品碳减排认定报告》等算碳认证服务作为绿色贷款评定依据进行降息放款。供应商自中标协议库存起，无须抵押等任何担保方式，仅凭协议库存即可获得授信额度申请低息贷款。该产品具有融资介入时点早、额度充足、使用灵活、价格优势明显等特点，可以有效解决企业原材料采购过程中融资难、融资贵的问题，有力服务稳链保链。

“交碳保”模式推动供应链金融从传统的“主体信用”评价方式向“主体信用+过程信用”的联合评价方式转化。一是针对链上企业主体开展全方位的碳能力评估，形成基于服务核心企业的历史碳履约评价信息，丰富了基于核心企业的“主体碳信用”画像；二是针对链上企业参建智能电网的过程开展碳减排贡献评估，聚焦订单中标、过程履约、最终交付等实施全过程碳评，以减排降碳的真实性验证贸易履约的真实性，创新构建基于未来应收款的“过程碳信用”。

“交碳保”模式也推动了碳金融服务从传统的碳资产金融延展至更广义的碳减排金融，依托智能电网建设支持新能源消纳的丰富降碳场景，运用权威的测算方法认定并传导减排贡献，帮助金融机构精准识别绿色项目、绿色产品、绿色企业，继而引导金融机构基于实际减排成效，创设专属绿金产品。

（二）纯信用绿色融资产品——“碳e信”

“碳e信”是国家电网公司面向下游企业提供的一款纯信用的绿色融资产品，企业通过上传自证材料，结合绿色评价模型，生成碳信用报告，从而帮助企业获得用于短期生产经营周转的贷款。

“碳e信”以客户用电、履约数据为基础，结合相关自证材料，对客户用电行为进行分析，通过国网征信公司搭建绿色评价模型，以评价结果作为金融机构贷前核查和信用评级的重要参考，从而帮助企业获得银行低成本、纯信用的绿色融资，并实现迅速放款的一款产品。

英大碳资产建立的“供应商绿色评价标准”，依托现代智慧供应链体系，发挥数据价值、平台优势，为供应链绿色协同发展提供基础支撑，并以绿色评价为基础，调动产业单位以及金融机构等各方资源，协同推动供应链碳咨询和绿色金融服务，为产业链绿色协同发展提供技术和资金配套。

三、GWYD“碳e融”的数字化实现途径和价值呈现

英大碳资产充分发挥国家电网有限公司电力产业链优势、电力大数据优势和自身金融背景优势，率先研发“以电算碳”的碳排放精准推算模式，在深耕传统碳领域业务、不断提升自身碳专业能力的同时，自主研发集“算碳、观碳、管碳、融碳、易碳、降碳”为一体的碳资产管理平台，为各类用户提供“碳管家”综合服务，更创新提出“双碳”数字化基础设施——“碳账户体系”，全生命周期记录企业涉碳信息，并依据其创设的“碳能力评估模型”实时评价企业生产经营“碳能力”，为企业低碳转型提供可信鉴证及有效参考。

（一）GWYD“碳e融”的创新实现途径分析

“碳e融”绿色金融产品是发布在国家电网公司“电e金服”平台上的一款绿色金融产品，以碳账户和碳积分动态监测企业减排成效，结合企业碳能力评价报告实施差异化绿

色信贷。

2019 年以来，国家电网通过打造数字化产业链金融服务平台——“电 e 金服”平台，作为能源产业链核心企业，国家电网拥有得天独厚的资源禀赋和要素优势，可以通过整合全产业链业务流、数据流、资金流，以国家电网的优良资信为背书，以产业链真实交易为背景，以电力大数据为支撑，促进金融更好地服务实体经济，帮助上下游企业特别是中小微企业获得更加优质、高效的普惠金融服务，畅通全产业链循环，充分发挥核心企业资信资源优势带动产业链共同发展。

“电 e 金服”通过整合内外部数据信息、集成各方专业系统、贯通各类渠道场景，为上下游企业和金融机构搭建了一个以产业链为依托、以供需对接为目的的数字化服务平台（见图 9－1），实现了让各方主体“聚起来”、业务线上“跑起来”、海量数据“活起来”、业务场景“连起来”、金融科技“用起来”、风险防火墙“筑起来”，有效减少信息不对称，助力提高金融服务实体经济效率。作为连接金融供需的平台，“电 e 金服”嵌入电网产业链业务，有效转化电网资信资源优势，在绿色金融上充分发挥其在服务“双碳”中的独特优势，打造绿色金融专区，通过电力大数据分析形成绿色评价结果，帮助上下游企业对接金融机构，获得低成本的绿色融资及保险保障。

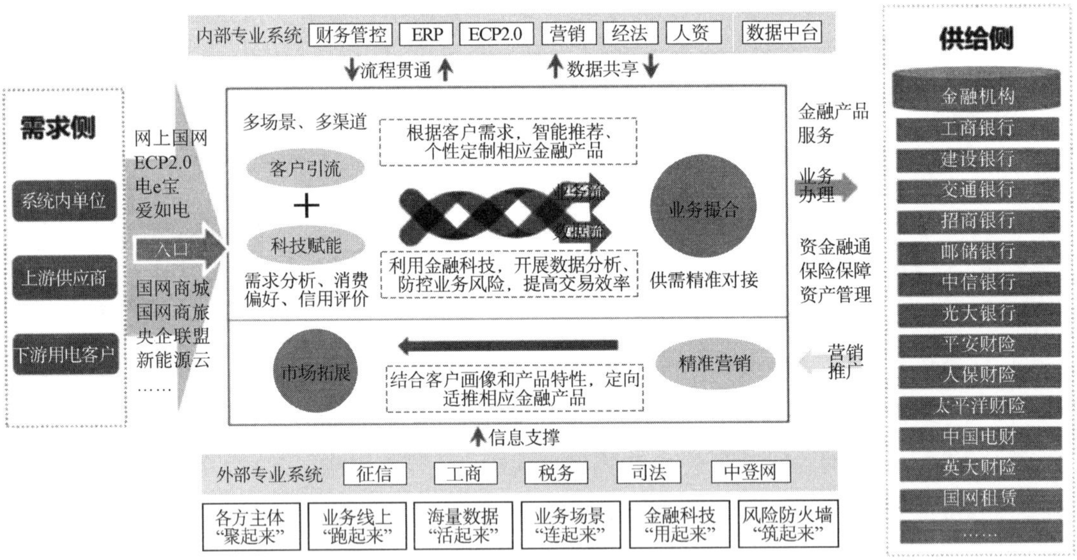

图 9－1　国网数字化产业链金融服务平台“电 e 金服”

GWYD 碳资产管理平台是一个一站式碳管家综合服务平台，为产业链上下游企业提供集“算碳、观碳、管碳、融碳、易碳、降碳”于一体的服务。依托 GWYD 碳资产管理平台，英大碳资产公司推出碳账户服务，对能源产业链上下游客户碳减排行为进行采集、认定、评估和量化，并与金融服务、客户权益挂钩（见图 9－2），在推动社会低碳转型的同时，助力客户降本增效。截至2022年年中，碳账户开立流程已完全实现线上办理，累计碳账户线上开立数量超过1500户。

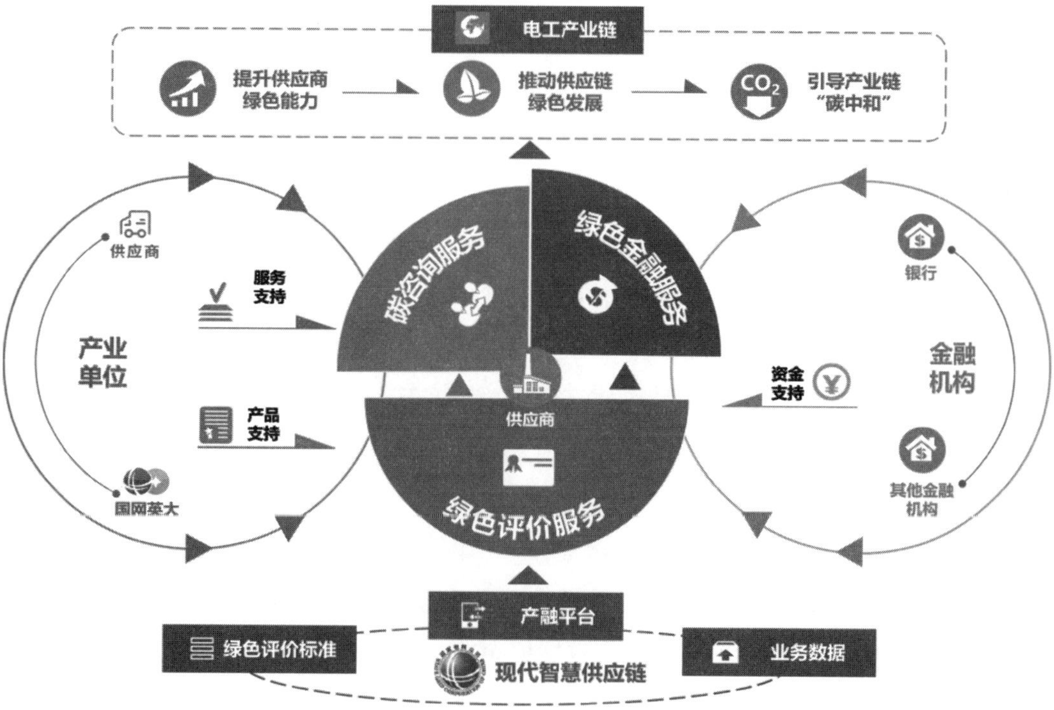

图9－2　英大碳资产管理平台绿色评级

英大碳资产构建的“碳账户”从低碳经营、转型行为、减碳效果、降碳贡献等各维度分析鉴证企业“碳能力”，从而构建企业“碳画像”，并协助企业对接适合自身发展的优质绿色服务。作为碳能力评估工具，碳账户可以通过供应链企业的碳表现、碳贡献、碳披露、碳履约四个维度，以全生命周期的方式系统地记录、评价和展现历史碳情况、减碳意愿、履约诚信。

对供应链企业而言，通过开立碳账户，企业可以科学全面地评估自身碳能力，摸排碳家底，还可以凭借积极的绿色行为获得相应碳积分。依据碳积分情况，英大碳资产“碳账户”将为供应链企业推荐便捷、优惠的绿色金融支持，促进降碳表现与金融支持融合发展，对服务推动产业链企业绿色转型具有重要意义。

此外，碳账户具备的“以电算碳”能力，不仅具有可观的经济价值，还有重要的社会治理功能，可以协作地方政府，高质量绘制“电碳地图”。例如，英大碳资产和国网福建电力、厦门市政府合作，以电力大数据融合链接煤、油、气、热等其他各类能源消费数据，建立专业模型绘制电碳生态地图，服务政府决策施策和社会用能转型。

（二）GWYD“碳 e 融”的价值呈现

“碳 + 金融”的优势，在碳账户系列产品中得到发挥。英大碳资产将碳账户评价结果应用于绿色信贷、绿色增信、绿色保险、绿色租赁、绿色保理等业务。2021 年，英大碳资产与中国工商银行、中国农业银行、中国建设银行、北京银行、光大银行、中国邮政储蓄银行等十余家银行开展合作，联合创设基于碳资产公司碳能力评估模型的绿色金融创新产品。截至 2022 年第二季度末，“碳 e 融”各产品累计放款规模达 30 亿元。

碳金融产品“交碳保”，通过与商业银行合作，生产节能减排电力装备的物资供应商企业在完成“碳账户”开立和碳能力评价后，可凭借物资中标合同直接申请供应链融资，满足采购、生产等经营需求。2022 年 4 月 19 日，英大碳资产联合英大保理和交通银行西单支行，成功落地基于 GWYD 碳账户的绿色订单贷产品——“交碳保”。江苏某电缆企业通过申请“交碳保”产品获得 2400 万元授信审批，仅凭物资供应合同首批放款金额就达到总授信的 50%，且根据碳账户绿色低碳认定结果实现降息 30 个基点。

该产品于 2022 年 9 月在国网浙江物资公司、国网乐清市供电公司的共同努力下实现试点落地，仅 2 个月时间，已帮助 14 家供应商获得绿色授信规模 2 亿元，累计放款 6400 万元，其中小微企业占比达到 87%，有效缓解企业在原材料采购、生产经营等方面的资金压力，以“合同能融资、降碳能降息”理念引导绿色资金流向绿色企业、绿色项目，促进固链稳链，引入优质资源支持新型电力系统建设。该业务也为金融机构向中国人民银行获得碳减排支持工具提供条件，从而吸引金融机构为更多绿色低碳项目提供长期限、低成本资金，丰富低碳企业融资渠道。

碳征信产品“碳 e 信”，通过与浙江省银保监局“金融综合服务平台”、浙江省人民银行合作，可为金融机构、政府平台提供线上化、可定制的“电碳测算”等数据增值服务，以满足贷前、中、后期风控管理和用能监管分析等需求。2022 年 8 月“碳 e 信”在“电 e 金服”平台上架以来，已在绍兴、杭州等地帮助 168 家企业获得绿色融资 15.16 亿元。在良好的碳征信评价下，2022 年 11 月底，浙江绍兴一家轻纺原料企业收到了一笔绿色融资，贷款利率下浮了 20 个 bp（贷款基点），小微企业享受到了贷款融资的专属实惠。

GWYD 在 2021 年的年度报告显示，该年度碳资产业务实现营业收入 2577.67 万元，同比增长 18.41 倍，净利润 217.68 万元，2021 年度碳资产业务营业收入占公司营业总收入的 0.27%。尽管现阶段占比不高，但碳资产行业有广阔的发展前景，基于碳资产的金融创新需求会更加旺盛，碳资产金融属性将逐步显现，碳金融产品研发、低碳投资等方面将迎来新的发展机会。

在未来“双碳”业务发展方面，GWYD 将加快绿色金融产品开发应用，创新绿色资产证券化产品，开发以碳积分为基础的绿色信贷引流产品，推广碳贡献力认定服务试点，依托绿色债券等工具，精准对接电网、产业链和能源行业，推广供需匹配的绿色金融服务，加快绿色金融业务在质量和效益上取得双突破。积极发展碳认证，以碳账户、碳评估为切入点，开发碳贡献评价、碳责任披露、绿电溯源等高价值碳服务，力争在绿色金融标准制定、碳减排支持工具利用等方面取得突破。

四、GWYD创新“碳e融”的典型做法

（一）深度挖掘“电碳转化”关系

基于历史统计的电、煤、油、气、热等能源消费数据，根据不同的碳排放因子计算不同区域、行业和企业的碳排放量和碳电强度指数，依靠电力实时数据，动态推算碳排水平和趋势，实现“由电算碳”，为服务政府、金融机构开展碳排监管和碳资产管理打下基础，有效解决第三方碳核查时效滞后、全量能源消费数据获取难等问题。

（二）构建数字化“碳能力评价”体系

从碳表现、碳披露、碳贡献、碳履约四个维度，设计构建一套可有效反映企业用碳、管碳、风险情况的碳能力评价模型。“碳能力评价”体系为政府部门开展行业用能监管，以满足企业碳账户、碳金融开展需要，并可线上化出具碳能力分析报告，设计统一的绿色金融扶持政策提供可靠支撑。

（三）融合应用能源大数据资源

通过与省市相关部门、银保监局、能源局、人民银行等开展深度合作，打造“电e金服”与政府平台的金融服务、多向引流通道，覆盖八大高能耗行业及规上企业，有效贯通政、企、银数据通道并实现共享共用。同时，规范数据从授权、加密、加工到传输等步骤的安全管理，并在技术层面，以区块链、人工智能、云计算为底层支撑，应用新型电力系统“源网荷储”高频、精确的数据采集终端，建立可信数据分析引擎，形成优质数据池，支撑电碳实时算力。

（四）打造“碳金融”数智化应用

支撑政府平台、能源大数据中心共同打造“碳金融”数智管理应用，实现“双碳”关键指标的实时监测分析，量化降碳行为成效，线上管理“碳金融+能效”业务。可穿透至

省、市、县、企业四级实现“碳金融”业务全景化、可视化管理，多维度统计低碳、减排等不同绿色属性的企业、项目量化数据，动态监控分析各类绿色金融业务的授信、放款金额。

（五）创新“碳金融”绿色商业模式

围绕“企业本身是否绿色低碳、生产是否降碳、是否参与降碳项目供应链”等属性，应用“碳能力评价”等金融征信工具，建立与“低碳、减碳”属性挂钩的差异化机制，创新金融、征信、碳资产管理等服务场景，推动“电 e 金服”与浙江省“双碳”智治平台、企业信息信用平台、金融综合服务平台等政府平台多向合作引流，联合金融机构，创设金融、征信、降碳等服务，引导绿色资金流向绿色企业、绿色项目。

【思考题】

（1）碳金融在中国的发展现状如何？

（2）GWYD 的碳金融服务模式有哪几种？

（3）“碳 e 融”的数字化实现途径有哪些？

（4）“碳 e 融”的价值呈现体现在哪几个方面？

（5）“碳 e 融”的典型做法有哪几种？

参考文献

［1］国家电网数字化产业链金融服务平台“电 e 金服”［EB/OL］. https：//efin. sgcc. com. cn/cyl/greenFinanceQTList.

［2］GWYD 股份有限公司 2021 年年度报告摘要［R］. http：//static. sse. com. cn/disclosure/listedinfo/announcement/c/new/2022 -04 -21/600517_20220421_1_Byi62J3B. pdf.

［3］新华财经．“碳金融”绿色服务创新实践获 2022 年全球产业链供应链数字经济杰出案例［EB/OL］. https：//www. cnfin. com/cy -lb/detail/20221208/3761219_1. html.

［4］国家电网报．聚焦“双碳”目标深耕绿色金融［EB/OL］. http：//www. sgcc3060. com/html/ydww/col1130000558/2022 -11/01/20221101105958443564681_1. html.

［5］中华人民共和国中央人民政府．七部委发布《关于构建绿色金融体系的指导意见》［EB/OL］. http：//www. gov. cn/xinwen/2016 -09/01/content_5104132. htm.

［6］汇丰银行，21 世纪资本研究院．中国绿色金融发展报告——中国金融业推动碳达峰碳中和目标路线研究［R］. 2021.

案例 10　GDHJ 碳披露案例分析*

内容摘要： 企业可持续发展信息披露是环境、社会与治理（ESG）体系的重要部分，也是企业层面实现“双碳”目标和应对气候变化风险的重要实践。GDHJ 是我国具有代表性的环境综合治理企业，既拥有自身的可持续发展架构，也能够在碳排放、碳减排措施等信息披露等方面满足外部监管约束。但通过对比同类企业，可以发现仍然存在企业间披露信息质量差异较大、缺乏统一政策引导和核算框架等问题。该案例对推动碳披露标准框架的统一、完善碳数据管理机制和提升企业数据披露质量具有政策启示。

关键词： 碳披露；环境信息质量

一、案例背景

气候变化对环境、社会和经济造成了广泛和深远的影响，随着全球可持续发展的重要性日益凸显，经济社会对碳排放主体的约束也日趋严格。企业作为经济活动的主要参与者，产生的碳排放是全球温室气体排放的重要来源。企业的碳排放行为对于社会公众具有较大的负外部性，这对企业的环境信息透明度提出了更高的要求，尤其是企业的碳披露行为。碳披露是指企业公开碳排放、减排措施和碳管理战略等与碳相关的数据和信息。一些研究表明，企业碳披露能够提升其财务绩效（李秀玉和史亚雅，2016）和市场价值（Saka 和 Oshika，2014；闫海洲和陈百助，2017）。此外，企业碳披露行为也具有积极的经济社会效应，对推动全球减排进展、应对全球气候变化和可持续发展挑战具有重要意义。目前，在国际社会、政府部门和企业投资者的推动下，企业碳披露行为取得了一定进展。

第一，在国际标准框架的推动下，企业需要展示其在减排方面的努力和成果，以证明

---

* 本案例作者为刘文杰、文凤华、朱柔静和朱隆黔。其中：刘文杰，经济学博士，上海立信会计金融学院金融学院讲师；文凤华，管理科学与工程博士后，中南大学教授；朱柔静，上海立信会计金融学院金融学院本科生；朱隆黔，上海立信会计金融学院金融学院本科生。

其积极应对气候变化的承诺。目前，国际社会已形成《碳酸削减和披露倡议》（CDP）、《全球报告倡议》（GRI）、《国际排放核算与报告标准》等合作成果。全球共识的推动对于鼓励企业主动披露碳信息和气候风险应对措施具有重要意义。

第二，在“双碳”目标下，我国采取了丰富的政策法规来推进企业披露碳排放数据和减排计划，增强了企业对碳披露重要性的认知和实践。我国碳披露相关政策法规的一个特点是中央主导、多地多部门协同。在中央层面，国务院于2016年发布《“十三五”控制温室气体排放工作方案》，提出推动建立企业温室气体排放信息披露制度的措施，要求国有企业、上市公司、纳入碳排放权交易市场的企业率先公布温室气体排放信息和控排行动措施。在这一总体要求下，多地多部门展开协同治理，例如，生态环境部于2014年发布《企业环境信息公开办法》，规定企业应主动公开环境信息，向社会公众提供环境信息服务，并在2021年发布的《环境信息依法披露制度改革方案》中进一步强化企业依法披露环境信息的强制性约束。此外，针对上市企业，国务院在2015年发布的《生态文明体制改革总体方案》提出建立上市公司环保信息强制性披露机制，相应地，证券监督管理委员会在《上市公司信息披露管理办法》中明确了上市公司在年度报告中披露环境信息的要求，包括环境政策和目标、环境管理措施和成果等内容。

第三，投资者对环境、社会和治理（ESG）因素日趋关注，越来越认识到环境和气候风险对投资组合及收益的影响，并将ESG因素纳入投资决策，要求企业披露碳排放和减排计划，以评估其发展的可持续性和长期价值。随着经济社会对环境气候问题和可持续发展问题关注的不断提高，包括投资者在内的社会公众对企业的环境责任感和透明度提出了更高的要求。在这一背景下，鉴于企业利益相关方持续增长的知情需求，近年来企业信息透明度和信息公开要求也逐步提升。

总体上来讲，企业碳信息披露是全球气候变化面临严峻挑战这一背景下的必然要求。在经济社会关注增加、约束增强的推动下，共同促使企业积极参与碳披露对于积极应对气候变化问题具有重要的现实意义。由于环保产业在“双碳”目标下亟须向“减污、降碳”协同治理的方向转型，产业结构面临调整，因此环境企业对于“双碳”目标下的全球碳减排具有重要意义。为研究微观视角下环境企业碳披露的准确性和有效性，本案例选取GDHJ，以探究我国企业碳披露方面的进展。

二、GDHJ企业简介及ESG体系概况

（一）GDHJ企业简介

GDHJ是其控股股东中国光大集团股份公司在实业领域的旗舰企业，也是香港联合交

易所有限公司（以下简称香港联交所）主板上市企业（代码：257. HK）。该企业自 2003 年开始转型环保领域，是我国首个一站式、全方位的环境综合治理服务商，聚焦固废、废水、清洁能源三大核心领域，主营业务涵盖垃圾发电及协同处理、生物质综合利用、危废及固废处置、新能源、环境修复、水环境综合治理、装备制造、垃圾分类、环卫一体化、资源循环利用、无废城市建设、节能照明、分析检测、绿色技术研发、生态环境规划设计、环保产业园等。具体地，表 10 - 1 梳理了这些业务的分类概况，业务板块主要包含环保能源、环保水务、绿色环保、科技研发创新和装备研发制造等。

表 10 - 1　GDHJ 业务类型及发展概况

业务类型	业务类型子类
1. 环保能源项目	垃圾发电项目 沼气发电项目 渗滤液处理项目① 污泥处理处置项目① 餐厨及厨余垃圾处理项目 飞灰处理项目 环保产业园 医疗废物处理项目 海外固废处理项目
2. 环保水务项目	市政污水处理项目 工业废水处理项目 中水回用项目 污水源热泵项目 流域治理项目 供水项目
3. 绿色环保项目	生物质综合利用项目 危废及固废处置项目 环保修复服务 光伏发电及风电项目

续表

业务类型	业务类型子类
4. 科技研发创新项目②	固废处置课题 烟气处理课题 生物质利用课题 垃圾分类课题 智慧城市课题
5. 装备研发制造	—

注：①渗滤液处理项目和污泥处理处置项目同时也是环保水务项目的子类。

②科技研发创新项目所列子类课题为该企业 2021 年上半年所列研发课题。

数据来源：GDHJ 企业官方网站。

截至 2022 年年底，GDHJ 的国内业务覆盖 26 个省（自治区、直辖市）和特别行政区的 220 个市、县、区，海外业务已布局德国、波兰、越南和毛里求斯等国家。其中，投资落实的环保项目共 564 个，总投资约 1576.75 亿元，另承接环境修复、垃圾分类、工程总包（EPC）、委托运营、设备供货、技术服务等多项轻资产项目和服务。该企业还是全球最大的垃圾发电投资运营商，旗下共落实垃圾发电项目 185 个（含 1 个委托运营项目），设计日处理生活垃圾达 15.52 万吨。综上，该企业具有业务范围比较全面、覆盖范围广的特点，一方面，丰富的业务种类有助于提升“范围经济”程度、优化成本控制；另一方面，业务在多地的拓展能够使企业所具优势产生正向的空间溢出效应。

GDHJ 是我国最大的环境企业。在环境商会发布的《2022 年中国环境企业 50 强名单》中，该企业居于榜首。在该名单中，GDHJ 同大多数企业一样为上市公司，名单中有 A 股上市公司 35 家、H 股上市公司 8 家、新加坡上市公司 1 家、非上市环境公司 6 家；从业绩表现上来看，GDHJ 位列营业收入超过 100 亿元的 11 家企业之中。综上可知，从业务范围、企业规模等因素来看，GDHJ 在我国的环境企业中具有较强的代表性和典型性，因此对其碳披露行为进行考察是有必要的。

（二）GDHJ ESG 体系

随着全球证券交易所对 ESG 信息披露的要求越来越高，在企业内部建立一个完善的 ESG 体系具有必要性。GDHJ 经多年发展，已建立一套较为完善的 ESG 体系，涵盖由前期规划到最终运营管理的项目全周期管理，包括涉及环境和社会影响筛选和分类、搬迁安置、环境影响评估、信息披露、公众咨询和参与、性别平等、申诉机制、尽职调查和审查，以及监测和报告等范畴的要求，以确保公司的运营能满足国际关于环境及社会保障的原则和规范。图 10－1 比较完整地反映了该企业的可持续发展架构。

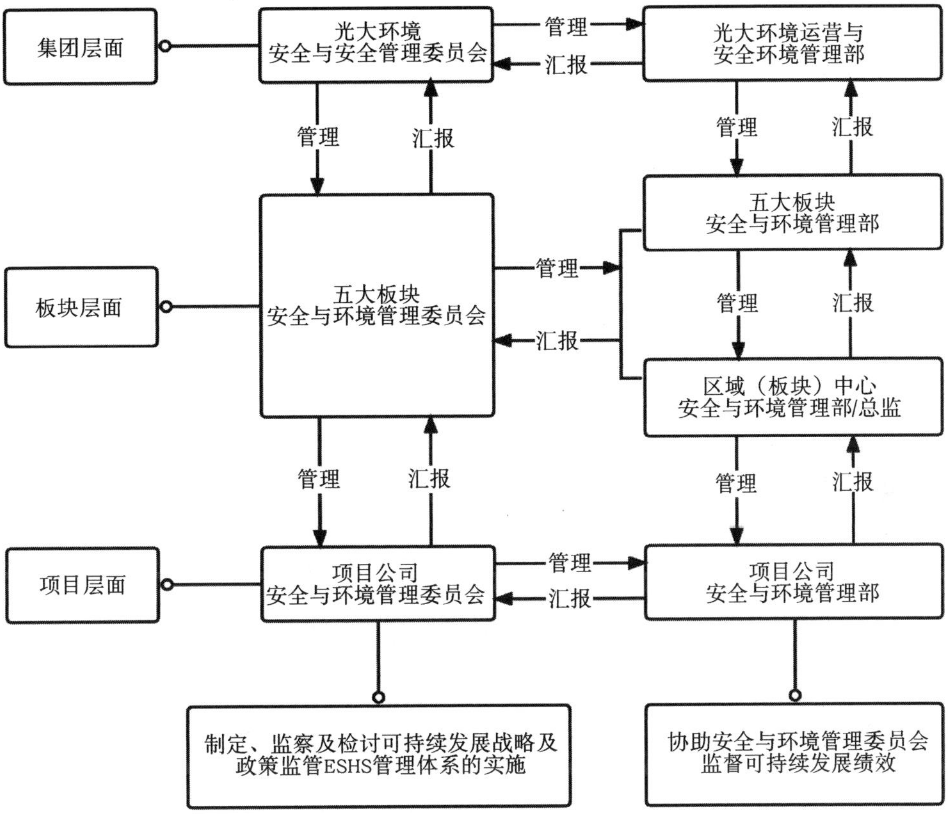

图 10－1　GDHJ 可持续发展架构

在上述可持续发展架构下，GDHJ 制定了企业内部的《环境政策》和《运营守则》，对运营中所涉及的大气及温室气体排放、向水及土地的排污、有害及无害废弃物的产生及处置方法，以及能源、水资源、其他原材料使用等方面提供了明确指引，加强并规范了企业的环境与社会管治。其中，在环境信息披露方面，以垃圾焚烧发电项目为例，该企业制定并逐步推进了“四步走”计划：（1）2015 年 8 月，公开项目环评批复文件、当年 1—7 月各项目烟气排放、渗滤液出水、炉渣热灼减率当月检测值最高值和最低值，以及飞灰处置信息；（2）2015 年 9 月起，按月更新前述信息；（3）2016 年 5 月起，按日更新烟气排放、渗滤液出水、炉渣的日监测值；（4）2017 年 1 月起，按小时更新烟气排放指标在线监测数据。由此可知，该企业在环境治理措施的披露上具有相应的内部指引，在具体排放指标的披露上呈现出全面化、精细化的特征。

三、GDHJ 碳披露与碳排放分析

（一）碳披露外部政策约束

GDHJ 为香港联交所上市公司，因此其碳披露行为受到交易所相关政策的约束。香港联交所的碳排放信息披露政策主要依据《ESG 披露指引》来进行。该指引包含了交易所对于上市公司 ESG 相关信息披露的要求，如 ESG 信息的披露原则、核心指标、数据披露标准和方法等，以帮助上市公司确保其 ESG 信息披露的透明度和一致性，其中也包括了对碳排放信息的披露规定。进一步地，香港联交所还制定了《气候信息披露指引》，以协助发行人按照气候相关财务信息披露工作小组（TCFD）的建议作出汇报。TCFD 由金融稳定委员会成立，职责为向公司、投资者及承保公司提供推广“知情投资、信贷（或借贷）及保险承保决策”所需的指引，以帮助公司采取行动应对气候变化，有效管理气候变化相关机遇及风险，并促进平稳过渡至一个更可持续和更低碳的经济。目前，香港联交所已将 TCFD 的多个主要建议纳入了 ESG 信息披露框架之中，主要包括：（1）管治，即公司对气候相关风险及机遇的管治情况；（2）策略，即气候相关风险及机遇对公司业务、策略及财务规划的实际及潜在影响（若属重要资料）；（3）风险管理，即公司如何识别、评估及管理气候相关风险；（4）指标及目标，即用于评估及管理气候相关风险和机遇的指标与目标（若属重要资料）。

依据香港联交所发布的碳披露政策，上市公司需要在年度报告中披露有关碳排放的信息，尤其是二氧化碳（CO_2）等主要温室气体的排放量。《ESG 披露指引》中包含了有关碳排放信息披露的具体要求和指导，这些指引帮助企业理解如何准确、完整地报告碳排放数据，并确保披露符合相关的国际标准和准则。值得注意的是，在《温室气体核算体系》（GHG Protocol）中，范围 1 排放是来自公司拥有和控制的资源的直接排放；范围 2 排放是企业购买的能源（包括电力、蒸汽、加热和冷却）产生的间接排放；范围 3 排放是报告公司价值链中发生的所有间接排放（不包括在范围 2 中），如供应链、产品生命周期、商务旅行和产品分销等环节产生的排放。香港联交所《气候信息披露指引》要求所有行业均应披露范围 1 及范围 2 的排放量，范围 3 排放量的披露则取决于其对公司的重要性，该指引鼓励企业随着时间的推移扩大范围 3 排放量的披露，表 10－2 以部分行业为例，列出不同行业范围 3 排放量常用指标的披露指引。

表 10－2 不同行业的范围 3 碳排放量主要指标

行业	主要范围 3 温室气体排放	指标
制造业	上游原材料的排放和上下游物流的排放	温室气体排放量（以产品单元为单位）
房地产业	下游租户的排放	温室气体排放量（以租赁空间建筑面积为单位）
建筑业	上游原材料及物流的排放	温室气体排放量（以工地所用每吨水泥为单位）
金融业	融资组合的排放	温室气体排放量（以每百万元贷款组合为单位）

资料来源：香港联交所《气候信息披露指引》。

（二）GDHJ 碳排放信息披露

根据 TCFD 相关政策指引，GDHJ 使用《联合国气候变化框架公约》下的 CDM 温室气体排放计算方法来估算项目的温室气体排放量及抵销，并公开披露了三种范围的碳排放信息，其中表 10－3 反映了该企业 2020—2022 年不同类型的碳排放量。从表中可知，2020—2022 年该企业的总碳排放量范围 1 的直接碳排放量表现为倒 U 形态，而范围 2 的能源间接碳排放量和范围 3 的其他间接碳排放量则逐年增加，这主要是由于从价值链看上下游企业的碳排放行为，并受到该企业的管辖和控制。尽管如此，由于该企业直接排放量在 2022 年有较大程度的削减，且直接排放占总排放的比重更大，因此整体来看该年度的总排放量表现较好，从价值链结构看该企业的碳排放表现也整体优于上下游企业的表现。

表 10－3 2020—2022 年二氧化碳排放统计量 单位：吨

项目＼年份	2022	2021	2020
范围 1（直接排放）	12801212.33	15242857.68	10717354.60
其中：生活垃圾焚烧	12549458.34	15044641.21	10548374.40
其中：其他来源	251754.00	198216.46	168980.20
范围 2（能源间接排放）	547406.34	519975.72	454575.00
范围 3（其他间接排放）	171048.09	149597.88	42076.01
二氧化碳排放总量	13519666.77	15912431.28	11214005.61
二氧化碳排放抵消量	20463178.57	20893834.20	15273840.27

数据来源：GDHJ《2022 年可持续发展报告》。

（三）GDHJ 碳减排措施信息披露

根据 TCFD 相关政策的指引，GDHJ 按照管治、策略、风险管理、指标及目标的思路披露了碳减排措施。上一小节已经分析了该企业碳披露的“指标及目标”信息，本小节进一步介绍该企业如何对“管治、策略、风险管理”三类信息进行披露。

第一，在管治层面，GDHJ 就气候相关风险和机遇订立了治理方针，将可持续发展概念纳入公司治理结构，并持续关注气候变化的相关风险和机遇，同时不断完善其议程，较为积极地落实了气候风险的应对目标与策略。首先，在董事会层面，董事会把气候变化相关议题和企业社会责任纳入考核，设定及监督实现相关管理目标，一方面设立了风险管理委员会负责风险管理，每年至少对企业风险管理和内部监控进行两次评估，另一方面设立了安全与环境管理委员会，为企业可持续发展工作提供切实可行的指导和支持。其次，管理层也相应成立了一个工作小组，整治了企业总部、各业务板块、区域中心和项目公司四个主要层级，每年制定、监察、审查安全和环境指标及目标，指导不同的执行部门采取行动减轻气候威胁。可以看出，该企业从董事会和管理层均设立了相应的组织机构，自上而下地整合了企业内的碳排放主体，以应对气候相关风险及机遇。

第二，在策略层面，针对气候变化所带来的多种风险，GDHJ 采取审慎、积极的态度制定应对策略。参照 TCFD 框架，气候风险分作两大类，即实体风险和转型风险。具体地，该企业业务所面临的实体气候风险主要包括水资源压力、洪水干旱等天然灾害，以及其他极端天气事件，如极端降水、极端气温等；转型气候风险主要包括政策改动、声誉转移、科技扩展/淘汰等。考虑到这些风险或对资产及供应链造成负面压力，该企业针对不同的气候情境采取不同的策略，利用气候情境分析评估未来气候变化趋势带来的影响，具体量度并估计其对各类资产（如在筹备、建设、投产和运营的项目）的潜在风险，进而通过风险计算来制定相应的策略，降低气候变化对业务的影响，同时把握各种新机遇。

第三，在风险管理层面，根据 TCFD 框架，GDHJ 评估了各个范畴的潜在气候相关风险及机遇，并根据实体风险和转型风险的分析结果，制定实施气候风险控制措施。譬如，针对 2050 年净零排放情境和当前既定政策的情境，GDHJ 考察了两种模拟情景下的发展机遇，披露了几项减少温室气体排放的具体技术措施，包括：

（1）以先进技术的方式减碳。该企业的垃圾发电项目，通过回收生活垃圾焚烧所产生的热量来发电，从而替代化石燃料能源的使用，以抵销温室气体排放。此外，将生活垃圾从填埋场分流，避免有机废物在填埋场厌氧降解所释放的无组织填埋气体（含大量甲烷，一种强大的温室气体），亦抵消温室气体排放。

（2）以生物质综合利用方式抵消温室气体排放。除了运营垃圾发电外，该企业的生物质综合利用项目使用生物质原材料发电及供热，通过替代使用化石燃料及避免生物质不受管控地露天燃烧或降解，从而抵消温室气体的排放。

（3）以污水处理的方式抵消温室气体排放。通过污水除氮处理工艺，减少从出水中释放的氧化亚氮。污水出水的氧化亚氮排放量，取决于污水的氮含量，因此通过污水除氮处理工艺降低出水的氮含量，能够达到温室气体抵消。

（4）采纳了严谨的操作程序、高频率的检查和严谨的监督，严格控制所有在燃烧过程中排放的颗粒物、二氧化硫及氮氧化物等大气排放物。同时，关注项目无组织排放的有效控制，对于各臭气产生区域均保持负压状态，以确保适当收集和处理臭味气体，避免造成空气污染。

从上述信息看，由于其香港联交所上市的特点，GDHJ 的碳信息披露主要遵循交易所 TCFD 相关政策的指引，不仅按照国际准则核算、披露碳排放指标相关数据，也按照“管治、策略、风险管理”三个层面披露了碳减排的具体措施和应对气候变化风险的策略。

（四）同类企业碳披露概况

就同类上市公司而言，同类企业碳披露行为的异质性一方面体现在披露政策要求执行程度的差异上，另一方面体现在强制披露信息和主动披露信息的差异上。以 GDHJ 为例，该企业的碳披露行为较好地遵循了香港联交所的《ESG 披露指引》和《气候信息披露指引》，在其《可持续发展报告》中也用一定篇幅报告了政策指引中未强制披露的信息。然而，事实上并非所有企业都能够按照监管要求进行碳披露，一个典型的特征是，多数企业能够做到范围 1 和范围 2 碳排放量的披露，但在披露过程中呈现出重指标、轻目标的特点，难以满足 TCFD 相关政策中“指标与目标”部分的要求，这反映出同类企业在政策的理解认知和执行程度上存在差异。一个典型事实是，不同性质、不同规模、不同行业的企业在披露率上存在显著的差异。另外，相比于强制披露的信息，同类企业还存在对主动披露信息缺乏积极性的问题，例如，TCFD 相关政策中未强制披露的范围 3 碳排放量；不同交易所上市的企业面临的强制披露信息存在异质性。除了上市公司以外，中小企业在碳披露上仍处于起步阶段，这是因为中小企业受到自身发展的局限性，缺乏对可持续发展理念的理解，数据披露成本较高。然而，随着 2022 年生态环境部《企业环境信息依法披露管理办法》的发布实施，越来越多的企业将会被强制要求进行碳披露。

此外，全球范围内尚未形成统一的 ESG 信息披露和管理标准，这也是同类企业碳披露行为差异的重要来源。尽管国际社会已经在气候合作上有所进展，但在温室气体报告标准上还没有形成统一，这使同类企业的碳排放数据的报告质量存在差异，降低了可比性。具体地，Matisoff 等（2013）对比分析了 WBSCD/WRI 温室气体协议、ISO 14064 - 1 标准、联合国政府间气候变化专门委员会 IPCC 标准以及英国环境、食品和农村事务部 DEFRA 标准。由于核算标准不同，企业核算边界不一、采用的核算方法或标准各异、披露不完整等现象在全球范围内是比较普遍的问题。值得注意的是，我国也在加快研制碳披露标准的步伐，一个重要的进展是全国碳排放管理标准化技术委员会提出《组织碳排放管理信息披露指南》国家标准。该标准参考了 ISO 14063 等国际标准，以及包括本案例中 TCFD 在内的众多组织机构的研究成果，具有较强的科学性、先进性和可操作性。可以预见的是，碳披露标准的实行将有助于推动企业在碳披露行为上的规范化，加强企业层面碳排放数据的可比性。

综上所述，总结同类企业的碳披露情况，可以发现两个重要的特征事实：一是总体上同类企业碳披露质量还不高，企业之间的披露信息质量差异较大；二是企业在碳披露过程中缺乏统一的政策引导和核算框架，全企业层面的碳披露数据可靠性较低、可比性较差。一些研究也总结指出，我国企业的碳披露存在行业间差异较大、披露数量与质量不对称、披露信息不够详尽、缺乏对碳排放数据的解释和分析、未能采用统一的计量单位和披露标准等问题（Liu 和 Zhang，2022；陈华等，2013）。

四、政策启示

目前，越来越多的企业意识到碳披露的重要性，并主动参与其中。以 GDHJ 为代表的一些大型环境企业在碳披露方面已经取得了显著进展，其披露行为较好地遵循了交易所政策指引，披露质量也较高。然而，同类企业还面临诸多挑战：第一，企业需要投入大量资源来收集和管理与碳排放相关的数据，确保数据的准确性和可靠性是一个关键问题；第二，目前缺乏统一的碳信息披露标准和框架，这使企业之间的比较和数据分析存在困难；第三，企业面临来自投资者、消费者、政府和社会组织等多方面的压力，要求更加透明地披露碳信息；第四，一些企业可能担心披露碳信息会泄露商业机密或减弱其在竞争中的地位。尽管面临多重挑战，我国企业碳披露仍具有发展前景：第一，随着全球气候变化问题日益紧迫，政策法规将会加快步伐推动更多企业参与碳披露；第二，数据披露技术进步将使企业的数据收集和管理更加高效，有助于降低披露碳信息的成本和难度；第三，越来越多的投资者将 ESG 因素纳入投资决策，对企业的碳信息披露提出更高要求，以评估其可持续性；第四，积极披露碳信息的企业可能在市场上获得竞争优势，如更低的融资成本。结合 GDHJ 的碳披露行为，本案例具有鲜明的政策启示：

（1）推动碳披露标准框架的统一。目前，由于存在多种碳排放核算标准和碳减排措施的披露要求，企业间信息披露行为差异较大，数据可靠性和可比性不强。因此，为统一我国企业的碳披露标准，提高报告信息的数量和质量，在中央主导、多地多部门协同的思路下制定统一的标准框架具有必要性，尤其是碳披露国家标准的制定和实施需要加快步伐，这可以提升企业信息披露质量，在企业层面把握“双碳”目标的进程。

（2）完善碳数据管理机制。“双碳”目标下的碳数据是加快培育数据要素市场的重要组成部分。沈洪涛（2022）指出，企业碳排放数据是气候变化政策和绿色金融政策制定的基础，电子化的数据报告、核查和管理方式将有效提高报告数据的准确性和时效性。因此，建立完善我国的碳数据直报制度是重要的，这一制度可以综合运用碳数据直报综合管理平台的设计研发、报送、核查、发布等应用程序，实现数据格式的统一、数据质量的准确、数据处理的高效和数据发布的及时。

（3）提升企业数据披露质量。尽管绿色发展与可持续发展概念已被广泛认同和接受，但在企业碳信息的数据来源、质量和数量等方面还存在诸多问题，如很多非上市企业并不收集气候风险相关数据。因此，以技术进步、技术改造等方式来探索降低数据收集成本是一个有效的路径。此外，无论是采取强制披露还是主动披露方式，企业自行披露数据的真实性是有待考量的，这不仅依赖于通过技术手段减少人为操纵的空间，也需要专业的第三方机构对企业披露的数据进行审验。

【思考题】

（1）碳披露对企业价值有什么样的影响？请结合文献讨论。

（2）企业碳披露分为强制披露和主动披露两种形式，请指出我国目前在强制碳披露政策上有哪些进展？

（3）请从交易所和金融监管部门的角度，比较 A 股和 H 股上市公司碳披露内容的异同。

（4）请解释什么是范围 1、范围 2 和范围 3 碳排放？直接排放和间接排放相比，哪种形式对总排放的贡献更大？请给出事实依据。

（5）请从政策的经济效应角度，讨论我国为什么需要制定企业碳披露的国家标准？

参考文献

［1］陈华，王海燕，荆新．中国企业碳信息披露：内容界定、计量方法和现状研究［J］．会计研究，2013（12）：18－24＋96.

［2］李秀玉，史亚雅．绿色发展、碳信息披露质量与财务绩效［J］．经济管理，2016（7）：119－132.

［3］沈洪涛．“双碳”目标下我国碳信息披露问题研究［J］．会计之友，2022（9）：2－9.

［4］闫海洲，陈百助．气候变化、环境规制与公司碳排放信息披露的价值［J］．金融

研究，2017（6）：142－158.

[5] Liu，Zhibin and Congyan Zhang. Quality evaluation of carbon information disclosure of public companies in China's electric power sector based on ANP－Cloud model [J]. Environmental Impact Assessment Review，2022，96：106818.

[6] Matisoff，Daniel C.，Douglas S. Noonan and John J. O'Brien. Convergence in environmental reporting：assessing the carbon disclosure project [J]. Business Strategy and The Environment，2013，22：285－305.

[7] Saka，Chika and Tomoki Oshika. Disclosure effects，carbon emissions and corporate value [J]. Sustainability Accounting，Management and Policy Journal，2014，5：22－45.

案例 11　绿色资产证券化产品案例分析

——RHLN 2021 年第二期 ABN*

内容摘要：目前，全球变暖趋势明显，环境污染等问题也日渐突出，绿色低碳成为我国经济可持续发展的主要途径之一。绿色金融助推中国经济转型升级成为重要抓手，相关监管部门已经逐步建立了关于绿色金融相关的标准和规则，市场正在朝规范化的方向发展。随着相关政策的日趋完善，中国绿色债券市场也蒸蒸日上，已经成为全球第二大绿色债券市场。在"双碳"目标的推动下，发行具有创新性和典型性的绿色资产证券化以呼应国家绿色发展理念。以未来现金流作为支撑的结构性金融工具，对于风险集中、融资期限不匹配表内高杠杆方面具有明显的抑制作用。长期来看，绿色资产证券化会根据时代的发展而带来更多新的发展前景，以其自身独特的优势支持实体经济的发展。通过梳理相关文献，以绿色资产证券化产品——RHLN 2021 年第二期 ABN 为例，从发行产品动因对的角度出发，结合产品风险进行研究，从而分析绿色资产证券化在融资、环境等方面的优势，提出相关政策建议。

关键词：绿色资产支持证券；"双碳"目标；融资租赁；绿色资产支持商业票据

一、绿色金融债券

绿色金融的发展离不开绿色金融工具的支持，当下，我国的绿色金融体系主要由绿色基金、绿色保险、绿色信贷、绿色债券、碳交易和碳金融组成（见图 11－1）。其中，绿色债券的应用范围最为广泛，适合多种发行主体。绿色债券是相关主体为符合绿色认证标准或规定的绿色项目融入专项用途资金而发行的债券工具，由绿色项目债券、绿色金融债

---

* 本案例作者为田原和吴晓彤。其中：田原，管理学博士，上海立信会计金融学院金融学院副教授，研究方向为绿色金融；吴晓彤，上海立信会计金融学院金融学院本科生。

券、绿色资金支持证券等共同组成。资产支持证券作为新兴起的融资工具，在一定程度上丰富了绿色债券的品种；资产支持商业票据作为银行间市场交易商协会新推出的资产支持证券品种，进一步丰富了绿色债券的品种，并且基于资产支持商业票据的设计特点，实现了绿色融资工具的创新。

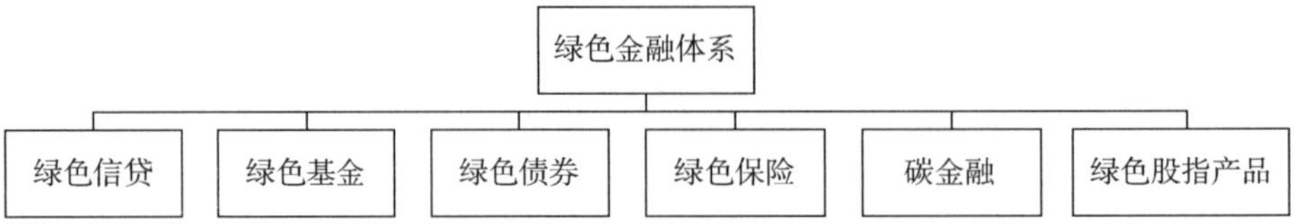

图 11－1　绿色金融体系构成

绿色债券是债务融资的有效工具，利用绿色债券能使资金对口投资在绿色项目中，并且推动实体经济积极发展。2020 年，国内外的绿色债券发行数量达到 230 余只，较 2019 年增加近 20 只；发行规模达到 2786.6 亿元，受宏观因素影响，比 2019 年减少约 869.52 亿元。绿色债券发行标准的不断完善、绿色金融，以及利好政策的有力推动，使绿色债券发行规模与日俱增。我国绿色债券市场的蓬勃发展还体现在创新产品的不断涌现上，当下我国的绿色债券市场有企业债、公司债、熊猫债、金融债、债务融资工具、资产支持证券等多种债券形式。

2022 年，由气候债券倡议组织（CBI）和中央结算公司联合发布的《2021 年中国绿色债券市场报告》中显示，截至 2021 年年底，我国累计绿债发行量近 1.3 万亿元，较 2020 年（1243.64 亿元）有大幅增长，我国绿债市场在 2021 年发行量增量领先于其他主要市场，且绿色债券市场同比增长 2863 亿元，同比增速为 186%（见图 11－2）。此外，截至 2021 年年底，我国在境内外市场累计发行贴标绿色债券 2.1 万亿元，其中约 1.3 万亿元符合 CBI 绿色定义，绿色债券快速发展，但发展空间仍然较大。

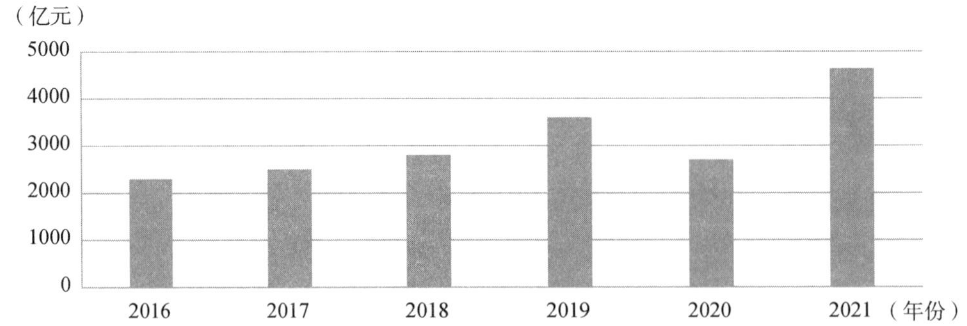

图 11－2　2016—2021 年中国绿色债券发行情况

关于募集资金使用，报告显示，近九成募集资金用于可再生能源、低碳交通和低碳建筑。2021 年，中国绿色债券市场募集的大部分资金投向了可再生能源、低碳交通和低碳建筑领域（见图 11－3）。其中，用于可再生能源的募集资金为 2664 亿元，增长了 3.6 倍，占 2021 年中国绿色债券市场整体募集资金（境内外）的 60.6%。募集资金用于可再生能源的最大发行交易来自国家开发银行、国家电网和国家电投。低碳交通的募集资金为 826 亿元，同比增长 78%，占中国整体绿债发行量的 18.8%。低碳建筑的募集资金为 393 亿元，同比增长 83%，占中国整体绿债发行量的 8.9%。2021 年，绿色债券没有募集资金投向工业和信息通信技术类别。关于绿债发行的展望，报告指出，2021 年是继中国向国际社会宣布“双碳”目标后的第一个年头，也是“十四五”规划的开局之年。该年度中国绿色债券发行量的迅猛增长有力地印证了这个全球第二大经济体加快碳减排工作的雄心。虽然中国取得了长足进步，在短短五六年间跃为世界第二大绿色债券市场，但还需要更大规模的绿色和可持续金融市场来支持“双碳”目标及可持续发展目标的实现。持续完善金融政策架构与细则将为落实市场有序、可信的发展提供支撑。

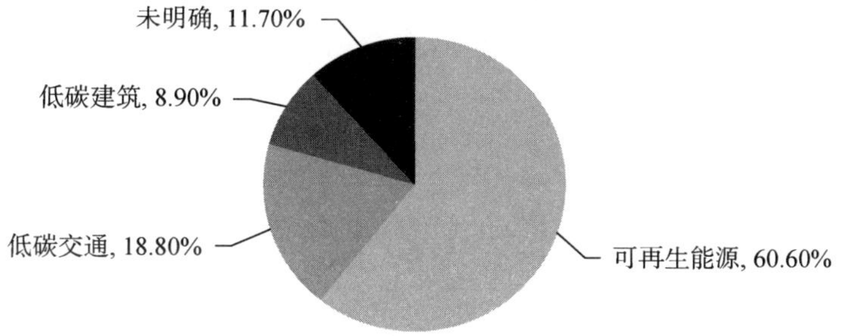

图 11－3　2021 年绿色债券资金用途

二、绿色资产支持证券

（一）绿色资产支持证券概述

达到《绿色债券支持项目目录》的认定才能被认为是绿色产业，所以绿色产业支持证券是满足“主体绿、资产绿、投向绿”的认定条件之中一种或多种绿色金融范畴的资产支持证券。绿色债券得到了国家政策支撑，和传统公司债券对比，具有发行便利、规模较大、审批便捷等优势。绿色资产支持证券的发起机构可以是银行或融资租赁公司等金融机构，也可以是非金融机构。2021 年，非金融企业的绿债发行量达 2011 亿元，增长 482%，占整体中国绿债市场发行量近半（46%）。这也是首次非金融企业的绿债发行量超过金融企业。79 家非金融企业参与了发行，是 2020 年（35 家）的 2.3 倍。另外，数据显示，国有企业（包括金融和非金融企业）在绿色债券市场的发行主导地位明显。2021 年，按绿色债券发行数目算，国有企业在境内发行的绿债中占比 97%，按发行金额算占比接近 99%，国有企业在中国基础设施建设等重点经济领域发挥着重要作用。例如，国有企业在中国总体发电能力中的所有权份额高于大多数其他主要经济体，而非国有企业或民营企业的绿债发行尚待改善。

（二）绿色资产支持证券特征

1. 底层资产具有准公共产品特征

绿色行业具有一定公益性质，绿色产业建成的项目如发电设备、地下铁路等为社会带来很大的益处，但这种影响却无法通过相应的货币资金回报来体现，因此，如何货币化绿色项目对于社会的正外部性是绿色产业发展所面临的难题。目前，大部分绿色产业都依靠着国有资本和国家政策的支持，需要政府对于发展绿色项目的补贴，绿色金融产品自身的底层资产盈利能力比较有限，因此，绿色项目政策依赖性大。例如，电力行业政策下调风电、光伏上网标杆价格和可再生能源补贴，就会导致电力行业的绿色项目收益回报受到影响。因此，由于其准公共产品特性的影响，绿色项目作为底层资产进行资产证券化时，现金收益能力不足和对于政策补贴的依赖性会产生基础资产的现金流回报风险。

2. 绿色项目规模大、周期长

绿色项目涉及风能水电、环境保护、城市轨道交通等方面，这些项目的共同特点有资金需求量巨大、建设周期较长，需要大量的资金投入，但现金流回收周期较长。因此，一般的融资工具可能存在融资期限与项目期限错配。在发行资产支持证券时，为了匹配绿色项目建设的周期，往往不得不发行存续期较长的资产支持证券产品。但存续期越长，项目的不确定性越大，现金流回收的风险也越大。因此，在发行时，更需要相关的超额抵押、信用增级和外部担保等措施，进而导致了发行利率的下降，而绿色融资成本没有明显下降。

3. 产品绿色认证不规范

绿色资产证券化的核心是对于底层资产的绿色认证、募集资金的使用方向和企业绿色主体认证。每增加一项绿色认证，就会增加投资者对于产品绿色属性的肯定与信心，降低了市场发行利率。因此，为了从源头确保资金的用途符合绿色方向，底层资产、原始权益人符合绿色标准，往往需要较大力度的信息披露。目前，绿色认证机构多为第三方评级机构兼用，没有专业化的绿色认证机构。同时，绿色债券发行的指导文件不够细致、具体，使绿色认证在具体过程中没有适用的操作标准。许多绿色评级机构的绿色认证标准由绿色认证机构自己制订，缺少对于绿色资产认证统一标准，无法进行认证评估模式的推广，不利于绿色资产支持证券市场的规范发展。

（三）绿色资产支持商业票据

1. 绿色资产支持商业票据概念

绿色资产支持商业票据是资产支持商业票据在绿色项目的应用，实质是资产证券化在绿色金融领域的创新结构性融资工具。中国银行间市场交易商协会要求绿色债务融资工具募集资金专项用于绿色项目，并对资金账户监管信息披露和绿色资产筛选入池的机制作了规定，肯定了第三方认证机构对基础资产绿色认证的重要作用。资产支持商业票据与传统资产支持票据不同，具有短久期、可循环发行、标准化程度高、流动性好等特点。其主要优势体现在以下两个方面：

一是融资成本降低。开展绿色项目的融资租赁公司往往是风电水热行业，公司成立时间较短，如果没有大股东支持，很难获得充足的资本，通过传统信贷方式融资成本较高。通过发行绿色资产支持商业票据能够实现破产隔离，并将企业信用资质与绿色资产支持商业票据的信用评级分隔。当基础资产质量良好且符合绿色认证时，就可享受国家对于绿色融资的政策便利，并以较低的利率发行绿色资产支持商业票据，可以凭借较低的融资成本进行融资，并获取长期稳定的资金来源。

二是结构设计优势。资产支持商业票据可以循环融资。资产支持商业票据在结构上安排了 SPV 持续存续滚动发行、资产池可以进行购买更新的设计，来保证资产支持商业票据的循环发行。资产支持商业票据不断续发可以保证产品整体存续期间延长，与绿色项目投资周期久相匹配，有利于对绿色产业不断提供资金支持。

2. 绿色资产证券化对融资租赁企业的优势

首先，实现资金灵活运用，降低融资成本。对于融资租赁企业来说，占比最大的融资方式就是传统融资渠道中的银行贷款，但是银行贷款的期限一般较短，由于融资租赁合同资期限往往在 3—10 年，尤其是能源环保等绿色产业项目，这就导致了短期银行信贷与较长的绿色项目投资周期期限不匹配。往往短期内绿色项目的租金流入还不足以偿还银行的本金，但是长期来看，现金流入又难以立即获取，这对于涉及绿色租赁项目来说具有很大的压力。通过发行绿色资产支持证券减轻融资租赁企业承担的资金周转负担，提高了资金使用效率。同时，直接融资相比于银行贷款等间接融资渠道，降低了融资成本。

其次，资产证券化改善了资产管理困境。融资租赁公司的租赁资产规模随业务规模不断攀升而增加，应收账款积累增加了风险积累的可能性，凭借资产证券化可以有效减少风险资产的占比。租赁资产证券化成为分散融资租赁公司风险的有效渠道，由专业机构投资者承担相对应的风险收益。由于发行资产支持证券可以实现“真实出表”，达到风险隔离的效果，因此可以成为一种管理资产、分散风险的可行手段。另外，不同租赁合同的期限、利率、本息偿付方式不同，因此资产与负债存在期限不匹配，通过发行资产支持证券，将租赁债权打包进资产池，并以此为基础发行资产支持证券，从而保证资产端与负债端的期限匹配。

最后，资产证券化优化了财务结构，提高资金使用效率。通过资产证券化的方式将资金表外化，这样的会计处理使资产负债率下降，偿债能力提高。此外，通过资产证券化将租赁账款成功回收，优化了公司的资产结构，并能达到资金周转率的提升。一定程度上解决了融资租赁公司业务拓展过程中存在的资金困境，提高了融资租赁公司服务实体经济的能力。

（四）绿色资产支持证券相关政策

政府工作报告和会议多次强调绿色发展的理念和绿色发展的目标，随着绿色发展理念逐渐深入人心，绿色金融也进入快速发展阶段。2021 年，中国人民银行发布的《银行业金融机构绿色金融评价方案》进一步拓宽了商业银行考核业务的覆盖范围，将考核范围扩大到绿色债券业务，方案的实施有助于持续引导银行业金融机构投资绿色债券，推动绿色债券激励机制建设，为绿色债券市场发展提供新动力。

碳中和债是依据碳中和目标产生的新型绿色金融工具，2021 年发行规模超过 1800 亿元，占整个绿债市场的三分之一，是绿色债券市场的重要组成部分之一。碳中和债的推出给国内绿色债券市场发展提供了新的发展前景，同时有助于碳中和目标的稳健实现。从首批发行效果来看，碳中和债募集资金用途更加聚焦，信息披露更加透明，有助于将更多资源合理配置，更多地向绿色低碳领域靠拢。未来我国碳中和债券的数量也将越来越多，种类越来越丰富。目前，我国碳中和债券主要募投在以下五个方面，如表 11－1 所示。

表 11－1　　碳中和债券主要募投

大类	小类
清洁能源类	光伏、风电及水电等
清洁交通类	城市轨道交通、电气化货运铁路和电动公交车辆替换等
可持续建筑类	绿色建筑、超低能耗建筑及建筑节能改造等
工业低碳改造类	碳补给利用与封存、工业能效提升及电气化改造等
其他类	其他具有碳减排效益的项目

三、绿色资产证券化案例背景

（一）发起机构介绍

ZDTRH 融资租赁有限公司成立于 2014 年，目前间接控股股东为国家电投（中电投更名为国家电投）。发起机构作为融资租赁公司，主要的业务范围是电力行业与能源领域，是母公司集团内实现融资功能的金融平台，方式主要为融资租赁，也包含商业保理。发起人的组织架构中也以融资租赁业务部门为主，以新能源事业部数量为最。

发行人融和租赁依托国有控股企业强大的股东背景，在新能源领域不断开展业务。公司设有新能源事业部门、信息通信事业部、节能环保事业部，分别负责新能源租赁业务、信息通信领域与节能环保领域业务的营销与开展。发起机构租赁业务的主要开展领域为新能源、节能环保等。公司主营业务以租赁业务为主，同时包括咨询业务、保理业务、其他业务等，近三年主营业务收入情况如图 11－4 所示。

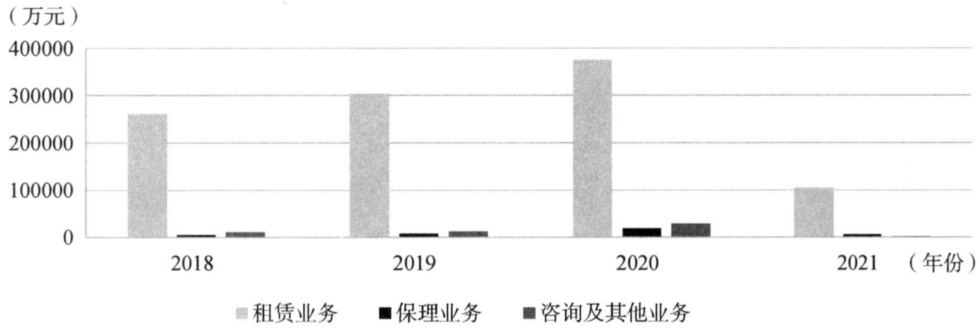

图 11－4 2018—2021 年公司主营业务收入情况

发行人营业收入主要由融资租赁利息、保理利息和咨询服务费三部分组成。近三年及一期，发行人营业收入分别为 27.63 亿元、32.37 亿元、42.30 亿元和 11.19 亿元。2020 年较 2019 年，营业收入增加 9.92 亿元，增幅达 30.65%。公司营业收入增幅较大的主要原因是发行人各项业务规模迅速扩张。其中，近三年及一期发行人租赁业务贡献的收入分别占营业收入合计的 94.30%、93.78%、88.83% 和 93.59%，占比较高。发行人的融资租赁业务主要采用直接租赁和售后回租形式展开，如图 11－5、图 11－6 所示。

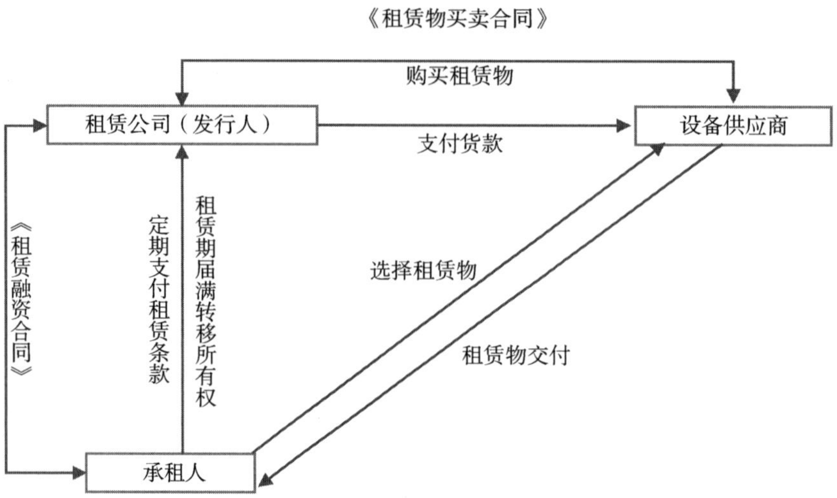

图 11－5　直接租赁业务模式

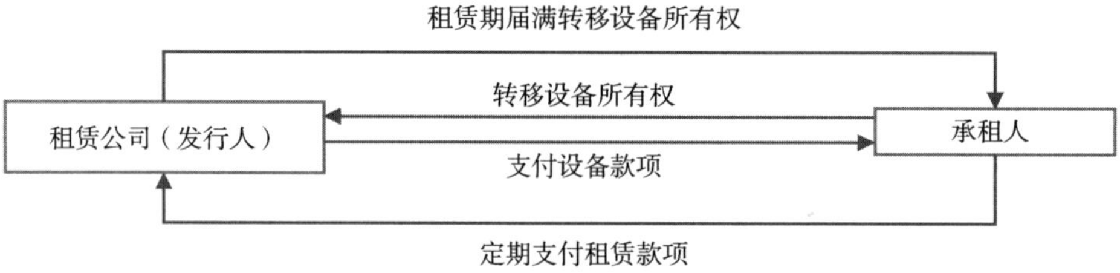

图 11－6　售后回租业务模式

（二）发行产品动因

1. 具有融资成本优势

资产支持证券产品具有优先级与次级结构化分层的一般情况，我们以此为基础进行发行成本分析。该产品分为优先级和次级两个部分，占比分别为 93.67% 和 6.33% 。本期商业票据信托项下的资产支持商业票据规模为 100000 万元。优先级资产支持商业票据本息偿付方式为本期商业票据到期后一次性偿还本息，次级资产支持商业票据每期商业票据到期时付息，而还本时间则在最后一期资产支持商业票据到期时。考虑到优先级与次级部分的不同收益分配特点，分别选取具有相似特点的优先股计量模型和资本资产定价模型来分别计算两部分的资本成本。

首先，计算优先级部分资本成本：

$$K_{\alpha} = \frac{D}{P_{0-(1-f)}} \qquad \text{（式 11－1）}$$

其中，K_{α} 为优先股成本，D 为优先股每股股利，P_0 为优先股总额，f 为筹资费率。资产证券化过程中涉及众多中介服务机构，在债券发行整个过程的各个环节都要支付中介服务费用和产品管理等筹资费用。根据产品募集说明书，筹资费用主要包括管理费（0.15% ×总规模）、托管费（0.03% ×总规模）和登记托管费（0.005% ×还款金额及利息）。假设在产品发行各环节中支付给参与发行的相关中介机构的成本费用与市场同类产品的费用水平一致，所以该产品的筹资费用总计 273.22 万元。代入式 11 –1 可以得出优先级发行成本为：$K_1 = 3.45\%$。

其次，利用资本资产定价模型计算次级资产支持商业票据的资本成本：

$$K_i = R_f + \beta_i(R_M - R_f) \quad \text{（式 11 –2）}$$

其中，K_i 为普通股成本，R_f 为无风险收益率，β_i 为贝塔系数，R_M 为市场报酬率。计算次级票据的发行成本时，考虑到融资租赁行业隶属于金融行业，因此在确定 β 系数时取金融行业 β 系数 0.9 进行计算。根据常见做法，将一年期国债收益率假设为无风险收益率，为 2.88%；投资收益率用行业的平均股权资本成本 10.86% 进行计算。基于以上数据，代入式 11 –2 可以得出次级部分的融资成本为 10.06%。

最后，需将优先级与次级的资本成本分别按照其所占融资总量的比例进行加权平均，并将测算所得的加权平均资本成本作为产品的发行成本：

$$K_W = \sum_{j=1}^{n} W_j K_j \quad \text{（式 11 –3）}$$

综上所述，21 RHLN ABN002 发行成本为 3.87%。将本次产品的发行成本与其他融资方式进行对比：股权融资方面，由于监管要求，融资租赁类企业的上市难度较大、成本较高，因此通过发行股票方式融资并非公司现阶段首选；债务融资方面，本次发行的绿色资产支持商业票据与银行借款、发行债券等传统融资方式相比具有融资成本优势。

2. 满足业务增长的融资需求

企业在融资决策时需要考虑自身的经营状况与财务状况。从经营状况来说，融和租赁目前正处于业务快速增长时期。从财务报表来看，发起机构融和租赁近三年来业务收入增长较为显著，增幅较大主要是发起机构各项业务规模迅速扩张所致，融资租赁业务贡献的收入在营业收入中的占比在九成以上，预计营业收入在未来几年内将继续保持高速增长态势。在公司的资产结构中，货币资金较少，而应收账款所占比例较大，因为融和租赁融资租赁业务的快速扩张，使发起机构相应借款及利息支出也进一步增加。由此，公司需要发行资产支持商业票据满足因业务扩张而产生的融资需求。

发行人近三年及一期营业毛利率分别为 20.59%、28.36%、51.22 和 30.87%，发行人近三年营业毛利率基本保持在 20%—30%，有较强的盈利能力。发行人近三年及一期净利润率分别为 21.40%、21.83%、25.70% 和 25.78%；净资产收益率分别为 10.83%、

9.77%、11.01%和2.48%；总资产收益率分别为1.32%、1.29%、154%和0.36%。发行人近三年的总资产收益率、净资产收益率、净利润率均保持稳定，具备一定整体抗风险能力。

从财务指标的角度来看（见表11-2），在发展过程中，随着公司投资活动数量增加、投资规模加大，融资需求必然随之上升，由此看出公司对于资金的需求促使公司考虑多种融资渠道。而基于财务数据，我们能得出公司投放的业务逐渐开始盈利，收到的现金流回报逐年上升，公司盈利能力和利润水平逐步提高，抗风险能力较强，资金逐渐回流和公司业务版图逐渐成形，使投资活动现金流量净额负值规模不断缩减。因此，发起机构业务增长的态势与行业发展的机遇共同加大了对融资的需求。

表11-2　　公司财务指标

主要财务指标 \ 时间	2021年第一季度	2020年	2019年	2018年
流动比率	0.98	0.85	0.80	0.78
速动比率	0.98	0.85	0.80	0.78
资产负债率（%）	85.09	85.86	86.28	87.44
EBITDA（亿元）	8.69	33.45	29.02	22.66
利息保障倍数（倍）	1.79	1.73	1.46	1.54
应收融资租赁款周转率（次）	0.02	0.08	0.07	0.07
流动资产周转率（次）	0.04	0.17	0.19	0.21
总资产周转率（次）	0.01	0.06	0.06	0.06

3. 改善公司财务结构

发起机构近年来的资产规模逐年上升，主要是受到业务扩张的影响，公司不断在集团外开展市场业务，同时依托集团内的业务基础，资产规模上升较快。近三年来，公司流动资产占当期总资产占比始终在30%以上，并有上升趋势。随着融资租赁业务不断发展扩张，发起机构融和租赁流动资产与非流动资产的数额也随之增加。由于融资租赁公司的特性，从资产结构上来看，资产中非流动资产占主要部分，流动资产占比较低。考虑到这样的资产结构带来的财务风险，公司自2015年以来不断发行资产支持证券，获得即时可用资金。租赁债权的特点是租赁项目合同签订后，在未来的合同存续期间定期收回稳定的现金流入。这使在当前时间节点无法获得即时可用资金，因此租赁债权带来的长期应收款规模增加，导致资金处于被占用而无法立即回收的状态，从而使资金的使用效率极大地降低。而发行绿色资产支持商业票据可以将占用资金的绿色项目租赁资产进行证券化，一方面，减少了非流动资产规模，获得即时可用资金，提高了资金使用效率；另一方面，通过资产证券化方式融资代替其他债务融资工具，减少负债规模，可以降低资产负债率水平。非流动资产中占比最大的是长期应收款，这是由于发起人业务扩张带来的融资租赁业务不断增加，因此租赁合同中应付租金余额也不断攀升。考虑到非流动资产占比仍然较大，因此有必要通过资产证券化降低非流动资产规模。通过资产证券化将流动性低的固定资产转变为流动资产，使流动资产的占比由 28.78% 逐年上升至 36.04%。

4. 拓宽融资渠道

首先，融资租赁公司的传统融资渠道为银行借款，但是由于银行所受的金融监管，存在贷款利率和贷款政策的相关要求，对同一主体的借款额度也存在上限。其次，银行借款一般期限较短，而绿色项目建设周期长、投入大，存在一定程度上的期限错配，难以完全满足整个建设周期的资金需求，加大了资金管理难度。从所有者权益角度来说，受困于行业属性界定不清、相关法律缺位和缺乏稳定业绩收入支持等原因，融资租赁公司上市较为困难。融和租赁作为非上市企业，无法通过发行股票进行融资。虽然融和租赁由国资委控股，具有较为雄厚的资本背景，但是股东增资只能作为资金来源的补充，而不能做到持续增资为公司经营拓展业务提供持续性的资金支持。而发行债券对于企业资产的盈利能力、净资产等指标有较为严格的要求，且发行主体可以发行的公司债规模有上限要求。因此，考虑利用盘活存量资产来融通资金，公司通过发行资产支持证券融资达到拓宽融资渠道的目的。

5. 树立企业形象

发行绿色资产支持商业票据，可以向市场投资者传递企业及所发行债券具有绿色属性的信号。随着提出将构建绿色金融体系正式提升为国家战略，绿色金融在顶层设计的推动下，成为符合国家发展理念的前进趋势。跟随绿色金融的政策导向，顺应并积极参与绿色金融发展的趋势，通过发行高等级的绿色融资工具为公司贴上“绿色标签”，有利于公司树立绿色环保、节能清洁的绿色租赁企业形象。

融和租赁 2017 年首次以绿色租赁业务为基础发行绿色债务融资工具“2017 年绿色债务融资工具（PPN）”，同年发行了全国首单纯双绿资产支持票据。通过在绿色融资领域不断发行创新的融资工具不仅为企业融资带来助力，也通过绿色金融工具创新和首发吸引市场和投资者的关注，对于公司提高市场知名度有很重要的意义。在将绿色项目资产盘活、募集绿色项目资金的同时，市场也认为资产支持商业票据的深绿（GB－1）的认证评级，是基础资产项目筛选、本次债券募集资金使用管理等极有效、信息披露质量极高、预期能实现极好的环境效益的体现。发行绿色资产支持商业票据，不仅为进一步深入开展绿色融资积累了经验，也让市场上投资者更加了解和认可公司发行的各种绿色资产证券化产品，树立了企业在公众中的良好形象。

四、绿色资产证券化案例分析

（一）发行产品概况

21 RHLN ABN 通过第一期市场发行的“试水”，市场反应较为良好，因此续发第二期。本文研究的是第二期发行情况（见表 11－3），之所以选取第二期作为研究案例，一方面，因为第二期发行期限很长，相较于第一期的发行期限更为接近资产支持商业票据的一般发行期限，在同类产品发行期限上具有一定的代表性；另一方面，第二期更能体现出资产支持商业票据循环发行的特点，以及可能涉及的续发风险，受到的影响因素更多，以此为基础研究资产支持商业票据更加全面。

表 11－3　　RHLN 2021 年第二期 ABN 评级情况

资产支持票据	预定评级	预期规模（万元）	票据规模占比（%）	利率类型	付息兑付方式	预计到期日
优先级	AAAsf	74000	93.67	固定	到期一次性还本付息	2033 年 12 月 31 日
次级	—	5000	6.33	—	每期到期一次性付息，最后一期还本	同最后一期优先级资产支持商业票据到期日
合计	—	79000	100	—	—	—

在本次基本交易结构中，融和租赁作为发起机构、委托人，选定可以入池的融资租赁债权作为基础资产。融和租赁作为资产服务机构，管理基础资产的现金流回收并担任差额支付承诺人。本期优先级资产支持票据的发行由主承销商中国银行、中国农业银行完成。

（二）产品风险分析

1. 资金混同风险

发起机构负责管理基础资产的收益和归集日常回收款并转至信托账户。如果基础资产的回收款和融和租赁的其他资金发生资金混同，会导致基础资产的回收款出现被占用的风险，对本期资产支持商业票据投资人来说具有很大的风险。如果发起机构由于财务或经营状况恶化导致信用风险上升，资产支持商业票据基础资产下的现金回款可能会被占用，从而损害投资人利益。基于上述风险的防范对策是：当发起机构出现信用资质下降并且信用评级降到某一级别时，信托管理人将设置回收现金流的频率增加，减少基础资产的收益在发起机构账户的留存时间，从而防止资金混同风险。

2. 资产支持商业票据续发风险

资产支持商业票据（见图 11－7）可以凭借同一个特殊目的信托（SPV）来实现循环发行，如果预计发行 N 期，第一期到第 N－1 期优先级资产支持商业票据的本金由基础资产租赁收入和后续发行的优先级资产支持商业票据募集资金构成。最后一期（第 N 期）优先级资产支持商业票据的偿付资金由基础资产池中第 N 期的现金流入进行承担。一旦后续企业经营情况变化、宏观经济波动和底层租赁债权质量变化，出现现金不能及时流入而产生资金链断裂，第三期 RHLN 资产支持商业票据发行失败，可能会导致本期资产支持商业票据的本金偿付受到影响。

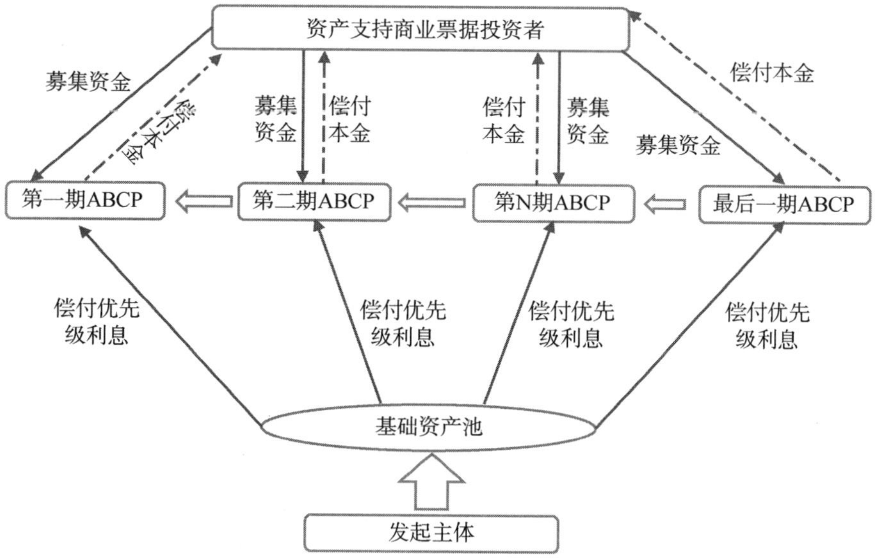

图 11－7　资产支持商业票据结构

五、启示与建议

（一）研究结论

1. 绿色资产支持票据的融资形式应用于绿色融资租赁企业融资具有优势

融资租赁行业以“融资＋融物”的核心模式，支持环境保护、能源节能、基础设施领域等绿色产业发展，绿色项目具有建设周期长、投入大、收益回报较为薄弱的特点，而融资需求是融资租赁公司发展需要解决的难题。对于融资租赁企业来说，发行绿色资产支持商业票据具有一定优势。一是绿色资产支持商业票据的循环发行支持了绿色租赁项目融资。绿色租赁资产项目通常期限较长，因此对于期限较短的融资方式如银行贷款，会产生期限不匹配，使短期内绿色项目的资金回流很难偿还贷款本息。循环发行使持续融资更加灵活、便利，延长了债券融资工具的融资期限，能够更好地支持融资租赁产业发展。二是绿色资产支持商业票据具有盘活资产、将流动性差的租赁债权转换为流动性好的资金的显著特点，降低了融资租赁企业的资产负债率，优化了企业的财务结构。三是通过资产证券化进行绿色融资创新，符合政府对于绿色金融的政策发展方向，可以为发行主体树立良好的企业形象，提升市场知名度。四是发行绿色资产支持商业票据进一步拓宽了企业的融资渠道，且基于政府对于绿色债券发行审批的渠道便利和政策鼓励，经过计算比较发行成本较低，对于融资租赁这种高负债经营性质的企业来说，降低融资成本就意味着在发展绿色租赁业务上具有更强的竞争优势。

2. 绿色资产支持商业票据的结构设计能够降低风险，保证产品本息偿付

绿色资产支持证券具有一定的风险，由于底层资产项目的现金流回报较为薄弱与不确定，因此绿色资产支持证券具有一定的风险。绿色资产支持商业票据的结构设计和采用的信用增级措施有助于防范产品风险。本次产品发行主体信用风险、基础资产池存在的集中度高的风险可以通过信用触发机制、差额支付承诺和超额抵押等方式得以降低；入池绿色资产经过严格的筛选过程，“深绿”绿色认证结果符合绿色标准，基础资产绿色认证变动的风险较小。根据产品设计，绿色资产支持商业票据在存续期内可以续发多期商业票据，底层绿色资产的收益现金流只用于偿还优先级证券利息，而本金可以通过续发下一期的商业票据募集资金进行偿还。同时，设计了循环购买机制，可以不断购买由于融资租赁业务扩张而产生的流动性差的租赁资产用于更新资产池，以保证循环发行，降低了续发失败的风险。绿色资产支持商业票据设计的发行期限短，流动性较强，接近于货币市场工具，投资风险较小，对于投资者来说更有吸引力。绿色资产支持商业票据的结构设计降低了产品风险，有利于吸引市场投资者的购买，有利于在市场上持续发行类似产品为开展融资租赁业务提供资金融通。

（二）对于绿色资产支持票据的相关建议

1. 制定完善相关政策法规，推广绿色资产证券化产品应用

绿色项目具有建设周期长、投入大、现金流回收期久的特点，绿色资产支持商业票据的续发设计可以延长融资期限，能够很好地解决资金问题。政府作为绿色金融发展的政策制定者和推动者，应该进一步完善绿色金融发展的体制建设，出台鼓励绿色资产证券化发展创新的激励政策，丰富绿色资产证券化市场的产品种类，帮助企业拓宽融资渠

道，更好地纾困绿色融资租赁企业。同时，需要监管部门不断完善市场基础设施，对于绿色资产证券化融资过程中的绿色认证、信息披露等重要环节配套更健全、完善的法律法规，更好地规范和促进绿色资产支持证券市场的有序发展和绿色资产支持商业票据的广泛应用。

2. 发展适合于中小融资租赁企业的集合绿色资产，支持商业票据品种

目前，绿色资产支持商业票据的发行主体都是资金实力雄厚的大型融资租赁企业。我国监管部门推出资产支持商业票据的初衷是中小微企业在受到外部环境冲击、现金流难以周转时，为其发展提供融资便利。资产支持商业票据可以将供应链融资与中小微企业存在的应收账款权相结合，实现融资渠道畅通、融入资金直达。ABCP 的集合模式产品基础资产来自多个发起机构，一般多为中小企业，通过银行管理平台为中小企业提供入池资产管理、信用增级等服务，中小企业作为多个发起机构可以不断将符合条件的权属明晰的基础资产向发行载体进行出售，实现资产支持商业票据循环发行融资的作用。在实际操作中，可以入池不同种类的资产，如应收账款、租赁债权等，形成分散性更高的资产组合，有利于解决绿色资产证券化基础资产行业或地区集中度过高的问题。因此，建议市场不断完善绿色资产支持商业票据发行管理机制，积极推出适合中小企业发行的集合绿色资产支持商业票据，大型金融机构积极进行金融创新，对绿色行业的中小微企业发行人进行组织，对基础资产进行汇集管理。

3. 丰富资产支持商业票据定价方法并完善定价基础

绿色资产支持商业票据是市场上成立不久的资产证券化新品种，还缺乏对于其定价的研究。因此，有必要参考成熟市场上的资产支持商业票据定价方法，在此基础上构建并推广适合我国特点的绿色资产支持商业票据定价模型。目前，我国资产证券化市场一般采用静态利差法或可比定价法，即参考市场发行的相同信用评级资产证券的利差来确定发行利率，对资产证券化产品采用的定价方法较为单一。

【思考题】

（1）案例中提到，绿色金融是推动中国经济转型升级的重要抓手，具体是如何实现这一目标的？

（2）结构性金融工具以未来现金流为支撑，如何在风险集中、融资期限不匹配和表内高杠杆方面发挥抑制作用？

（3）绿色资产证券化在融资方面有何优势？它是如何支持实体经济发展的？

（4）案例中提到了以绿色资产证券化产品——RHLN 2021 年第二期 ABN 为例，从发

行产品动因的角度出发。这个产品的发行动因是什么？

（5）通过对产品风险的研究，绿色资产证券化在环境等方面有哪些优势？这些优势如何有助于可持续发展？

（6）在案例最后提到了相关政策建议，这些建议是基于对绿色资产证券化的分析得出的吗？具体有哪些建议？

参考文献

［1］兴业银行落地市场首单绿色资产支持商业票据［J］. 金融博览（财富），2020（12）：13.

［2］林伟杰. 绿色资产支持票据融资研究［D］. 广东外语外贸大学，2021.

［3］王国杰. 江苏租赁绿色资产证券化风险研究［D］. 北京交通大学，2020.

［4］龙云安，陈国庆. 新时代我国绿色金融与绿色产业的耦合协调度分析［J］. 当代金融研究，2020（4）：1－10.

［5］吕彬彬. 资产证券化循环购买结构的设计难点及运营对策［J］. 上海金融，2017（7）：84－87＋84.

［6］卜永祥. 构建中国绿色金融体系的思考［J］. 区域金融研究，2017（6）：5－11.

［7］曹倩. 我国绿色金融体系创新路径探析［J］. 金融发展研究，2019（3）：46－52.

［8］沈朝晖. 企业资产证券化法律结构的脆弱性［J］. 清华法学，2017，11（6）：61－74.

［9］史燕平，陈乾，黄鑫，宋沛仪. 基础资产对资产支持证券发行成本的影响——基于“直租”、“售后回租”的视角［J］. 上海金融，2020（7）：32－38.

［10］宋筱. 浅谈金融租赁业务资产证券化［J］. 中国市场，2014（52）：86－87.

［11］王建发. 我国绿色金融发展现状与体系构建——基于可持续发展背景［J］. 技术经济与管理研究，2020（5）：76－81.

［12］张雪莹，张泽华. 中国绿色债券研究述评［J］. 金融市场研究，2022（6）：23－29.

［13］胡艳，陈路晗，张搏，华巍，何静. 提升绿色债券服务实体经济质效的实践研究［J］. 农银学刊，2022（2）：8－12.

［14］黄旦红. 企业发行绿色债券融资问题思考分析［J］. 财经界，2022（11）：14－16.

［15］王晓文. “双碳”背景下资产证券化过程中的问题与对策［J］. 辽东学院学报

（社会科学版），2022，24（2）：66－72.

［16］赵付玲，葛佳妹．助推绿色资产证券化发展［J］．中国金融，2022（8）：73－74.

［17］高金山，张明玉，王颖．风电行业碳中和绿色 ABS 探索实践［J］．现代金融导刊，2022（2）：55－60.

案例12　绿色资产支持票据“19 GT绿色ABN”案例分析*

内容摘要：针对我国“双碳”目标和绿色发展理念的实现，发展绿色金融对于推动环保产业的发展有着非常重要的意义。投资环保产业的金额大，回收投资的时间周期较长，需要政府资金和社会资本来共同支撑。环保产业投资与资产证券化相结合，就是利用绿色基础资产的未来现金收益来偿还债务而发行的证券。本文以我国首款使用客票费收益权作为基础资产发行的轨道交通绿色资产支持票据为案例，探讨了发行动机、产品方案和效果，并提出了促进绿色资产证券化市场发展的建议。

关键词：绿色金融；绿色资产支持票据；绿色资产证券化

一、案例背景

（一）绿色金融相关概念

绿色金融是一种特殊的金融服务，它致力于支持环境改善、应对气候变化和资源高效利用，主要包括为环保、节能、清洁能源、绿色交通等领域的项目提供投融资、项目运营和风险管理等方面的支持。简单来说，绿色金融就是用金融的方式来帮助实现环保和可持续发展。发展绿色金融的主要目标在于调动和激发更多社会资本投入绿色产业，同时更有效地遏制对环境有害的投资。绿色金融的发展对于我国经济转型非常重要，能助推经济向更环保的方向发展，也支持生态文明建设。绿色金融还对环保、新能源和节能等领域的技

* 本案例作者为韩云、姜莱、林诗缘和陈锦康。其中：韩云，经济学博士，上海立信会计金融学院金融学院副教授，研究方向为公司金融、绿色金融与资本市场；姜莱（通讯作者），上海立信会计金融学院金融学院本科生；林诗缘，上海立信会计金融学院金融学院本科生；陈锦康，上海立信会计金融学院金融学院本科生。

术进步起到积极推动的作用，加快培育新的经济增长潜力。

绿色金融产品有很多种类，包括绿色信贷（为环保项目提供贷款）、绿色债券（用于筹资环保项目）、绿色保险（保障环境风险）、绿色基金（用于投资环保产业）、绿色租赁（为使用环保设备的企业提供租赁服务）、绿色信托（为环保项目提供融资）、绿色票据（用于筹资环保项目）和碳金融产品（用于减少温室气体排放的相关金融工具）等。这些不同的金融工具都有助于推动绿色发展，并为投资者提供环保和可持续发展方面的投资选择。

（二）绿色金融发展现状与政策

2014 年，由联合国环境规划署提出的项目“可持续金融体系设计探寻”开创了全球探索利用技术创新来推动绿色金融发展的新局面。该项目首次研究了数字金融在支持可持续发展方面的潜力。简单来说，该项目旨在探寻新技术以改善日益恶化的环境，推动绿色发展的可持续化。2017 年 11 月，联合国环境规划署与世界银行合作制定了名为《可持续金融体系路线图》的文件，文件中提出发展数字金融和创新型金融科技的重要性，着重强调了数字金融等创新金融模式在预防环境风险和支持可持续发展融资转型方面的潜力，同时深化了绿色金融的概念。2018 年，G20 可持续金融研究小组将“如何利用金融科技推动金融可持续化”列为一个研究议题，研究目标是通过采用新的金融科技方法，丰富可持续金融的资金来源，为投资者提供更多样化的投资方案。2019 年，《欧洲绿色协议》的发布为欧盟经济的绿色转型开创了全新思路，构建起了通过科技来提供可持续发展以实现绿色发展和投资的框架。欧盟计划发展如人工智能、大数据等全新技术以提高自然资源的利用效率，合理统筹规划自然资源的使用，从而协助企业实现整个生产过程绿色化的目标。

自 2016 年 8 月中国人民银行等七部委发布《关于构建绿色金融体系的指导意见》以来，我国在绿色金融政策体系、能力建设、基础设施、市场主体和产品创新方面都取得了显著成效，绿色金融发展已经走在国际第一方阵，有力支撑我国经济低碳转型发展。2020 年 9 月，习近平总书记在第七十五届联合国大会提出“二氧化碳排放力争于 2030 年前达到峰值，努力争取 2060 年前实现碳中和”的应对气候变化目标。在“双碳”目标的引领下，从中央到地方，各层级的政府机构已制定多项激励措施鼓励区域绿色金融的发展。2021 年，在全球绿色经济复苏，以及实现“双碳”目标的双重机遇推动下，中国绿色金融迎来发展成效显著的一年。通过制度安排和发展，我国已初步建立了多种形式的绿色金融产品和市场，包括绿色贷款、绿色债券、绿色保险、绿色基金、绿色信托和碳金融产品等。这些产品为环保和可持续发展提供了金融支持，以推动经济和环境之间的平衡和可持续发展。

进一步来讲，绿色债券突破与创新不断，绿色股票护航绿色企业上市战略推进，各种绿色金融产品与工具创新加速发展。目前，我国绿色金融已逐渐形成体系，市场步入不断壮大与完善的进程。但是，绿色资产证券化产品结合绿色债券与资产证券化还处于起步阶段。绿色资产证券化的相关政策文件如表 12 – 1 所示。

表 12 – 1　　绿色资产证券化的相关政策文件

年份	文件名	发布机构	主要内容
2015	《生态文明体制改革总体方案》	中共中央、国务院	鼓励各类金融机构加大绿色信贷的发放力度；鼓励对绿色信贷资产实行证券化
2016	《资产证券化监督回答》	证监会	积极支持鼓励绿色环保产业相关项目通过资产证券化方式融资发展
2016	《关于构建绿色金融体系的指导意见》	中国人民银行等七部委	通过扩大参与机构范围，规范基础资产遴选，探索高效、低成本抵质押权变更登记方式，提升市场流动性，加强信息披露等举措，推动绿色信贷资产证券化业务常态化发展
2017	《中国证监会关于支持绿色债券发展的指导意见》	证监会	规定发行绿色资产支持证券参照绿色公司债券的相关要求执行；发行准入管理、上市交易等另有规定的，从其规定
2018	《上海证券交易所服务绿色发展推进绿色金融愿景与行动计划（2018—2020）》	上海证券交易所	支持企业发行募集资金专门（或主要）用于绿色项目的资产支持证券，支持绿色 PPP 项目资产证券化；降低绿色资产支持证券的融资成本；强化绿色资产证券的市场监管
2018	《上海证券交易所资产证券化业务问答（二）》	上海证券交易所	设立绿色资产支持证券的认定标准；对绿色资产支持证券存续期信息披露、第三方评估认证及绿色项目认定等事项的执行给出了规范
2019	《关于支持绿色金融改革创新试验区发行绿色债务融资工具的通知》	中国人民银行	鼓励试验区内企业发行定向工具、资产支持票据等不同品种的绿色债务融资工具，增加融资额度，丰富融资渠道；探索扩大绿色债务融资工具募集资金用途
2021	《绿色债券支持项目目录（2021 年版）》	中国人民银行、发展改革委、证监会	首次统一了绿色债券相关管理部门对绿色项目的界定标准，是界定和遴选符合各类绿色债券支持和适用范围的绿色项目和绿色领域的专业性目录清单
2022	《中国绿色债券原则》	绿色债券标准委员会	阐述了绿色债券募集资金用途、项目评估与遴选、募集资金管理和存续期信息披露等四项核心要素

随着绿色、可持续相关的发展理念生根，绿色资产证券化相关的政策法规也逐步出台，呈现以绿色产品与业务激励为主、投资评估与监管规范有限的特征。例如，2022 年，绿色债券标准委员会发布的《中国绿色债券原则》，统一了我国的绿色债券标准，标志着绿色金融标准体系的完善，同时助力进一步打开中国市场，吸引境外投资人资金。

（三）绿色资产证券化

绿色企业通常在项目开始阶段需要投入大量资金，并且回收资金的时间会比较长，这与绿色资产证券化相匹配，绿色资产证券化是一种可以将绿色企业的资产转化为证券以进行融资的方式。绿色企业可以通过绿色资产证券化融资模式获得很多好处。首先，这种融资模式可以帮助它们激活资产，改善财务结构，提高企业的运营能力。其次，绿色资产证券化就是把绿色企业的资产（如环境友好的项目）转化为证券，向投资者进行销售，以获取融资。这样可以为绿色企业融资提供更多途径，吸引更多资金流向环保项目，从而带来更多环境效益。尽管有一些政策支持和鼓励这种方式，但是因为还存在一些阻碍绿色企业采用这种方式的因素，导致目前市场上能够成功地通过绿色资产证券化进行融资的案例并不多。其中，一些阻碍因素包括缺乏统一的绿色资产标准和评估方法，缺乏绿色资产证券化的市场机制和交易平台，以及投资者对绿色资产证券化产品的了解和认同程度较低等。此外，绿色企业也面临着项目风险和信用风险等挑战，使一些投资者对于绿色资产证券化产品的接受度不高。

为了解决这些问题，需要进一步完善绿色资产证券化的相关标准和评估方法，建立起专门的市场机制和交易平台，提高投资者的认知和信任度。同时，绿色企业也需要加强项目风险管理和信用风险控制，以增加投资者对绿色资产证券化产品的信心。总的来说，绿色资产证券化作为一种新的融资模式，在推动绿色金融发展和促进绿色经济发展方面具有重要的意义。通过克服相关挑战和推动政策支持，绿色资产证券化有望成为绿色企业融资的有效途径，为实现可持续发展目标作出积极贡献。它的原理是将环保项目的未来收益作为还款来源，降低企业的借款成本，并吸引更多的资金流向绿色产业。简单来说，资产证券化是一种帮助环保企业筹集资金的方式，具体流程如图 12－1 所示。

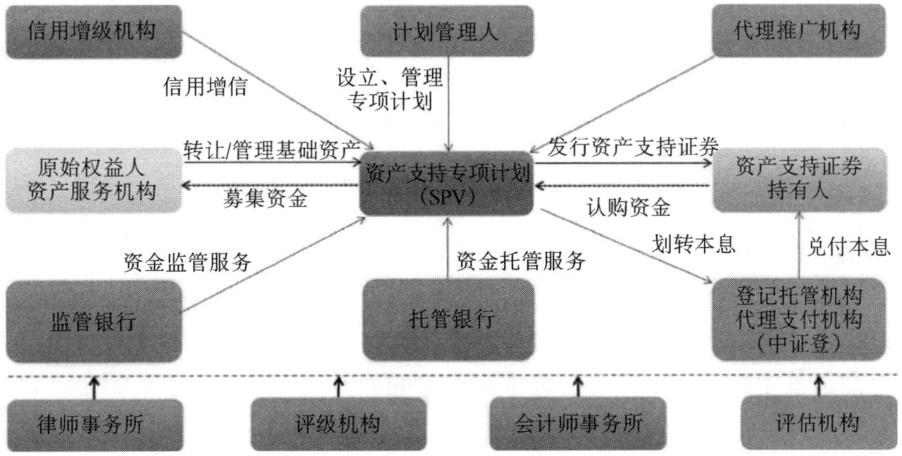

图 12－1　资产证券化

目前，国内外学术界主要关注的是绿色金融的制度研究和资产证券化的研究，相反，关于绿色资产证券化的研究比较少。本文详细研究市场上首创的绿色资产证券化产品“19GT绿色ABN”，并探讨了该产品的设计和发行效果；总结了案例的成功因素和存在的不足之处，以便为绿色企业寻求绿色资产证券化工具进行融资提供有益的参考。此外，本文还提出了克服相关障碍的建议，以促进绿色金融体系的健全发展。这些研究成果对于绿色企业融资和绿色金融的推动具备一定的指导作用。

二、案例概述

（一）GZDT集团有限公司介绍

GZDT集团有限公司（以下简称GZDT集团）是广州市政府全资大型国有企业，负责广州城市轨道交通系统的工程建设、运营管理和附属资源开发经营，全面贯彻广州建设国际大都市、国家中心城市的战略部署，全力以赴“建设好、运营好、经营好”地铁，创造了良好的社会效益、经济效益和环境效益。

GZDT集团充分发挥“一体化”优势，大力构建“4+1”工程监管体系，高效推进轨道交通建设。现已建成开通14条、478公里的地铁线路，以及海珠区环岛新型有轨电车试验段（7.7公里），正同步推进13条、345公里地铁新线建设。GZDT是一个非常繁忙和有效的交通系统。每天大约有860万人次乘坐地铁，最高峰时期曾达到1062万人次。它承载广州市超过50%的公共交通需求，并且方便连接到白云机场、广州南站、铁路和城际轨道交通等重要交通枢纽。通过与其他重要基础设施、产业区和发展平台的配套，地铁有助于扩大城市的规模和空间范围。

据国际地铁协会（CoMET）披露，在全球38家大型地铁中，GZDT运能的利用度、运营服务的可靠度、运行效率等多项主要运营指标均位居行业的前列。

（二）GZDT绿色融资情况概述

2019年，GZDT集团发行了第一期绿色ABN（见表12－2），发行总规模为30亿元，为GZDT集团提供了资金支持，并通过不同期限和利率满足了投资者的需求。

表12－2　　GZDT集团2019年第一期绿色ABN信用评级报告

基础资产	GZDT在特定收款期间（2019年1月1日—2023年12月31日）实现的归属于目标线路的特定金额的地铁客票费收益权

续表

特定收款期间的特定金额	第 1—20 个特定收款期间的特定金额分别为：20091.00 万元、21237.00 万元、21034.00 万元、21932.00 万元、19517.00 万元、20419.00 万元、20208.00 万元、22196.00 万元、20859.00 万元、20625.00 万元、20391.00 万元、21258.00 万元、13310.00 万元、13159.00 万元、13008.00 万元、12856.00 万元、12705.00 万元、12554.00 万元、12403.00 万元和 12251.00 万元
地铁 2 号线预期客票收入	2019 年：93118.22 万元 2020 年：94133.31 万元 2021 年：96231.17 万元 2022 年：97246.29 万元 2023 年：99953.22 万元

同时，2019 年至 2020 年 5 月已发行 6 期优质主体绿色企业债券，平均融资成本比银行贷款基准利率下浮了 24%。2013 年以来，GZDT 已申报企业债券 550 亿元，截至目前成功发行企业债券筹集资金 335 亿元。

（三）绿色资产支持票据发行概况

2016—2018 年，GZDT 集团在总债务上出现了一定程度的上升，分别是 33.54%、38.72% 和 42.89%。2019 年，GZDT 集团在建地铁线路急需大量资金，迫切需要开拓一种较为创新的、可持续的融资模式。兴业银行广州分行根据 GZDT 集团的特点与需求，向其提供了资产证券化项目融资服务方案，并联合第三方认证“绿融（北京）投资服务有限公司”将广州作为全国首批“绿色债券发行主体”（绿色企业）上报中国银行间市场交易商协会进行认证。

GZDT 集团将其持有的客票款收益权（以下简称入池资产）作为委托财产信托给平安信托，设立“GZDT 集团有限公司第一期绿色资产支持票据”。平安信托以该信托财产为支持发行优先档资产支持票据和次级档资产支持票据。其中，优先档资产支持票据采用固定利率在银行间债券市场以簿记建档方式向机构投资者发行（委托人自持部分除外）。交易结构如图 12－2 所示。

此外，GZDT 集团制定了一套规范，称为《GZDT 集团有限公司绿色债券框架》，用于管理和发行绿色债券。这个框架确保了绿色债券的发行和管理符合法律法规和监管要求。其中规定了募集到的资金如何使用、项目如何评估和筛选、如何考虑环境风险和环境效益、如何管理募集到的资金，并要求提供相关报告和披露信息。

绿色资产证券化加绿色发行人的业务模式，有效解决了 GZDT 集团所需资金大、融资成本要求高等问题，为清洁交通行业的融资创新拓宽了渠道。

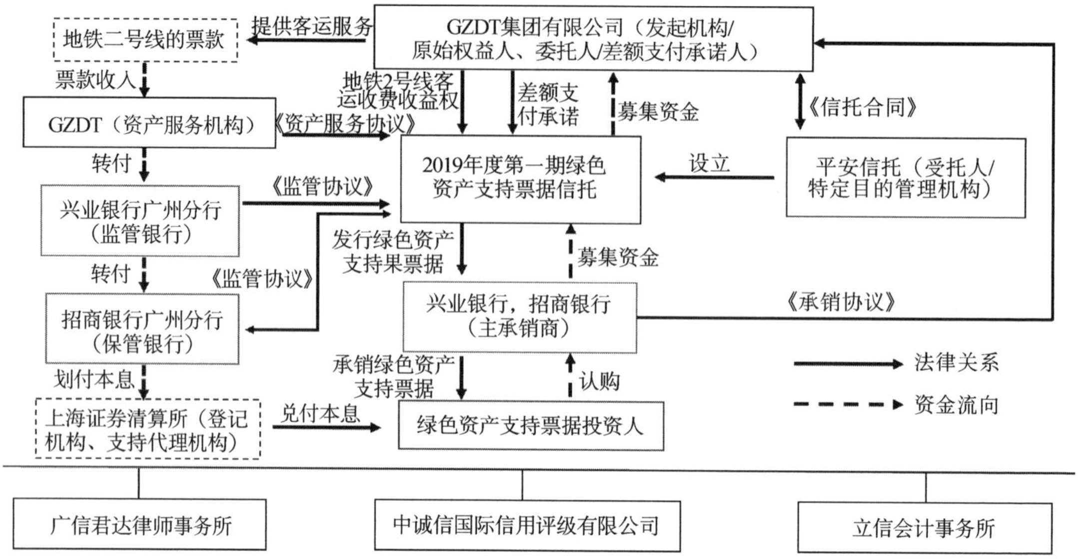

图 12－2 交易结构

（四）绿色资产支持票据发行效果

创新绿色发行主体，市场反响热烈。GZDT 集团主要业务符合国家产业政策及地方规划，地铁运营、附属资源运营—民用通信业务、专业对外服务三个板块相关业务内容符合《绿色债券支持项目目录（2015 年版）》的要求，可认定为绿色业务。GZDT 绿色业务收入占主营业务收入的比例高于 80%，在环境保护方面，建立了适合的制度和机制来管理和控制风险，符合发行绿色债券的要求，被称为绿色企业。本文中绿色资产支持票据是 GZDT 作为绿色发行人发行的首期票据，市场反响较为热烈，创下 2018 年以来全市场 AAA 级企业同期限证券化产品发行利率最低的纪录。该项目资金投向清洁交通产业，助力粤港澳大湾区互联互通。本笔绿色资产支持票据基础资产和募集资金投向均属于《绿色债券支持项目目录》的“清洁交通”类别，第一期基础资产为广州市内 2 号线地铁，第二期基础资产为广州市内 4 号线地铁，推动了粤港澳大湾区实现绿色互联互通。

三、绿色资产支持票据融资模式分析

（一）绿色资产支持票据融资的适用性分析

在推动环保和绿色发展的大背景下，相较于传统的债券融资模式，绿色融资多用于资助环境友好项目，如可再生能源、能效改造和可持续交通等。绿色融资可将资源导向环保领域，有助于减少对环境的负面影响，推动可持续发展。

绿色融资模式要求债券发行人等提供详尽的环境和社会信息披露，通过独立且更加严格的审核机构对项目进行评估和监督，确保债券资金的使用符合环境、社会和可持续发展标准，从而进一步增加投资者的信任，提高市场流动性，增强消费者对于绿色债券的认可度，促进形成绿色发展的“循环”。申请绿色融资的公司通过发行绿色债券等，能够在市场上营造出环保和可持续发展的形象，可以吸引环保和社会责任投资者，进而提高公司声誉、增加品牌价值。

目前，绿色资产支持证券是指以绿色资产为支持基础发行的证券产品，资金主要通过私募方式募集，因此获取相关的资产结构和交易结构等信息相对较难。在考虑资料可得性和案例典型性的基础上，本文选择了“GZDT集团有限公司2019年度第一期绿色资产支持票据”作为研究案例。这个案例在绿色金融领域内取得了如“全国首个以客票费收益权作为基础资产发行资产支持票据的轨道交通”“全国绿色金融改革创新试验区中首个采用‘发债主体认证’的方法进行注册发行的首笔绿色资产支持票据”和“全市场首单通过了绿色发行主体、绿色基础资产以及绿色资金用途的资产支持票据产品”等多个全国首创，具有现金流稳定、安全性高、符合气候债券倡议组织（CBI）的国际绿色标准等多种优点。

GZDT集团是广州市首个在银行间市场发行环保支持项目债券的国有企业。地铁的建设对广州地区的发展至关重要，具有不占地面空间、运行速度快、安全可靠、能够容纳很多乘客、对城市干扰较小、能源消耗较低等多个优势。因此，地铁逐渐成为解决城市交通拥堵和城市发展矛盾的有效方法，并且被视为环保出行和清洁交通的代表。通过发行支持票据来筹集资金，可以用于帮助GZDT新建线路的建设，完善并落实广州市的轨道交通规划。并且，在许多运营指标上，GZDT集团一直是行业内优秀运营的代表。

GZDT集团这一案例为非金融企业和未上市的环保型企业提供了一种获得绿色项目融资的机会，加快绿色金融的发展。此举也在推动低碳发展方面发挥了积极作用，并为轨道交通行业提供了有关如何实现绿色转型的实践经验。

（二）绿色认证标签

近年来，我国对待环境污染与资源匮乏的态度发生了转变，绿色产业提上议程刻不容缓。数据显示，2022年，ABN类产品发行规模约为1142.27亿元，占新增绿色资产证券化产品发行规模的53.31%；其次为证监会主管ABS，发行规模约为762.88亿元，占新增绿色资产证券化产品发行规模的35.61%。

绿色资产证券化与传统资产证券化不同，它着重强调绿色认证标签的重要性，包括绿色资产认证、绿色资金用途认证和绿色企业认证三个方面。“19 GT 绿色 ABN”是市场上第一个通过这三个认证的资产支持票据产品。此外，许多表面上被贴上绿色标签的债券不一定会符合国际上的标准，但是，“19 GT 绿色 ABN”符合气候债券倡议组织（CBI）制定的国际绿色标准，即通过了国际资本市场协会（ICMA）发布的《绿色债券原则》和气候债券倡议组织的《气候债券标准》。其中，ICMA 倡导的 GBP 标准有四项原则，即募集资金用途、项目评估和筛选流程、募集资金管理、报告和披露；气候债券倡议组织认可许多绿色项目类型，但明确排除了所有与化石燃料相关的项目。我国目前界定绿色项目的政策文件有两个，一是国家发展改革委发布的《绿色债券发行指引》，二是中国金融学会绿色金融专业委员会编制的《绿色债券支持项目目录》。

（三）资产证券化（ABS）与绿色债券融资相结合

资产证券化（ABS）是以特定资产组合或特定现金流为支持，发行可交易证券的一种融资形式（见图 12－3）。在绿色金融领域，通过与绿色金融理念相结合，诞生了全新的“绿色资产支持证券”（green ABS）模式，与传统 ABS 模式不同的是，其支持的资产均为符合绿色标准的环境友好项目。相较于单一的绿色债券融资方式，绿色资产支持证券打破了投资者身份的局限，将符合标准的绿色项目转化为可交易的证券，让传统投资者也可以参与到绿色项目的投资中，进一步扩大了融资规模，提供了更多的融资机会。

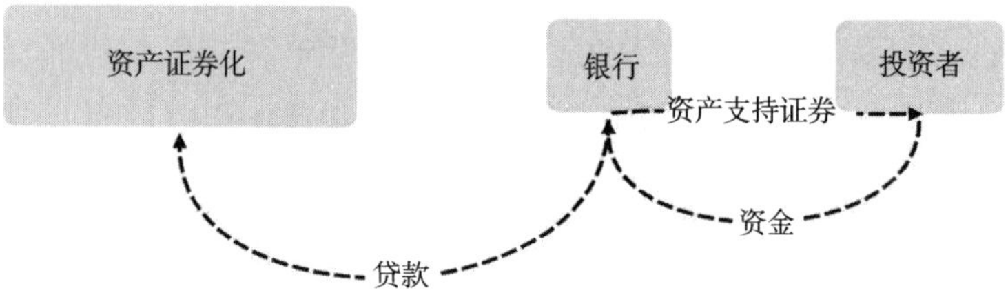

图 12－3　资产证券化融资形式

GZDT 在 2019 年委托平安信托发行了一期绿色资产支持票据，该票据的基础资产是 GZDT 2 号线的客票费收益权。这种票据是一种债务融资工具，约定在特定收款期间内根据客票费收益来偿还本金和利息。根据《绿色债券支持项目目录（2021 年版）》，将 GZDT 的客票费收益权归类为“绿色交通”类别（见表 12－3）。这些收益权可以被用作支持票据的基础资产，这样就不需要实物资产或者应收账款等来获得资金。同时，通过绿色项目未来的现金流来融资，可以降低企业的融资成本。

表 12－3　　“绿色交通”归类条件

领域		项目名称	说明/条件
		5.4.2.5 城市水体自然生态修复	为保护和修复城市水体自然生态系统开展的河湖水系自然连通恢复和保护工程，河道系统整治、生态修复活动。如渠化河道改造，因势利导恢复自然弯曲河岸线，自然深潭浅滩和泛洪漫滩等
5.5 绿色交通	5.5.1 城乡公共客运和货运	5.5.1.1 不停车收费系统建设和运营	高速公路自动扣费系统、市区过桥自动扣费系统、隧道自动扣费系统、停车场车交费系统等不停车收费系统设施建设和运营
		5.5.1.2 集装箱多式联运系统建设和运营	普通集装箱、大宗物资、危险品、汽车整车、快递包裹等物资多式联运系统建设和运营
		5.5.1.3 智能交通体系建设和运营	交通领域智能化信息系统设施、智慧物流设施的建设和运营，包括交通信息采集与发布系统、交通指挥中心系统、路网综合管理系统、智能公交系统、综合客运枢纽信息化系统等
		5.5.1.4 城市慢行系统建设和运营	城市步行、自行车交通系统建设，包括公共自行车租赁点、非机动车辆停车设施、路段过街设施等城市慢行系统建设等
		5.5.1.5 城乡公共交通系统建设和运营	城市地铁、轻轨、有轨电车等城市轨道交通设施建设和运营；大容量公共交通设施建设和运营，如 BRT 公交场站、线路等设施建设和运营；公交车辆购置等
		5.5.1.6 共享交通设施建设和运营	公共租赁自行车、互联网租赁自行车、互联网租赁电动自行车、互联网租赁汽车、汽车分时租赁系统、立体停车设施设备、自行车停车设施等共享交通设施建设和运营
		5.5.1.7 公路甩挂运输系统建设和运营	公路甩挂作业场站、甩挂运输管理信息系统等改造、建设和运营
	5.5.2 铁路交通	5.5.2.1 货物运输铁路建设运营和铁路节能环保改造	货物运输铁路线路、场站、专用供电变电站等货运铁路设施建设和运营；既有铁路电气化改造、场站及铁路相关设备节能环保改造工程建设和运营。其中，铁路场站需达到《绿色铁路客站评价标准》（TB/T 10429）相关标准要求

资料来源：《绿色债券支持项目目录（2021 年版）》

（四）内外部信用增级措施

绿色资产证券化产品的基础资产通常具有盈利能力较低和信用风险较高的特点，通过信用增级，我们能够提高这些产品的信用等级，有利于更快实现证券化资产交易，提高资金的使用效率，而在选择信用增级方式时，也需要根据实际情况和未来的趋势进行灵活搭配（见图 12－4）。

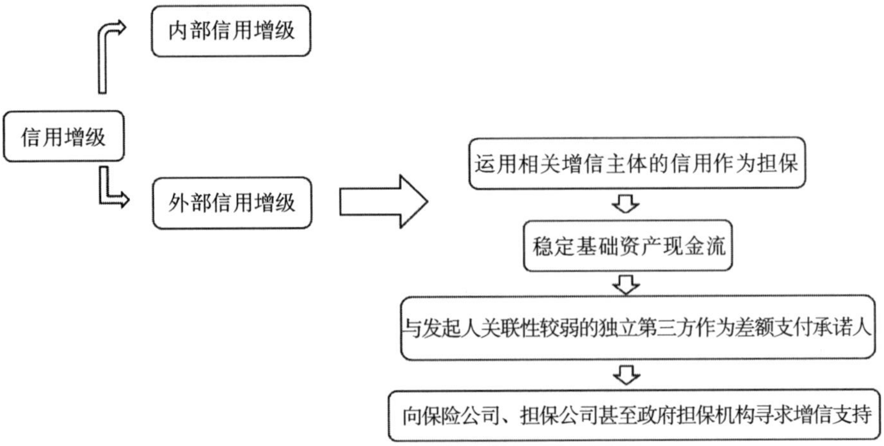

图 12－4　信用增级措施

在这个案例中，得到高信用等级主要是通过一些内部增信措施来实现的。但对于很多中小型绿色环保企业来说，如果想要通过绿色资产证券化来筹集资金，就需要可靠的金融机构、企业等来提供担保，以此提高证券的信用等级。

外部增信措施是指在绿色资产支持证券发行过程中采取的一些安排，旨在增加投资者对这些证券的信心。其中，差额支付和保证担保被视为常见的增信手段，其目的是利用相关增信主体的信用来提供担保，以稳定基础资产现金流。然而，在实践中，一些案例采用了与发起人（绿色资产支持证券的发行者）有关的实体（如关联公司或控股股东），甚至是发起人自身充当担保方。这种内部增信措施存在一定风险，因为一旦某一方面临流动性危机或财务危机，可能会对其他方造成传导效应，从而较难保护证券投资者的收益与本金。

因此，为了更好地保护证券投资者的权益，一种可能的做法是寻求与发起人关联性较弱、实力较强且有良好信用记录的独立第三方作为差额支付的承诺人。投资者还可以寻求来自担保公司、担保机构的信用支持。这样，当发起人遇到经营困难时，担保方能够保障他们的权益。总的来说，外部增信措施的设计应考虑减少与发起机构的关联，并倾向于选择独立第三方和信用良好的担保方，以确保对证券投资者的投资保护。

四、建议及对策

（一）采用绿色认证方式，提高产品识别度

我国在绿色认证方面存在很多机构，如挪亚、微谱等，这些认证机构都有严格的检测标准和认证流程，拥有强大的检测技术和硬件设施，在认证的过程中，也会提供相对完美

的服务，同时，这些机构获得了国家授权，具有较高的权威。

投资者判断证券是否真正具有绿色属性的重要依据是是否有专业认证的绿色属性，这是绿色资产证券与传统资产证券最大的区别。绿色属性的认证使绿色资产支持证券的性质更加透明、信息披露更加完备、质量更加可靠。这一认证过程提高了绿色资产支持证券的公信力，吸引了更多的投资者参与绿色资产证券化产品，扩大了投资者范围，推动了绿色资产证券化产品的发行和绿色金融的发展。

（二）探索基础资产的多元化，提高现金流稳定性

企业通过多样化投资基础资产，可以扩大资产规模，提高收益，稳定现金流，并降低投资风险。在这个案例中，发起机构只选择了一条线路未来 5 年的现金流作为基础资产。这一选择的好处是，所选线路在最近三年的票款收入和客流量最多，且运营状况良好，可以产生稳定、可预测的现金流和可特定化的财产。然而，这一选择也存在着缺点，将资产风险集中在一条线路上，大大提高了风险，现金流稳定性容易受到因乘客换乘方式转变而导致的客流量减少的冲击。除此之外，增加沿线的额外绿色业务收入也有助于扩大投资池，既可以增大发行规模，优化结构，又可以减少多次发行资产证券化产品融资所带来的多项费用，带来更多的资金。

（三）开展绿色金融国际合作，设立跨区域绿色金融改革创新试验区

开展绿色金融国际合作，与现阶段绿色金融体系相对完善的国家进行合作，从法治制度、市场主体和绿色金融工具等方面进行学习，结合我国自身情况加以修改。同时，设立跨区域绿色金融改革创新试验区，有助于各试验区互相学习借鉴，参与构建多层次绿色金融标准体系，创新多元化绿色金融产品和服务，引领我国绿色金融体系的构建和发展。

目前，我国已经拥有 21 个自贸试验区。自贸试验区本身既注重绿色产业发展，又拥有连接境内外各类市场主体的平台载体，具有开展绿色金融合作的天然优势。近期，山东、湖北、贵州、新疆、大连、山西等地也成为金融科技创新监管试点地区。建议在试点区域重点考虑“金融科技 + 绿色金融”创新发展项目，根据现实基础和实际需要，选择部分自贸试验区优先开展绿色金融国际合作试点，重点推动在绿色金融产品创新、标准制定、中介服务、信息披露、跨境数据共享等方面的深化合作，协同推进绿色金融与普惠金融发展，加强绿色金融与科技金融联动发展。

同时，进一步总结浙江、江西、广东、贵州、甘肃、新疆等六省（自治区）九地的绿色金融发展经验，稳步开展试点经验复制推广工作。优选长三角、粤港澳大湾区、京津冀、成渝等重大区域的交界地区，支持其开展跨区域绿色金融改革创新试点，推动实现更

大创新突破。

（四）支持大型金融机构开展绿色金融综合经营

大型金融机构几乎拥有银行、保险、证券、基金、信托、理财、投资等金融全牌照，具备综合开展绿色信贷、绿色债券、绿色保险、绿色基金、绿色理财等多元化绿色金融产品的基本条件和专业能力，同时拥有布局广泛的金融机构网点、种类丰富的企业客户和广大的个人客户，能够及时根据客户需求加快产品创新迭代。

在大型金融机构开展绿色金融综合经营的过程中，支持金融机构加大在绿色金融发展方面的科技投入力度，在运用技术手段开展绿色金融产品和服务创新方面给予专业指导。同时，通过建立相关机制，鼓励银行、保险、证券、基金等各类金融机构加强跨业合作，促进跨业绿色金融产品联动创新。

【思考题】

（1）绿色资产证券化的含义是什么？

（2）GZDT 发行绿色资产支持票据的背景是什么？

（3）GZDT 绿色资产支持票据的发行特点是什么？

（4）GZDT 绿色资产支持票据模式有什么特征？

（5）如何进一步促进绿色资产支持票据发展？

参考文献

[1] 王婕妤. 绿色资产证券化的特征、模式与建议 [J]. 金融纵横，2019 (11)：83－88.

[2] 叶文辉，李嘉. 绿色资产证券化路径研究——以安徽省光伏发电产业为例 [J]. 海南金融，2020 (4)：33－39＋48.

[3] 赵付玲，葛佳妹. 助推绿色资产证券化发展 [J]. 中国金融，2022 (8)：73－74.

[4] 殷振武. 我国绿色资产证券化产品发展现状及问题研究 [J]. 上海商业，2021 (12)：90－91.

[5] 周郭唯，赵芷珊. 绿色资产证券化对商业银行盈利模式的影响——以兴业银行为例 [J]. 湖北经济学院学报（人文社会科学版），2023，20 (11)：74－77.

案例 13　基础设施 REITs 在绿色投融资中的应用*

内容摘要：2021 年 7 月 2 日，国家发展改革委发布通知进一步扩大 REITs 试点，清洁能源被纳入扩募范围。作为一种创新融资模式，清洁能源公募 REITs 能够为解决清洁能源行业资金缺口提供新思路，帮助行业盘活固定资产，加速新项目建设，促进清洁能源相关产业持续快速发展，助力国家碳达峰碳中和目标的实施。本案例借鉴我国公募 REITs 的相关政策文件和首批 9 只基础设施公募 REITs 的成功经验，积极探索清洁能源公募 REITs 实践，参考鹏华深圳能源清洁能源封闭式基础设施证券投资基金（以下简称鹏华深圳能源 REIT），对清洁能源公募 REITs 的底层资产、交易结构和风险进行探讨，最后在总结现有 REITs 产品核心特征的基础上，总结"双碳"背景下开展绿色公募 REITs 的可行性和必要性，对未来开展绿色公募 REITs 产品提出建议。

关键词："双碳"目标；首批基础设施 REITs；清洁能源 REITs；绿色投融资

不动产投资信托（real estate investment trusts，REITs）发源于 20 世纪 60 年代的美国，是一种通过发行收益信托凭证或股份汇集资金，由管理人进行不动产投资、经营和管理，并将投资综合收益分配给投资者的证券。基础设施 REITs 对项目运营情况要求严格，对资金投向与收益分配规定较为细致。上述特征为持续深化试点工作，推动 REITs 高质量常态化发展奠定了基础。

近期，首批 9 只基础设施公募 REITs 上市交易，我国境内市场实现公募 REITs 零的突破，迈出里程碑式的重要一步。首批发行广受市场追捧，9 只 REITs 均获多倍超额认购，远超市场预期。从首批公募 REITs 试点产品来看，其中近半数持有绿色基础资产。展望未来，进一步开发绿色基础设施 REITs，对于盘活底层资产、扩大绿色金融供给、拓展公众

* 本案例作者为田原和孙玲。其中：田原，管理学博士，上海立信会计金融学院金融学院副教授，研究方向为绿色金融；孙玲，上海立信会计金融学院金融学院本科生。

投资渠道具有重要意义，有望在我国基础设施绿色升级进程中形成更为有力的金融支持。

一、中国首批 REITs 的政策背景和现状分析

（一）REITs 国内政策背景

2020 年 4 月，国家发展改革委和证监会联合发布了《关于推进基础设施领域不动产投资信托（REITs）试点相关工作的通知》，明确了采用“公募基金 + 单一基础设施资产支持证券”的产品架构，优先支持基础设施补短板行业，包括仓储物流、收费公路等交通设施，水电气热等市政工程，城镇污水垃圾处理、固废危废处理等污染治理项目。鼓励信息网络等新型基础设施，以及国家战略性新兴产业集群、高科技产业园区、特色产业园区等开展试点。此通知标志着境内基础设施领域公募 REITs 试点正式起步，对于盘活存量基础设施资产、扩大有效投资、强化资本市场服务实体经济功能、进一步丰富资本市场投融资工具等具有重要意义。2021 年 5 月，首批 9 单基础设施公募 REITs 项目获得证监会、上海证券交易所和深圳证券交易所审核通过。2021 年 6 月，首批 9 单基础设施公募 REITs 项目分别在上海证券交易所及深圳证券交易所完成资金募集，并成功挂牌上市交易。2021 年 6 月，国家发展改革委印发《关于进一步做好基础设施领域不动产投资信托基金（REITs）试点工作的通知》，将基础设施 REITs 试点区域扩展到了全国各地区，并在重点支持区域中增加了黄河流域生态保护和高质量发展国家重大战略区域。同时，将能源基础设施，停车场项目市政基础设施，保障性租赁住房，具有供水、发电等功能的水利设施和具有较好收益的旅游基础设施加入试点行业中。

经过一系列政策的不断发行与实施，证监会于 2021 年 5 月 17 日正式批准了 9 单基础设施公募 REITs 项目，公募 REITs 正式在市场上发行，中国资本市场迎来了一个重大的金融资产的类别，中国的融资市场也打开了一个新的格局。本案例将 2021 年 5 月后发生的和 REITs 有关的重大事件进行了整理和总结，如表 13 - 1 所示。

表 13 - 1　　中国公募 REITs 发行元年十大事件

时间	事件
2021 - 5 - 24	首批 9 只基础设施公募 REITs 开启网下询价
2021 - 6 - 21	首批 9 只基础设施公募 REITs 上市
2021 - 7 - 2	国家发展改革委发布 958 号文，扩大公募 REITs 试点范围
2021 - 10 - 29	光大理财推出市场首单公募 REITs 主题理财产品
2021 - 11 - 12	首批公募 REITs 分红

续表

时间	事件
2021-11-17	银保监会发文，允许保险资金投资公募REITs 二批REITs项目发行，认购倍数高
2021-11-29	多只Pre-REITs基金成立 多个地方政府发文支持基础设施REITs发展
2021-12-29	国家发展改革委发文，推进公募REITs审核，公募REITs发展和扩容将提速

资料来源：作者根据公开资料整理。

（二）首批9只REITs的发行概况

2021年6月21日，我国首批9只基础设施公募REITs上市，合计发行金额314.03亿元。从底层资产属性层面，9只公募REITs可划分两种类型，分别是永续的产权类项目和有期限的特许经营权项目，其中，产权类REITs共5只，特许经营权类REITs共4只。产权类REITs的原始股息收益率较低，一般低于5%，主要因为此类REITs的基础建设以仓储、物流、产业园为主，租金收入会带来稳定现金流，进而影响底层资产的价值波动，从而影响收益。经营类REITs股息收益率相对较高，如高速公路建设之类，但是其经营权价值将逐年下降至零，因而增值收益不显著。

产权类REITs项目底层资产为不动产，现金流主要是租金、物业管理费等，受到地域、行业周期等因素影响，现金流波动风险较大，但底层不动产有一定升值空间，资产未来成长性较强，现金分派率较低。特许经营收费权类REITs项目现金流稳定，主要依靠运营期的各项收费，但根据其经营特点与行业政策限制，这类项目未来现金流不会大幅上涨，资产成长性弱，现金分派率要求较高。从表13-2中每只基金2021年和2022年的预计现金分派率也能看出，产权类REITs的现金分派率相较特许经营收费权类REITs确实较低。

在风险层面，公募REITs介于债券与股票之间，特许经营收费权类项目偏债，而产权类项目则偏股。在收益层面，公募REITs一般大于债券市场收益，小于股票市场收益。从询价情况来看，均为超额认购，表明当时的市场对于这类公募REITs产品的收益表现有较高期待。根据认购价格和募集份额计算得出9只公募REITs产品的募集金额共314.03亿元，最低者为首钢绿能，是13.38亿元，最高者为广州广河，是91.14亿元；从认购价格来看，最低为盐港REIT和蛇口产园，分别为2.30元和2.31元，最高为首钢绿能和广州广河，分别为13.38元和13.02元。9只公募REITs发行信息如表13-2所示。

表 13-2　　9 只公募 REITs 发行信息

基金代码	180801	180201	508001	508056	508027
场内简称	首钢绿能	广州广河	浙江杭徽	普洛斯	东吴苏园
询价日	2021-5-24	2021-5-25	2021-5-24	2021-5-24	2021-5-24
询价区间（元/份）	12.5—14	12.471—13.257	8.27—9.511	3.7—4.26	3.558—4.094
认购价格（元/份）	13.38	13.02	8.72	3.89	3.88
发行份额（亿/份）	1	7	5	15	9
2021 预计现金分派率（%）	9.13	6.19	12.40	4.45	4.50
2022 预计现金分派率（%）	8.17	7.20	10.50	4.48	4.54
基础设施项目类型	垃圾处理及生物质发电	收费公路	收费公路	仓储物流	产业园区

基金代码	508006	508000	180101	180301
场内简称	首创水务	张江 REIT	蛇口产园	盐港 REIT
询价日	2021-5-24	2021-5-24	2021-5-25	2021-5-24
询价区间（元/份）	3.491—4.015	2.78—3.2	2.1—2.42	2.163—2.381
认购价格（元/份）	3.7	2.99	2.31	2.3
发行份额（亿/份）	5	5	9	8
2021 预计现金分派率（%）	8.74	4.74	4.10	4.47
2022 预计现金分派率（%）	9.15	4.11	4.16	4.75
基础设施项目类型	市政设施	产业园区	产业园区	港口仓储物流

资料来源：作者根据 REITs 产品报告书整理。

（三）首批 9 只 REITs 的“绿色”特征

首批公募房地产投资信托（REITs）涵盖上交所 5 个项目和深交所 4 个项目，项目涉及垃圾处理及生物质发电、污水处理、收费公路、产业园区、仓储物流等基础设施类型，覆盖了京津冀、长江经济带、粤港澳大湾区等重要区域。其中，首钢绿能和首创水务分别以生物质能、污水处理项目为基础资产，符合 100% 绿色金融支持范围；蛇口产园和东吴苏园两个公募 REITs 项目涉及绿色建筑，突显了绿色 REITs 的可持续发展潜力。

1. 首钢绿能——生物质能源基础设施 REITs

中航首钢生物质封闭式基础设施证券投资基金（以下简称首钢绿能）的封闭期为 21 年，项目类型为垃圾处理及生物质发电，是全国首个固废处理类资产试点项目，原始权益人为首钢环境产业有限公司。从产品结构来看，首钢绿能通过持有首钢生物质项目，包括生物质能源、餐厨垃圾处理、残渣暂存场项目，均符合绿色金融支持范围（见图 13-1）。

该基础设施项目位于北京市门头沟区，是 2010 年北京市委、市政府确定的重大民生工程和折子工程，也是北京市实现垃圾“资源化、减量化、无害化”利用的重要基础设施

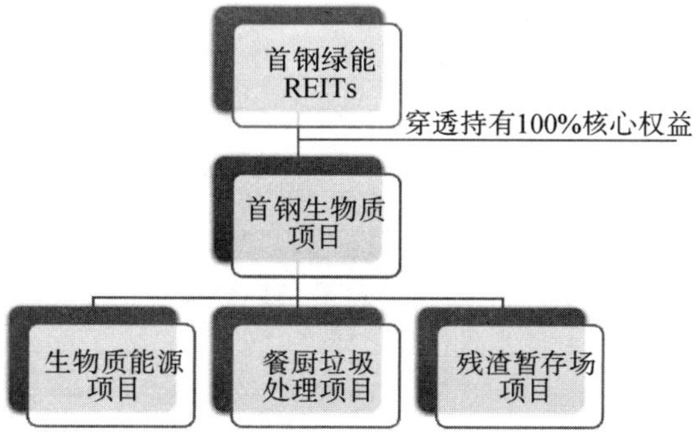

图 13－1　首钢绿能基础资产分布

资料来源：《中航首钢生物质封闭式基础设施证券投资基金招募说明书》。

工程。其中，生物质能源项目日焚烧生活垃圾 3000 吨，总建筑面积 6.9 万平方米；餐厨项目总建筑面积 6044.44 平方米，餐厨垃圾设计处理能力 100 吨/天；残渣暂存场项目总库容 128 万立方米，设计残渣填埋能力 700 吨/日、渗沥液处理能力 35 吨/日。截至 2020 年年末，该项目累计处理垃圾 729.91 万吨，累计发电量达 24.58 亿千瓦时，烟气指标检测合格率达 100%，部分排放指标仅为欧盟标准的十分之一，已产生巨大的环境、经济和社会效益。此外，在首钢绿能完成发行后，募集资金将由原始权益人投入新的同类型项目建设中，可实现绿色可持续发展，为如期完成“双碳”目标贡献力量。

2. 首创水务——污水处理基础设施 REITs

作为首批从事环保投资的上市公司，首创水务业务覆盖城镇水务、人居环境改善、水环境综合治理、绿色资源开发与能源管理等，已成为全球第五大水务环境运营企业。此次探索 REITs 发行，首创股份选取位于深圳和合肥的污水处理特许经营权项目作为基础资产，发行富国首创水务封闭式基础设施证券投资基金（以下简称首创水务），封闭期为 26 年（见图 13－2）。城镇污水处理作为我国重要的城市基础设施服务行业之一，符合绿色金融支持范围。

具体来看，首创水务 REITs 的底层资产包括深圳市福永、松岗、公明水质净化厂 BOT 特许经营项目，设计每日净化水质规模分别为 12.5 万吨、15 万吨、10 万吨；合肥市十五里河污水处理厂 PPP 项目，共分为四期，每日设计规模分别为 5 万吨、5 万吨、10 万吨、10 万吨。污水处理项目盈利主要来自按照处理量收取的污水处理费，现金流稳定。

3. 蛇口产园、东吴苏园——两单产业园基础设施 REITs

首批公募 REITs 中，3 单以产业园区为基础资产。其中，蛇口产园、东吴苏园基础资产中，涉及绿色建筑建设及建筑节能改造项目，同样符合绿色金融支持范围。

（1）博时招商蛇口产业园封闭式基础设施证券投资基金（以下简称蛇口产园）。

作为首批产业园区类基础设施公募 REITs 之一，蛇口产园公募 REITs 期限长达 50 年，

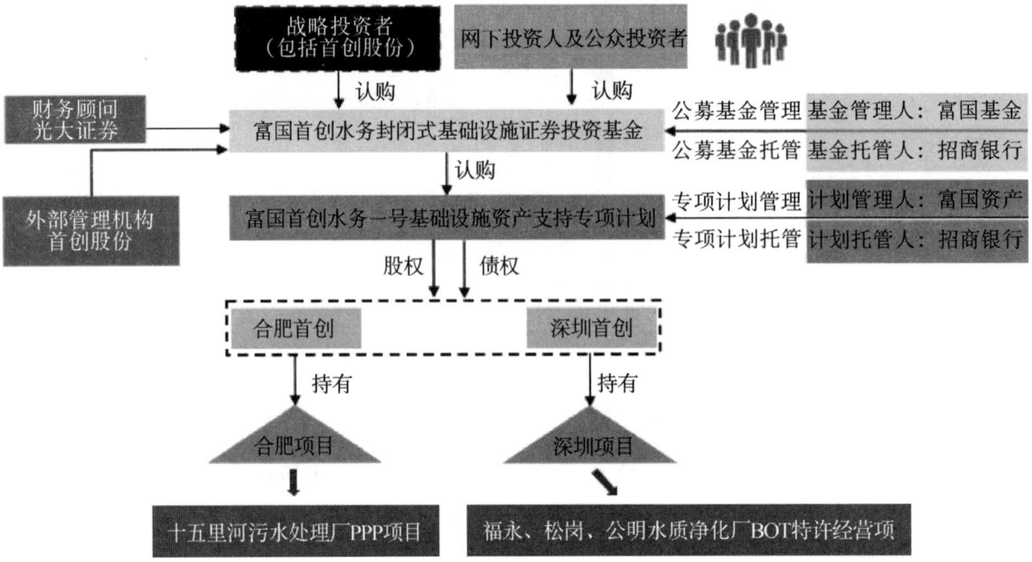

图 13－2　首创水务交易结构

资料来源：《富国首创水务封闭式基础设施证券投资基金招募说明书》。

基础资产为万融大厦和万海大厦两处工业用地，总估值为 25. 28 亿元。其中，万融大厦土地使用权面积为 1. 72 万平方米，建筑面积为 4. 17 万平方米；万海大厦土地使用权面积为 1. 82 万平方米，建筑面积为 5. 35 平方米。两处项目均位于深圳市南山区蛇口网谷产业园，产业园建设进程中注重生态理念，通过安装节能系统、屋顶绿化等方式，着力打造绿色园区。

（2）东吴—苏州工业园区产业园封闭式基础设施证券投资基金（以下简称东吴苏园）。

苏州工业园区作为全国第一个中外政府合作的开发区、江苏自贸试验区江苏片区建设的主阵地，在产业基础、科技创新、区域协同等方面发展成效突出，在国家级经开区综合考评中连续五年位列第一。园区在中新两国支持下，经过 26 年的发展，积累了大量区位良好、运营成熟、权属清晰的优质资产，形成电子信息、机械制造、生物医药、人工智能、纳米技术应用等优势产业。

东吴苏园 REITs 期限 40 年，基础资产为苏州曾获评“江苏省绿色建筑创新奖”的“2. 5 产业园”一期、二期和苏州国际科技园五期 B 区，总建筑面积 56. 11 万平方米，资产估值 33. 5 亿元。园区在建设中考虑生态化要求，采取节能、降耗等措施，使用绿色环保原材料，并将持续进行园区绿化及景观管理、垃圾清运等维护工作。

首批公募 REITs 发行备受市场追捧，体现了投资者对于基础设施类项目的热情。首批 REITs 中，首钢绿能、首创水务基础资产 100% 为绿色，蛇口产园、东吴苏园基础设施中包含绿色建筑、节能相关项目，上述产品为绿色 REITs 发展提供了实践基础。当前，碳达峰碳中和目标对我国基础设施绿色升级提出了更高的要求，由此产生的绿色融资缺口为探索贴标绿色 REITs 创造了条件。同时，广大投资者，特别是公众享受绿色基础设施收益的渠道十分有限，探索发行贴标绿色 REITs 势在必行。

（四）首批 9 只公募 REITS 的收益特征和上市表现

公募 REITs 的投资收益来源于两个方面：一是稳定的现金流收益，每年保底的固定分红（分配比例不低于基金年度内可分配金额 90%，派息率不低于 4%）；二是二级市场的资本利得，标的产品增值收益，取决于资产优劣、运营管理、宏观经济等。公募 REITs 具有良好的抗通胀属性，现金流（如租金收益、收费公路）会随着物价适当调整，颇受中长期投资者的喜爱；收益介于股票与债券，几乎不受市场影响，且不同区域间 REITs 表现的相关度也较低，可以有效分散投资组合风险。全球 REITs 市场收益率显示，回报率保持在 10%—5%，美国历史回报收益平均在 13%，总体收益可观。

首批 9 只公募 REITs 的资产类型为污染治理、高速公路基础设施、仓储物流和产业园区，归纳起来，前两者可称为固收类，短期类收益稳定，未来派息率为 6%—12%，但未来增值空间有限；后两者可称之为权益类，未来派息率相对较低，仅为 4%—5%，短期内收益不如固收类资产，但能享受未来资产的升值。

自 2021 年 6 月 21 日上市以来，9 只 REITs 产品整体表现平稳，波动相对较小。上市首日，情绪高涨，总成交量超 18 亿元，换手率在 20% 左右，其中，博时蛇口产园最高涨幅为 15%，其余产品均有较大涨幅。本案例从指数价格、公司资产负债率和公司净资产收益率三个方面分析 REITs 上市后的表现。

1. 价格表现

从动态数据来看，首批公募 REITs 上市后的表现可分为三个阶段：一是上市首日，受“打新”影响，股市情绪激昂，因此首日价格整体上涨，成交活跃；二是 2021 年 6 月下旬至 8 月下旬，此时成交冷淡，价格低位小幅度波动；三是 2021 年 8 月下旬至 12 月底，活跃度有所抬升，价格走势趋好。

2022 年以来 REITs 产品的涨幅较大，截至 2022 年 4 月，已上市的 11 只公募 REITs 年初以来实现了正收益。中国资产证券化分析网的数据显示，首创水务近一年上涨 62.51%，红土盐田港和蛇口产园的涨幅均超过了 40%。9 只 REITs 产品近一年涨跌幅如表 13－3 所示。

表 13－3　　9 只 REITs 产品近一年涨跌幅

基金代码	基金简称	近一年涨跌幅（%）
180801	中航首钢生物质 REIT	38.71
180201	平安广州交投广河高速公路 REIT	－0.01

续表

基金代码	基金简称	近一年涨跌幅（%）
508001	浙商证券沪杭甬高速 REIT	13.97
508056	中金普洛斯仓储物流 REIYT	25.76
508027	东吴苏州工业园区产业园 REIT	17.73
508006	富国首创水务 REIT	62.51
508000	华安张江光大园 REIT	27.49
180101	博时招商蛇口产业园 REIT	40.56
180301	红土创新盐田港仓储物流 REIT	49.83

数据来源：作者根据资产证券化分析网站页面数据整理。

综上，REITs 产品公司的股价发展稳中向好，一直处于增长阶段，特别是对于 REITs 较为重要的三个节点（项目成立日、项目启动日和首次公开发行日）来说。在项目获得批准启动后的一段时间里，股价的上升趋势更加迅猛。以公司发行 REITs 后近一年的时间跨度来说，整个期间股价平稳抬升，显著高于发行 REITs 前的股价水平，说明市场对此反映良好。

明显地，公司股价不仅受到发行 REITs 产品这一因素的影响，还会被市场因素、行业政策因素、上市公司本身的其他因素等影响，仅从股价分析其对市场的影响随意性较大。因此，案例将从资产负债率和净资产收益率两个指标分析 9 只公募 REITs 发行分别对其原始权益人的影响。表 13－4 是四家上市公司的净资产收益率及资产负债率指标。

表 13－4　　上市公司净资产收益率和资产负债率

公司名称	截止日期	净资产收益率（平均）	资产负债率（%）
深圳市盐田港股份有限公司	2021－6－30	2.63	24.54
深圳市盐田港股份有限公司	2021－9－30	3.93	24.45
北京首钢股份有限公司	2021－6－30	10.14	71.18
北京首钢股份有限公司	2021－9－30	16.61	70.25
招商局蛇口工业区控股股份有限公司	2021－6－30	4.07	67.94
招商局蛇口工业区控股股份有限公司	2021－9－30	5.93	67.78
浙江沪杭甬股份有限公司	2021－6－30	10.37	74.50
浙江沪杭甬股份有限公司	2021－9－30	15.91	75.19

数据来源：作者根据东方财富网数据整理。

2. 资产负债率表

四家上市公司资产负债率如图 13－3 所示。REITs 的推行，是为了打破公司以往以债务型融资为主的模式，优化公司财务结构，使用市场化手段降低杠杆率，通过扩大直接融资，把已竣工待发展的优质基础设施项目工程打包转移给社会资金持有，达成良性循环，最大化利用建设资金。例如，深圳市盐田港项目，通过成功发行 REITs，主要原始权益人资产负债率降低约 0.1 个百分点；中航首钢生物质 REITs 成功发行后，原始权益人的资产负债率下降约 1 个百分点，产品报告期实际产生的累计可供分配金额为 1.73 亿元，项目收入、现金流高于预期。

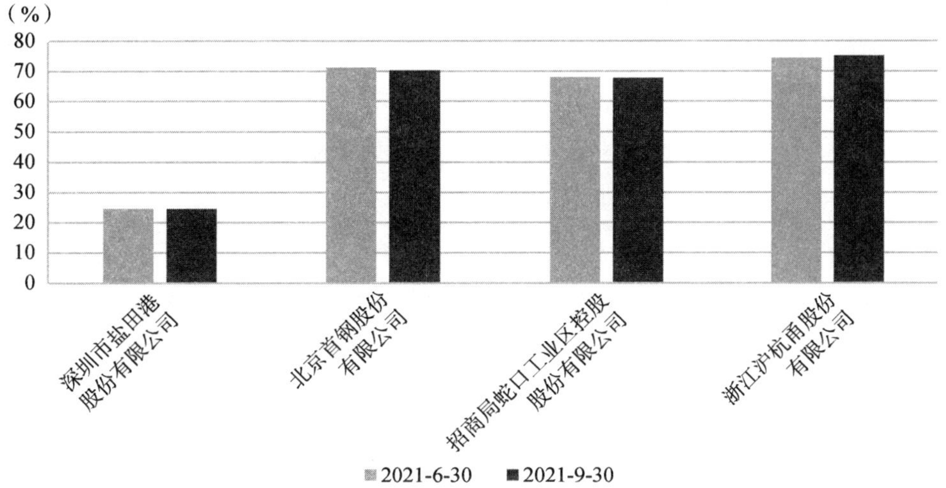

图 13－3　四家上市公司资产负债率

3. 净资产收益率

四家上市公司净资产收益率如图 13－4 所示。可以看出，发行 REITs 近 3 个月内，原始权益人净资产收益率均显著上升，说明发行 REITs 有效盘活了公司的存量资产，提升了自有资本的利用效率，从长期目标来说，可以调整运营模式，将资金有效运用到新项目中。

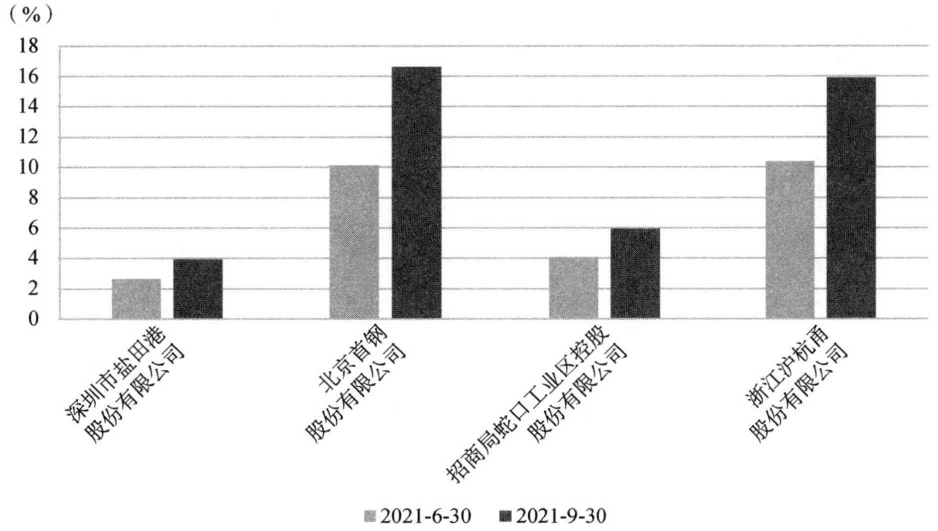

图 13－4　四家上市公司净资产收益率

公募 REITs 本质实现了资产证券化，就像“桥梁”，将流动性不强的不动产和资本市场相连接，将市场资金引入不动产领域，社会长期资本也在政策的引导下逐渐涌入持有型物业领域，金融市场中服务业的质量也相应提高，实体经济的优化效果逐渐显现。已经发行的公募 REITs 良好的市场表现也佐证了发行基础设施公募 REITs 带动存量资产、促进投资形成良性循环的有效性。现阶段的公募 REITs 承载了重要的历史使命，它对实体经济最大的帮助是：帮助基础设施持有主体盘活资产，为其创建一个投资基础设施资产退出通道。在公募 REITs 推出前，基础设施投资后没有公开市场退出渠道，缺少退出环节。基础设施 REITs 有效连接存量资产和新增投资，将得到的回收资金以注资等方式投进新项目建设中，其中，新项目建设保证能与国家重大战略、产业政策、发展规划等要求相适应。例如，浙江沪杭甬杭徽项目募集资金规模为 43.6 亿元，所有原始权益人资金退出率为 43.2%，其中，市交投集团和临安交投实现全部退出，共回收资金 18.8 亿元。大部分拟用于金华甬金高速的拓宽工程，将带动整个拓宽项目总投资 140 亿元。首创水务项目募集资金规模为 18.5 亿元，所有原始权益人资金退出率为 49%，对应回收资金 9.1 亿元，通过把发行 REITs 收到的资金再投入环保产业项目中去，带动了项目总投资规模约 62.274 亿元。

二、首只清洁能源公募 REITs 的产品分析

（一）底层资产的选择

从清洁能源公募 REITs 的鹏华基金处了解到，深圳能源集团股份有限公司（以下简称深能源）将把位于深圳市大鹏新区的深圳能源东部电厂（一期）项目作为新 REITs 产品的底层资产。该项目资产位于中国广东省深圳市大鹏新区大鹏下沙秤头角，地理位置优越，地上建筑面积共计约 3.16 万平方米，宗地面积约 3.96 万平方米，装机容量 3×390 兆瓦。该项目以碳达峰碳中和为背景，是市场上少有的与清洁能源有关的投资标的。深能源此次发行的公募 REITs 产品符合国家在“双碳”背景下的战略需求，公司将回收资金用于发展碳中和优质项目资产，能够有效推动国家实现碳达峰碳中和目标。

根据深能源 2021 年度业绩快报，深能源公司营业收入同比增长 46.55%，扣非净利润同比增长 7.81%，因为其对新能源项目的大力发展很大程度上补足了传统发电方式的损耗。从东部电厂项目的运营数据中可以看到，2021 年 1 月至 9 月，该项目产生了 14.22 亿元的售电收入。数据显示，该项目在 2018 年、2019 年、2020 年的售电收入分别为 15.84 亿元、16.59 亿元、16.49 亿元。可以看出，东部电厂运行情况良好，过去 3 年的发电时

数和售电量增长稳定。

只有将 REITs 挂钩于优质的底层资产，使用正确的假设对这些底层资产的价值进行衡量，才能通过将这些优质的基础设施资产发行上市的方法，实现企业不动产的高效利用，从而降低资产负债率。企业以募集的资金支撑主业发展，投资于新的清洁能源项目，形成投融资良性循环。

（二）交易架构的设计

鹏华深圳能源 REITs 使用“公募基金 + 专项计划 + 项目公司”的结构模式，在基础设施 REITs 的交易结构中，有两点值得关注：一是基础设施原始权益人和公共投资者须共同认购基金份额，要求原始权益人认购配额不得低于发售数量的 20%；二是基础设施 REITs 的最终收益以分红的形式发放给投资者，且不得低于年度可供分配金额的 90%。

第一步，深圳能源设立 SPV 公司，并将项目公司股权转让给 SPV 机构，SPV 将支付项目公司股权对价，转让对价为专项计划实际募集规模，于发行后确定；项目公司股权转让价款支付条件达成后，深圳能源成为 SPV 的债权人，享有价款为专项计划实际募集规模的债权。其中，公募基金承担基金管理人职责，与专项计划管理人签写《专项计划认购协议》，委托专项计划管理人管理协议中约定的认购金额，公募基金作为基金管理人取得资产支持证券，成为其 100% 的持有人。

第二步，专项计划成立后，根据《SPV 股权转让协议》和《债权转让与确认协议》，专项计划在扣除必要费用后，将以公募基金认购资产支持证券的认购金额用于：（1）向深圳能源购买 SPV 目标股权；（2）专项计划实际募集规模（不含专项计划层面不可预见费预留）扣减购买 SPV 目标股权款的剩余款项，用于向 SPV 增资及向深圳能源购买其对于 SPV 的目标债权，SPV 收到增资款项后将全部用来偿还对深圳能源（原始权益人）的债务。

第三步，依据《债权转让与确认协议》与《SPV 股权转让协议》，自专项计划成立之日起，由专项计划管理人将 SPV 目标债权的转让对价支付给深圳能源（原始权益人），同时，办理 SPV 股权转让手续，在约定条件满足后向深圳能源支付股权转让价款及增资价款，SPV 工商股权变更必须在专项计划设立日后 60 个工作日内登记完成。

第四步，在上述收购完成后，根据《吸收合并协议》，项目公司将吸收合并 SPV，由专项计划管理人成为项目公司 100% 股东。其中，SPV 在吸收合并后被注销，项目公司将项目运营过程中产生的项目公司运营收入存放至项目公司监管账户。

在项目公司股息派发日，项目公司依照规定，将与股东所持有的项目公司股权相匹配的股息、红利等股权投资收益进行分红。由监管银行对 SPV 监管账户和项目公司监管账户的资金接收、存放及支付进行监督和管理。在《吸收合并协议》约定的吸收合并完成前，项目公司股东为相应 SPV；在《吸收合并协议》约定的吸收合并完成后，项目公司股东代表专项计划成为专项计划管理人。在标的债权本息偿付日，标的债权债务人（即项目公司）根据与专项计划管理人签署的《债权转让与确认协议》向专项计划账户偿还标的债权应付本息。

专项计划管理人按照约定好的专项计划文件内容，执行专项计划的分配程序，并将相应款项拨付给基金管理人。具体交易结构如图 13－5 所示。

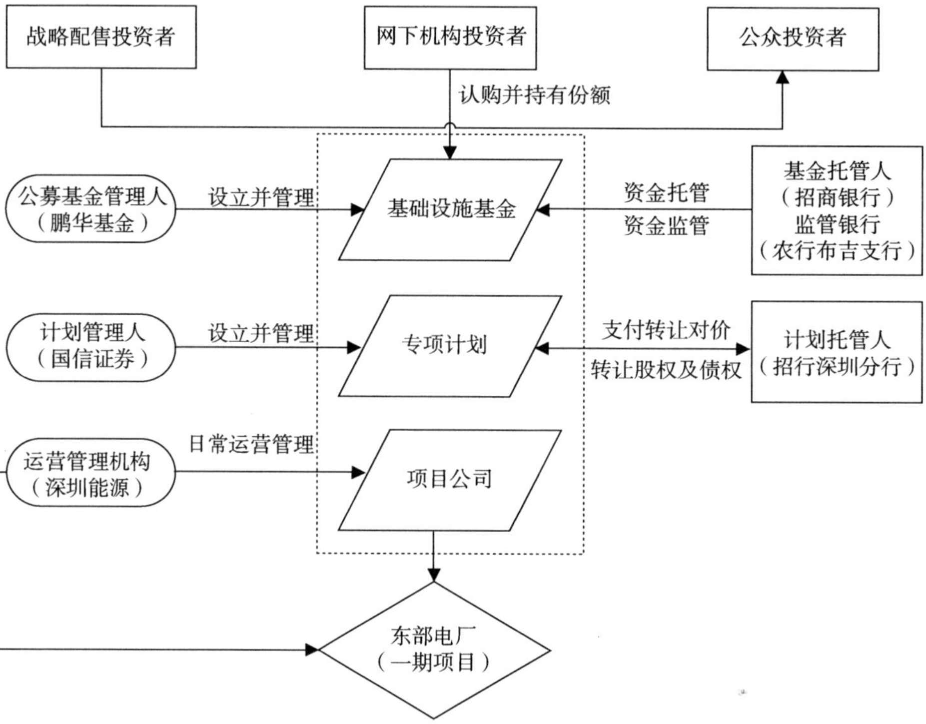

图 13－5　鹏华清洁能源 REITs 交易结构

在资产收购阶段，存在资产剥离和搭建股权债务结构两个步骤。首先，将基础设施项目（底层资产）打包，并加入全新的项目公司，该基础设施项目所属的项目公司拥有清洁能源项目的所有权或特许权，持股管理项目的运营。其次，基金公司通过建立“股债结构”收购公司，并通过削弱原始股东的股权和加强债权人的权利两种方式来达到减少公司所得税的目的。由于清洁能源企业一般不是上市公司，基金公司不能直接认购其股权，只能通过设立特别计划的方式，让特别计划承担中介职能，获取基础资产的所有权。REITs 一般交易结构如图 13－6 所示。

图 13－7 是资产方和证券方的交易关系，其中，证券方的主要职能是筹集足够资金来收购基础底层资产，将收购到的优秀资产剥离进入资产池，将其证券化。资产方则负责根

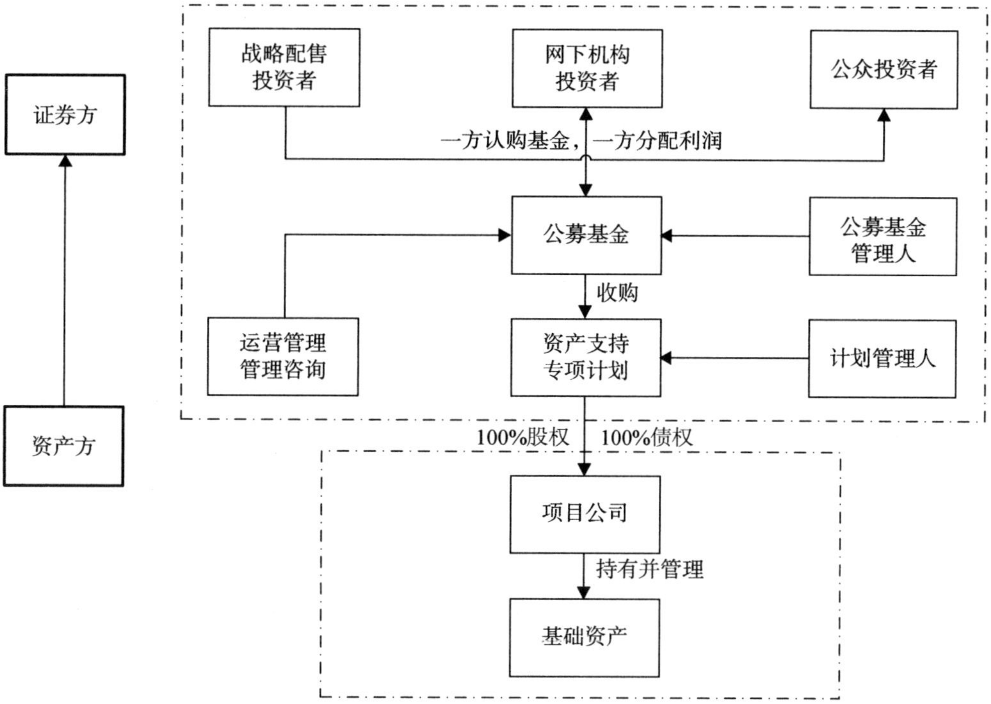

图 13－6　REITs 一般交易结构

据专项计划说明书中规定的分配规则，分配资产产生的未来收益。基于这种基础交易关系，基金产品交易结构设计人根据交易关系的不同阶段，制定了各种复杂的交易结构。一个好的交易结构，应该被最大限度地简化，同时在符合法律规定的条件下，降低成本费用，减少交易环节中不必要的收费，提高收益效果。

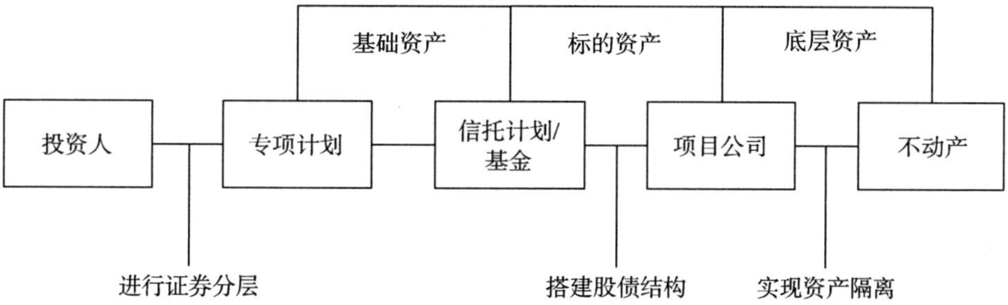

图 13－7　REITs 一般交易架构

（三）风险与解决方案

1. 底层资产估值风险

在底层资产的估值中，存在很大的不确定性。目前，市场机构关于 REITs 产品的现金流分析没有统一的计算方法，数据缺乏可比性，这会在很大程度上影响投资者的热情，他们心理上会要求更高的收益率。建议权威的第三方评估机构在国外发达市场的成功经验基础上，根据发起人公开披露的基础资产数据，研究开发适用 REITs 现金流分析和定价工具，并将其标准化推广应用，进而提升产品现金流的分析定价估值效率。

2. 利率风险

REITs 产品期限的设置受市场利率变化影响较大。市场利率受多重因素影响，具有不规律性，发行的公募 REITs 产品一般期限都大于 20 年，因此风险难以预测，不确定性很高。如果市场利率水平下降，REITs 产品的投资者们一般不会有损失，至少他们手上的资产能被保证不会发生太大亏损，但是对于产品的发行者而言，情况就会变得不利了，市场利率水平的下降意味着他们必须承担更高的财务费用，增加了他们的融资成本。相反，假若市场利率突然急速上涨，买卖双方境况开始颠倒。尽管 REITs 的主要发起人和运营能通过预先设定的固定利率维持住原先的融资成本，但投资者持有的资产会因此而发生贬值，在这种高利率水平下，投资者会提前处置他们的证券，低价变卖手中的证券产品。长此以往不利于 REITs 市场的高效良好发展。

政府应充分发挥其宏观调控职能，因为其他市场参与者都处在政府的协调下，当他们被巨大的系统风险环绕时，没有办法采取措施去分散、减小系统风险。当测算出市场面临的系统风险较大时，政府应充分发挥宏观调控的职能，采取相关手段来分散、减轻风险。例如，政府可以建立专管部门，定期检测市场系统性风险，建立风险防范机制，在资产证券化风险较高时，防范机制的存在会有效降低投资者的损失；专管部门可以向 REITs 市场的参与者收取一定比例的资产预防基金，这些资金通常不被使用，但是当产品的现金流不能按时支付相关的利息成本时，可以用来补足支付（在发行方的机制已经无法满足支付的情况下），这能帮助缓解违约风险，由国家公信力为投资者提供双重保险。

三、启示与建议

（一）已有基础设施 REITs 核心特征分析

1. 聚集重点领域，项目资质要求较高

据国家发展改革委于 2020 年 8 月发布的《关于做好基础设施领域不动产投资信托基金（REITs）试点项目申报工作的通知》（以下简称《通知》），公募 REITs 试点要聚焦重点区域、重点行业，优先支持位于京津冀、雄安新区、长江经济带、粤港澳大湾区、海南自贸港等国家重大战略区基础设施项目，优先支持基础设施补短板项目，鼓励新型基础设施项目开展试点（见图 13 – 8）。

重点区域

- 京津冀、雄安新区
- 长江经济带、长江三角洲
- 粤港澳大湾区
- 海南自贸港

重点行业

- 仓储物流项目
- 收费公路、铁路、机场、港口项目
- 城镇污水垃圾处理及资源化利用、固废危废医废处理、大宗固体废弃物综合利用项目
- 城镇供水、供电、供气、供热项目
- 数据中心、人工智能、智能计算中心项目
- 5G、通信铁塔、物联网、工业互联网、宽带网络、有线电视网络项目
- 智能交通、智慧能源、智慧城市项目

国家战略性新兴产业集群、高科技产业园、特色产业园

- 位于国家发展改革委确定的战略性新兴产业集群
- 业态为研发、创新设计及中试平台，工业厂房，创业孵化器和产业加速器，产业发展服务平台等园区基础设施

图 13－8　公募 REITs 试点项目地区和行业范围

在聚焦重点区域、重点行业的同时，公募 REITs 试点工作对于项目资质提出了较高的要求。《通知》规定，基础设施公募 REITs 试点项目须权属清晰、资产范围明确，运营时间原则上不低于 3 年，近 3 年内总体保持盈利或经营性净现金流为正，预计未来 3 年净现金流分派率（预计年度可分配现金流/目标不动产评估净值）原则上不低于 4%，也为投资者权益提供了保障。

2. 兼具股性债性，风险收益适中

2020 年 8 月，证监会发布《公开募集基础设施证券投资基金指引（试行）》，对于 REITs 产品特性、运作模式、发售及运作方式等予以明确。首批 REITs 依照有关要求，均采取“公募基金＋ABS”交易结构，风险收益特性介于股债之间：股权特性表现为公募基金穿透持有 100% 基础设施项目经营及收益权；债券特性表现为 REITs 相对稳定且整体较高的派息率。

收益方面，公募 REITs 收益来源包括基础资产的分红派息、价格波动产生的资本利得和优质资产扩募带来的净值提升。

第一，项目运营产生的绝大部分现金分配额将分派至基金投资者。根据上交所发布的《公开募集基础设施证券投资基金（REITs）业务办法（试行）》，收益分配比例不低于合并后基金年度可供分配金额的 90%。相比于一般理财产品年化收益率不超过 4%，REITs 分派率具备比较优势。首批 REITs 中垃圾处理、收费公路等特许经营项目，当期净现金流分派率平均值达 8.94%；仓储物流、产业园区等非特许经营项目，当期分派率平均值

为 4.45%。

第二，REITs 为封闭式基金，封闭期内不开放申购赎回，投资者仅能通过二级市场交易转让持有份额。上市后，基础资产运营情况、行业发展趋势、政策变动、基础资产估值变化、市场因素等都可能产生价格波动，投资者交易 REITs 份额产生的资本利得也是收益来源之一。

第三，公募 REITs 通过再融资并购优质资产可能推高产品净值。公募 REITs 上市后如存在并购计划，可进行再融资，综合考虑被收购资产的折溢价、盈收等，收购高质量项目资产有助于提高公募 REITs 单位净值。

风险方面，公募 REITs 较为稳健。我国基础设施类投资产品仍处于发展阶段，借鉴美国、日本等成熟市场经验，公募 REITs 受益于现金分派率较高、基础资产成长性较好，风险整体较低，属较为稳健的金融产品。可在市场风险偏好、下行利率较低、资产荒背景下为投资者提供抗通胀、长期、稳定的投资工具。

（二）“双碳”背景下开展绿色公募 REITs 的必要性与可行性

1. 开展绿色 REITs 的必要性

就市场而言，近年来清洁能源技术高速发展，清洁能源电力行业前景广阔，清洁能源未来将在我国能源供应中占据举足轻重的地位，这种重大的支撑作用会带来巨额的投融资需求。在能源电力企业资产负债率普遍较高的情况下，其不仅受到股权融资规模正在逐年减少的压力，作为国企还必须降杆，公司不能过度使用债务融资的方式获取资金，在双重压力下的约束下，企业横向扩张的需求，迫切需要新的融资途径来满足。通过资产证券化将优质的清洁能源基础设施资产打包发行上市，企业可以盘活存量资产，获得现金流，满足创新清洁能源项目的需求，形成投资和融资的良性循环。

就企业而言，基础设施公募 REITS 可以从以下四个方面给企业带来优势。第一，帮助企业优化财务报表结构，提高资产流动性；第二，企业可获得资产运营管理费和投资收益；第三，可实现资产溢价出售；第四，可拓宽企业融资渠道。

2. REITs 对于开展绿色投融资的可行性

REITs 是一种促进资本市场和实体经济密切结合的金融工具，能够有效地促进实体经济的发展。积极推动环保企业开展 REITs 项目，促进环保行业的升级发展，符合国家政策趋势，也符合人民对美好生活的要求。

在此背景下，环保产业的市场空间巨大。但对于环保产业的发展而言，投资短缺与需求增加之间的矛盾日趋突出。环保企业往往持有较多的重资产，这在一定程度限制了企业用于再投资的资金数量，降低了企业进行再投资的能力，进而无法有效地满足不断增长的市场需求。基础设施 REITs 制度的推出，可以在一定程度上缓解上述矛盾，进而促进环保产业的发展。

（1）试点行业的符合性。2021 年 6 月，国家发展改革委印发《关于进一步做好基础设施领域不动产投资信托基金（REITs）试点工作的通知》，新增了清洁能源基础设施行业。

（2）收入来源的符合性。从生命周期角度来看，绿色环保项目具有稳定而持续的收益，与基础设施公募 REITs 试点项目的运作特征吻合。

（3）资产规模的符合性。初次公开发行的基础设施公募 REITs 项目，当期底层资产评估净值原则上应当不少于 10 亿元。

（三）开展绿色公募 REITs 的建议

1. 将绿色基础设施 REITs 设立为专项产品序列

推动绿色基础设施 REITs，有助于丰富绿色金融产品体系，提升资本市场对于绿色基础设施建设的支持作用。首批 REITs 中，首钢绿能、首创水务分别以生物质能、污水处理项目为基础资产，符合绿色金融支持范围，但未作为贴标绿色 REITs 发行。在后续推进试点项目中，建议参照绿色资产支持证券认证标准，对照《绿色债券支持项目目录（2021 年版）》，以基础资产类别作为判断依据，鼓励符合条件的试点项目发行绿色基础设施 REITs，鼓励新能源等碳减排效益明显的试点项目进一步发行碳中和基础设施 REITs，进一步彰显资本市场支持“双碳”目标实现的决心与行动。

2. 丰富基础设施 REITs 产品体系

REITs 作为我国公共金融领域重要的产品创新，风险收益特性介于股债之间，伴随未来中国 REITs 市场的壮大，REITs 或将成为区别于传统股债的另一主要市场。因此，有必要进一步丰富市场体系，开发 REITs 的二级市场交易工具及其衍生产品。建议开发以 REITs 为样本的指数，鼓励以 REITs 构建 FOF（fund of funds），满足市场分散化投资需求。

3. 允许绿色投资者优先认购基础设施 REITs

投资者的积极参与对于 REITs 市场长期高质量发展十分关键，建议在构建绿色基础设施 REITs 产品序列的基础上，着力提高投资者投资绿色债券的积极性，形成发行和投资的良性循环。从首批 REITs 配售情况来看，9 只 REITs 配售给战略投资者的份额按照监管要求均不低于 20%，最高可达 52%。未来建议在发行贴标绿色 REITs 的基础上，鼓励绿色投资，优先向持有绿色信贷、绿色债券等绿色资产规模较高的金融机构进行战略配售，同时探索将绿色 REITs 纳入银行持有绿色资产范围，多措并举鼓励绿色投资。

【思考题】

(1) 作为创新融资模式，清洁能源公募 REITs 如何为解决清洁能源行业的资金缺口提供新思路？

(2) 清洁能源公募 REITs 有助于推动清洁能源相关产业的持续快速发展，那么具体是通过哪些途径实现的？

(3) 在探讨清洁能源公募 REITs 底层资产时，有哪些关键因素需要考虑？这些因素对 REITs 的成功有何影响？

(4) 首批 9 只基础设施公募 REITs 的成功经验中，有哪些值得清洁能源公募 REITs 借鉴的经验和教训？

(5) 通过参考鹏华深圳能源 REITs，案例对清洁能源公募 REITs 的交易结构进行了探讨。这个交易结构有何特点，它如何在清洁能源领域发挥作用？

(6) 在讨论清洁能源公募 REITs 的风险时，提到了哪些潜在的风险因素？这些风险如何最小化管理？

(7) 针对未来开展绿色公募 REITs 产品，提出了哪些建议？这些建议如何助力国家更好地实现碳达峰碳中和目标？

参考文献

[1] 曹阳．我国房地产投资信托（REITs）的标准化发展与法律制度建设［J］．法律适用，2019（23）：48－57.

[2] 采安 PPP 团队．借助基础设施 REITs 制度　推动环保产业发展［EB/OL］．https：//huanbao. bjx. com. cn/news/20210128/1132923. shtml，2021－1－28.

[3] 云祉婷，史英哲．千呼万唤始出来——绿色基础设施 REITs 展望（上）［EB/OL］．https：//huanbao. bjx. com. cn/news/20210623/1159946. shtml，2021－6－23.

[4] 海南省绿色金融研究院．千呼万唤始出来——绿色基础设施 REITs 展望（下）［EB/OL］．https：//huanbao. bjx. com. cn/news/20210708/1162732. shtml，2021－7－8.

[5] 陈鸿杰．浙江沪杭甬高速公路公司运用基础设施类 REITs 融资模式研究［D］．浙江工商大学，2021.

[6] 程晨，赵天彤，张继强．［华泰固收｜信用］首批公募 REITs 发行看点全解析［EB/OL］．http://www. 360doc. com/content/21/0528/07/72341047_979330912. shtml，2021－

5－28.

［7］高金山，顾磊．碳中和背景下风电公募 REITs 探索实践［J］．现代金融导刊，2021（11）：30－35.

［8］高林林．我国基础设施类 REITs 交易结构研究［D］．浙江工商大学，2021.

［9］何川，孙沛香，舒伟．基础设施 REITs 试点的现状、问题和对策［J］．金融理论与实践，2021（12）：99－107.

［10］姜瑜．国际成熟市场 REITs 交易机制［J］．中国金融，2021（22）：94－95.

［11］李健飞．美国房地产信托基金研究及对我国的启示［J］．国际金融研究，2005（1）：48－53.

［12］李玉玲．房地产投资信托基金的融资动因及效果研究［D］．安徽财经大学，2021.

［13］罗桂连．税收支持政策与基础设施 REITs［J］．中国金融，2019（8）：58－59.

［14］罗桂连．推进 PPP 项目 ABS 和 REITs 发展［J］．中国投资（中英文），2019（7）：102－103.

［15］马毅鹏，李淼，乔根平，刘汗．基础设施 REITs 试点工作进展及水利领域利用建议［J］．水利发展研究，2021，21（11）：4－7.

［16］孟晓苏．对中国 REITs 发展方向的思考［J］．清华金融评论，2020（12）：19－20.

［17］上交所投教．公募 REITs 投资修炼手册第二期：了解基础设施公募 REITs 项目审核［EB/OL］．http：//edu. sse. com. cn/REITS/article/c/5694640. shtml，2021－12－30.

［18］王诗璇．REITs 运作模式的风险防控研究［D］．贵州财经大学，2021.

［19］王娴．不动产投资信托（REITs）监管成本与制度完善——基于欧美制度比较的视角［J］．金融监管研究，2021（2）：1－16.

［20］王秀玲，李文兴．我国房地产融资创新研究［J］．理论与改革，2012（1）：79－81.

［21］杨咏梅，陈美华．论 REITs 结构模式与税收政策——以基础设施公募 REITs 为例［J］．财会月刊，2021（13）：133－141.

［22］叶嘉惠．基础设施 REITs 的风险研究［D］．北京交通大学，2021.

［23］臧宁宁．推进 REITs 在能源电力中的应用分析［J］．清华金融评论，2021（10）：77－79.

［24］张盼，李冬．房地产投资信托基金制度构建的法律问题研究［J］．金融理论与实践，2019（7）：112－118.

［25］中国 REITs 论坛．中国基础设施公募 REITs 试点项目之首钢生物质篇［EB/OL］．https://baijiahao.baidu.com/s?id=1698936329347173584&wfr=spider&for=pc,2021-5-6.

［26］周代希．房地产信托投资基金法律形式及立法路径探讨［J］．证券市场导报，2009（12）：31-35.

案例14　HSZG的绿色金融赋能低碳转型案例研究*

内容摘要： 人类对环境的不良影响逐渐加剧，导致全球性环境问题日益突显，如气候变暖和物种消失，对人类生存构成严重威胁。为此，人们开始认识到经济可持续发展的紧迫性。全球各国致力于发展绿色经济以应对环境危机，而中国在环境治理和绿色金融方面的进步引人瞩目，特别是HS银行在绿色金融领域的积极实践。本文探讨了HSZG在绿色运营、绿色金融和绿色公益方面的举措和成就，包括减少环境影响、推动绿色发展、创新绿色金融产品和参与公益项目的努力。本文也提出了一系列建议，涉及提升董事会对ESG发展的重视、完善ESG治理机制与组织架构、应用ESG工具促进业务发展、投入ESG专业能力建设、提升机构自身运营表现和逐步推动ESG披露等方面。

关键词： 商业银行；绿色金融；低碳转型

一、案例背景

随着经济活动的增加，人类对环境的影响和破坏不断加剧，全球变暖、物种消失等现象越来越明显，严重的环境问题逐渐反向影响人类的生存，人们开始意识到经济可持续发展的重要性。总部位于瑞士日内瓦的世界经济论坛于2023年1月发布的《2023年全球风险报告》指出，气候变化应对不力是全球面临的最严重的长期风险。无论是在对于未来两年还是未来10年的风险预测中，与气候变化相关的风险因素都占据了重要的地位。在未来两年的风险预测中，五项环境风险中，“自然灾害和极端天气事件”位居第二，“气候

* 本案例作者为汪鹏、万又辉、田雪丹和施赛君。其中：汪鹏，管理学博士，上海立信会计金融学院金融学院讲师，研究方向为绿色金融；万又辉，上海立信会计金融学院金融学院本科生；田雪丹，上海立信会计金融学院金融学院本科生；施赛君，上海立信会计金融学院金融学院本科生。

行动失败”位居第四。而对未来10年全球风险的预测中，环境风险共计六项，其中前四名均被环境风险所占据，分别是“气候行动失败”“气候适应失败”“自然灾害及极端天气事件”和“生物多样性破坏及生态系统崩溃”（Heading和Zahidi，2023）。为缓解危机，世界各国纷纷采取措施发展绿色经济，截至目前，全球已经有超过130个国家和地区承诺未来将减少碳排放，达成碳中和。与此同时，许多发达国家在环境治理过程中实践了各种手段和模式，并积累了许多成功经验。例如，英国政府成立了以撬动私人资本投资绿色基础建设的绿色投资银行（巴曙松和彭魏倬加，2022）；欧盟建立了全球最早、最大的碳排放权交易体系，通过市场机制促进企业节能减排（李大元等，2017）；美国成立了“超级基金”，对全国闲置或废弃的危险废弃物进行处理（孙群郎，2022）；国际金融公司联合国际多家商业银行制定了“赤道原则”，对达到一定规模的投资项目进行授信评估时，将项目潜在的环境与社会风险纳入其中（秦芳菊，2020）。

从我国环境状况来看，改革开放以来，我国GDP保持高速增长，但在此过程中也对环境造成了较大的破坏。近年来，水土流失、雾霾等环境问题层出不穷，环境问题已成为制约经济发展、降低人民幸福感的重要因素，因此解决环境问题刻不容缓。2020年9月，习近平主席在第七十五届联合国大会一般性辩论上正式宣布：“中国将提高国家自主贡献力度，采取更加有力的政策和措施，二氧化碳排放力争于2030年前达到峰值，努力争取2060年前实现碳中和。”“双碳”目标是我国承担大国责任的体现，也是我国缓解气候问题、提高经济发展质量的必然选择。与发达国家相比，我国碳排放的峰值大，完成碳中和的时间短，任务更加艰巨，为实现“双碳”目标，未来低碳转型必然贯穿在社会经济的方方面面，拥有着巨大的增量市场。要实现低碳转型，离不开资金的支持，金融作为现代经济的支柱，对我国建设生态文明、实现“双碳”目标具有重要意义（马骏，2021）。

中国在环境治理之路上很早就开始着力探索与金融手段的结合。为了实现环境友好型的高质量发展战略目标，2015年，中共中央印发《生态文明体制改革总体方案》，提出建立绿色金融体系；2016年，中国人民银行等七部委印发《关于构建绿色金融体系的指导意见》，对绿色金融给出明确的定义：改善环境、应对气候变化，开展节约和高效利用资源的经济活动，即对环保、节能、清洁能源和绿色交通、绿色建筑等领域项目的投融资、项目运营、风险管理等提供的金融服务。从最初对“两高”行业（高污染、高耗能）的授信限制，到2016年绿色金融上层建筑的搭建完成，中国成为全球第一个拥有系统绿色金融政策体系的国家。2019年，发布《绿色产业指导目录》和《绿色债券支持项目目录》等新版标准；2020年，发布《关于印发〈银行业存款类金融机构绿色金融业绩评价方案〉的通知（征求意见稿）》。2020年9月，习近平总书记明确提出“双碳”目标，“双碳”目标也于2021年写入政府工作报告。2021年和2022年，我国绿色金融相关政策进一步完善。例如，2021 年 11 月，中国人民银行和欧盟委员会共同发布《可持续金融共同分类目录报告——减缓气候变化》；2021 年 12 月，生态环境部、国家发展改革委等九部门联合发布《气候投融资试点工作方案》；2022 年 3 月，国家发展改革委、外交部等部门联合发布《关于推进共建“一带一路”绿色发展的意见》；2022 年 6 月，银保监会发布《银行业保险业绿色金融指引》。2022 年 10 月 16 日，党的二十大报告将“推动绿色发展，促进人与自然和谐共生”单独列为一个部分，作出战略部署，强调打造绿色、低碳的现代化经济体系，绿色金融是贯彻这一精神的重要途径之一。发展绿色金融，是推动绿色发展的必然趋势（安军地，2022）。同时，党的二十大报告提出“完善支持绿色发展的财税、金融、投资、价格政策和标准体系”，凸显了金融在推动绿色转型发展方面的重要意义。为全面贯彻党的二十大精神，认真落实中央经济工作会议部署，进一步完善市场导向的绿色技术创新体系，加快节能降碳先进技术研发和推广应用，充分发挥绿色技术对绿色低碳发展的关键支撑作用，2022 年 12 月 28 日，国家发展改革委、科技部印发《关于进一步完善市场导向的绿色技术创新体系实施方案（2023—2025 年）》，提出要进一步完善市场导向的绿色技术创新体系，加强绿色技术创新对绿色低碳发展的支撑能力。自 2023 年，中国不断推动发展方式绿色转型，将发展绿色金融纳入碳达峰碳中和“1 + N”政策体系，绿色金融体系不断完善，更深层次推进“双碳”工作。总体而言，中国的绿色金融发展得到了前所未有的关注。

与传统金融相比，绿色金融主要通过将资金向环保项目倾斜来促进社会的低碳减排。目前，我国绿色金融市场的参与主体主要为商业银行，作为核心金融机构，商业银行是促进绿色金融发展、推动“双碳”目标实现的排头兵（陈卓凡，2023）。2016 年以来，政府陆续出台多项政策指导我国商业银行布局绿色金融业务，目前已经取得了一定成效，“双碳”目标的提出再次显现了国家对绿色金融的重视。在“双碳”目标的指引下，2021 年 5 月，中国人民银行印发《银行业金融机构绿色金融评价方案》，评价结果将影响中国人民银行对各银行的宏观审慎管理。碳达峰碳中和必将带来一场绿色的工业革命，商业银行应顺应绿色发展潮流，抓住时代机遇，这既是响应政策和履行社会责任的要求，也是追求新的业务增长点的要求。目前，商业银行的绿色金融业务整体呈现出以绿色信贷产品为核心、绿色债券为辅的特征，并在资产管理中布局绿色投资，积极参与碳市场的融资和交易活动。绿色信贷也被称为环境融资或者可持续性融资，是指银行业金融机构基于环保政策，利用利率杠杆来实现信贷资金的合理配置。具体来说，就是对“两高”企业实施信贷限制，通过提高项目准入门槛、实行高利率、设置限额等方式约束其发展，引导其向绿色化转型。同时，对于低碳企业、环保行业会加大扶持力度，向其提供更加优惠的信贷产品与服务，以此来实现经济效益同环境效益的双赢。绿色债券是指将债券募集到的资金用于投资符合规定条件的绿色产业、项目和经济活动，依照法定程序发行并按时还本付息的有价证券。绿色投资以绿色发展、低碳发展、可持续发展理念为指导，兼顾社会效益、环境效益、经济效益原则，最终实现人与自然和谐相处的投资活动。绿色投资的主要参与者是商业银行的子公司或集团公司。国有大型银行和股份制银行具备的投资牌照较多，可以通过租赁、理财、基金等绿色金融产品，拥有更多参与资本市场绿色投资的机会。绿色服务包括制作绿色指数、提供绿色咨询方案和提供碳账户存托管等。各类型银行在绿色服务领域差距较小，但股份制银行和中小银行的主观能动空间较大。

二、HS 银行绿色金融业务实践情况

（一）HS 银行发展概况

HS 银行于 1985 年从香港进入内地，在深圳经济特区设立内地首家代表处，随后于 1991 年在上海设立代表处，于 1995 年在广州开设第一家内地分行。1997 年，上海代表处升级为分行。2007 年，HS 银行在内地的法人银行——HS 银行（中国）有限公司（以下简称 HSZG）正式成立，总部设于上海，这是 HS 银行发展史上的重要里程碑。HSZG 目前有近 50 家分支行，覆盖珠三角、长三角、环渤海区域，以及福建、云南和四川。

HSZG 作为中国领先的绿色金融服务提供商，一直致力于推动低碳转型和环境保护。随着全球气候变化的日益严峻和环境问题的加剧，HSZG 积极践行 ESG 理念，自 2021 年开始加大对绿色金融业务的投入，推动金融业向绿色低碳转型。为了实现这一目标，HSZG 积极探索新的绿色金融产品和服务，推动企业和投资者更加积极地参与绿色低碳发展。同时，HSZG 也积极参与绿色低碳项目的投融资，为项目提供全方位的金融支持和服务。此外，HSZG 还与多家企业合作，推广绿色供应链金融业务，通过金融手段推动供应链中的环保和能效改进，实现企业可持续发展和社会效益的双赢。通过积极探索和推广绿色金融产品和服务，HSZG 致力于为全社会提供更加全面和有效的低碳转型金融解决方案，推动经济和环境的可持续发展。

HSZG 一直秉持可持续发展理念，响应国家“双碳”目标，通过制定 ESG 行动框架，创建了实现自身碳中和的路径及行动计划，明确设定减排目标和实施时间表。同时，HSZG 积极创新拓展绿色金融业务，包括绿色低碳运营、绿色金融创新、绿色公益方面，旨在打造高标准绿色运营，为企业绿色发展提供金融指引和支持，推动企业实施绿色高质量转型，助力产业未来的发展。

（二）HS 银行绿色金融业务

1. 国内首笔包含 ESG 条款的人民币利率衍生品交易

2021 年，HSZG 与全球第三大金属贸易公司埃珂森（IXM）共同完成了首笔包含环境、社会及治理（ESG）条款的人民币利率衍生品交易，成为首家完成此类交易的银行。HSZG 将 ESG 条款应用于此次人民币利率衍生品交易，在帮助企业防范和管理潜在利率波动风险之余，通过在条款设置上正向挂钩企业在 ESG 方面的表现，协助 ESG 指标达标的企业降低融资成本，令其通过低碳、节能、环保的方式，实现可持续、高质量发展。

2. 挂钩 ESG 条款的货币掉期交易

2022 年，HSZG 持续创新绿色金融产品与服务，推出了挂钩 ESG 条款的货币掉期交易，拓展绿色供应链融资应用场景，并深度挖掘企业发展需求，为企业量身定制绿色可持续发展方案，凭借丰富的落地实践经验，帮助合作企业找到属于自身独特的绿色发展道路。

3. 绿色信贷

2021 年，HSZG 制订绿色信贷指引，持续增强绿色信贷服务力度，包括加强环境和社会风险管控、加强绿色信贷政策指导及培训、细化绿色信贷业务统计、建立绿色信贷考核机制等措施，切实保障节能环保、新能源等绿色产业和实体经济绿色发展。截至 2021 年年末，绿色信贷余额较去年同期增速达 76.7%。绿色信贷余额同比增速大于企业信贷总体余额同比增速，对传统行业的绿色转型发挥了重要作用。

例如，棉纺织行业属于较高能耗的传统制造业，其绿色升级是实现我国“双碳”目标的重要一环，HSZG 通过提供量身定制的金融创新产品，通过绿色贸易融资贷款协助全球色纺产品领导企业构建原料替代、能源替换等低碳转型路径。2021 年 11 月，HSZG 向该企业提供的人民币贸易融资贷款用于支持其在安徽及新疆地区绿色低碳产品的生产及推广，助力企业高质量绿色发展。

4. 绿色按揭

HSZG 积极为客户提供多元化的绿色银行服务，推出的绿色按揭业务在支持可持续发展绿色建筑的同时，为购买绿色住宅的客户提供优惠，增强其购买力，共同缔造绿色未来。

2021 年，HS 银行与长三角及粤港澳大湾区的部分绿色住宅项目达成协议，成为首家提供绿色按揭服务的外资银行。其中，绿色住宅是指在设计、建设方式、建材等方面区别于传统住宅，有节约资源、低污染的特点，符合绿色建筑星级标准的住宅，同时需具备绿色建筑设计标识证书、德国 DGNB、健康建筑评价体系 WELL 等绿色建筑认证。HSZG 推出绿色按揭业务，向购买这种绿色住宅的客户提供差异化本外币贷款利率优惠，促进绿色住宅的售卖，旨在鼓励客户建立可持续发展的生活理念，促进经济社会发展绿色转型。

5. 绿色供应链融资服务

HSZG加大供应链金融的投入，积极推进供应链融资业务发展，以帮助中国供应链企业应对气候风险带来的冲击，成为首批提供线上绿色供应链融资服务的外资银行之一。HSZG不断丰富“供应链金融+绿色金融”的模式，运用供应链金融的产品和服务，加大对绿色产业和绿色项目的供应链金融支持，为中小企业提供全方位、便捷、低成本、线上化的创新线上融资服务，通过金融科技创新为后疫情时代的中小企业产业复苏提供支持，进一步促进产业绿色转型之路高质量发展。

6. 绿色账户、绿色存款、绿色专项贷款

HSZG还推出“绿色账户”服务，绿色产业客户及参与绿色产业相关项目的客户均可开通绿色账户并且享受指定服务费用的豁免。2021年年底，HSZG首推“绿色存款计划”业务，将吸收的企业存款用于可持续绿色经济和环保项目，不仅为企业提供资金管理的增值服务，还为有资金需求的绿色项目提供资金支持。2022年，HSZG向某融资租赁企业提供绿色专项贷款，支持本地城市生态治理，携手为城市“环境保护与固废治理项目”提供全面金融支持，推动城市环保行业的绿色、可持续发展。

三、案例模式分析

（一）绿色运营分析

在绿色运营方面，HSZG注重减少自身经营活动对环境的影响，减少能源消耗，建设绿色空间，最大限度减少自身发展对环境的影响。推动绿色发展、实现绿色运营，是企业面向未来可持续发展的必然选择。为达成2030年碳中和目标，HSZG于2020年启动了办公空间环境项目，积极探索环境目标，制定流程和提升环境管理能力。2021年12月，HSZG参考科学碳目标倡议组织（SBTi）等国际标准，结合自身的各项提升策略及增量分析，以2019年为基准年，制定了办公空间长期环境运营目标，包含电力消耗、温室气体排放、耗水量、废弃物处置、纸张消耗五大方面（见图14－1）。

电力消耗	运营的绝对耗电总量减少45%
温室气体排放	减少范围1、范围3的绝对排放总量12%和范围2的绝对排放总量45%
耗水量	减少可统计范围人均用量5%
废弃物处置	避免60%的废弃物被填埋
纸张消耗	减少65%的纸张消耗

图14－1　HSZG 2030年环境运营目标

HSZG 为达成办公空间长期环境运营目标，研究和制定了 35 项短、中、长期办公空间环境表现提升措施。截至 2021 年年底，18 项短期目标提升措施已经完成，后续将持续推进，进一步减少日常运营碳排放。与 2019 年相比，HSZG 耗电量降低 1844730 千瓦时，碳排放总量降低 1748.5 吨二氧化碳当量，相当于种植超过 9.7 万棵树。

为更好地落实无纸化理念，HSZG 确立以 2019 年度为纸张使用量的基准年，积极倡导和推行“无纸化”行动，引导客户使用“数字银行”，必须打印的文件全部选用低克重再生纸，精简业务环节，优化办理效率，持续降低纸张消耗。近两年来，HSZG 推行无纸化理念取得显著成效，与 2019 年相比，2020—2021 年合计节约纸张及纸制品约 33.42 吨，若按照每生产 1 吨纸需要 22 棵树计算，相当于少砍伐约 735 棵树。

HSZG 日常办公与服务过程中产生的污水，均进入市政污水管网，无任何违规排污行为。HSZG 倡导员工践行绿色生活方式，节约用水，并通过多种节水措施，力争达到节水目标。HSZG 秉持“循环利用”和“无害化”的处置思路，尽可能降低废弃物给环境带来的不利影响。2021 年，HSZG 重点推进垃圾分类工作，在办公区域执行日常废弃物管理，年度回收、再利用。

2021 年，HSZG 在采购中采取多项行动举措，逐步践行绿色采购理念：全面使用数字化采购平台，集采购需求采集、电子招标、合同审批及存储于一体，全面实现电子招投标全流程无纸化；积极落实纸制品绿色采购要求，确保购买的所有纸张均获得绿色环保证书（如森林管理委员会 FSC 认证），并逐步推广到地毯、家具等其他品类的采购；回收再利用墨盒和硒鼓等耗材，显著减少流向海洋和垃圾填埋场的垃圾。

（二）绿色金融分析

在绿色金融方面，HSZG 赋能传统行业低碳转型，助力绿色产业发展，创新绿色金融产品，为绿色发展注入资本动力。HSZG 加大供应链金融的投入，积极推进供应链融资业务发展，成为首批提供线上绿色供应链融资服务的外资银行之一。同时，HSZG 不断丰富“供应链金融 + 绿色金融”的模式，运用供应链金融的产品和服务，加大对绿色产业和绿色项目的金融支持，为中小企业提供全方位的线上融资服务，进而为后疫情时代的中小企业产业复苏提供支持。HSZG 首推“绿色账户”企业金融服务，绿色产业客户和参与绿色产业相关项目的企业客户均可开通“绿色账户”，并享指定服务费用豁免。截至 2021 年 12 月 31 日，有近 20 家试点的绿色重点领域企业参与。HSZG 还推出“绿色存款”计划，将所吸收的绿色存款以贷款的形式投放到符合条件的环保等绿色项目中，为企业提供把握可持续发展投资的机会。同时，HSZG 向某央企集团下属公司提供了绿色专项贷款，用于支持本地城市“环境保护与固废治理项目”，共同推动我国城市环保行业的绿色可持续发展。2021 年，HSZG 完成了首笔包含环境、社会及治理（ESG）条款的人民币利率衍生品交易，成为首家完成此类交易的银行。HSZG 将 ESG 条款应用于此次对客人民币利率衍生品交易，在帮助企业防范和管理潜在利率波动风险之余，通过在条款设置上正向挂钩企业在 ESG 方面的表现，协助 ESG 指标达标的企业降低融资成本，令其通过低碳、节能、环保的方式，实现可持续、高质量发展。

（三）绿色公益分析

在绿色公益方面，HSZG 构建了一系列以“未来”为主题的公益项目。2021 年，HSZG 围绕社区可持续发展，发起了以“种 · 未来”为主题的生物多样性保护项目、以“兴 · 未来”为主题的乡村人才振兴项目和以“启 · 未来”为主题的提升青少年金融素养项目。以 HSZG 的“种 · 未来”紫米项目为例，该项目通过赋能社区关键农户，带动当地社区保护墨江高山传统紫米资源和哈尼族传统资源文化，探索以社区为主体、以市场需求为导向的墨江传统紫米社区保护模式和可持续利用的有效途径，保护生物多样性，推动绿色生态发展。此外，HSZG 在福建开展了滨海湿地蓝碳生态系统保护工作、在四川开展了森林保护修复项目，以及在云南墨江开展了生物多样性资源保护与可持续利用项目等。通过生物多样性保护、生态保护与修复、社区环保志愿活动等举措，来改善生态环境、应对气候变化，提升公众的环境保护意识。2022 年，HSZG 继续加大对生态环保项目的公益投入，通过开展蓝碳生态系统红树林保护修复项目和森林修复保护项目，巩固提升红树林、湿地和森林生态系统固碳能力，预估在未来 30—40 年合计固碳量可达 7550 吨。在过去 5 年里，HSZG 已在“未来”系列公益项目累计投入近 1400 万元，各项社会责任项目累计受益人数超过 5000 人次，有力促进社区可持续和谐发展。

四、建议及对策

（一）提高董事会对 ESG 发展的重视

让公司董事会层面关注并认识到 ESG 对本行可持续发展的影响，提高对 ESG 纳入全行管理的重视水平，凝聚各部门共识，夯实 ESG 发展战略基础。适时发布董事会声明，向社会公众及全行上下传达本行重视 ESG 的信号，并从上至下领导 ESG 管理工作。在董事会遴选过程中，可以任用有企业责任、气候与环境、可持续发展相关专业知识的人员，支持本行关注的 ESG 议题。

（二）完善 ESG 治理机制与组织架构

首先，建立健全 ESG 治理结构。不断完善公司现有治理架构，优化董事会决策体系，考虑设置 ESG 专业委员会，履行战略决策和监督职能，审议并监管 ESG 发展及事项。其次，构建 ESG 组织架构及相关工作机制。协同各部门工作需求，设置跨部门的 ESG 工作团队，负责在业务、管理等条线实施 ESG 发展策略；探索建立 ESG 相关部门及专职负责人，统筹全行 ESG 事务。

（三）应用 ESG 工具促进业务高质量发展

首先，拓展 ESG 相关业务。在制定机构重大信贷政策、债券发行计划、资产购买计划中突出对 ESG 领域的重点支持，大力发展绿色金融、转型金融、普惠金融，优化全行资产结构，提升业务可持续发展水平。其次，建立 ESG 评价及风险管理机制。将 ESG 评价纳入核心业务流程，强化授信审批、贷后管理及风险缓释措施，根据客户的 ESG 风险进行分类管理。最后，应用 ESG 挖掘与把握可持续发展带来的业务机遇。针对本行业务及所在区域特征，优化指标体系和合规尽调清单，通过 ESG 指标权重的调整，鼓励区域特色产业、高新成长企业、农业经营主体等发展。

（四）投入 ESG 专业能力建设

首先，应用大数据、云计算等金融科技手段建立 ESG 评估机制，将 ESG 因素融入信贷管理、违约率模型、产品创新等环节。其次，建立本行 ESG 数据应用体系，对行内非财务信息数据进行治理及整合，积极引入监管数据、新闻媒体、企业公开信息等多元化数据源，支持 ESG 数据的集成，以及在投融资部门有效流通。

（五）提升机构自身运营表现

对标国内外相关 ESG 评价及评级要求，探索制定机构自身提升 ESG 表现的发展目标与路线图。构建可持续的运营管理体系及相关制度。在建筑设施、办公采购、品牌建设等维度强调绿色低碳。提升员工 ESG 方面表现。在招聘、雇佣、培训、晋升等方面保障多样性，关注员工福祉，响应员工合法权益需求，健全人才培育机制，开展绿色办公，组织公益活动，树立 ESG 机构文化。

（六）分步骤、分阶段推动 ESG 披露

首先，明确 ESG 信息披露的范围。结合自身经营特点构建 ESG 指标体系，在公司年

报中披露相关内容，并逐步探索编制专项报告，如ESG报告、社会责任报告、可持续发展报告、绿色金融报告等。其次，提升ESG披露质量。根据实际情况增加定量指标比重，提升全行信息披露内容质量。最后，推动ESG信息披露实现与监管机构、股东、客户、供应链、社会公众的交流互动。及时针对ESG议题与市场进行沟通反馈，传递ESG理念，树立负责任的银行形象。

【思考题】

（1）国外有哪些关于可持续发展的举措？

（2）在绿色金融方面，HS银行的创新举措如何促进可持续发展？

（3）文中提到的ESG建议是否能够为其他银行提供指导？HS银行在这些方面的执行情况如何？

（4）公益项目在HS银行的环保措施中扮演着怎样的角色？这些项目如何对社区和环境产生影响？

（5）HS银行在实践中遇到的最大挑战是什么？它们是如何应对这些挑战的？

参考文献

[1] 巴曙松，彭魏倬加. 英国绿色金融实践：演变历程与比较研究 [J]. 行政管理改革，2022（4）：105－115.

[2] 李大元，曾益，张璐. 欧盟碳排放权交易体系对控排企业的影响及其启示 [J]. 研究与发展管理，2017，29（6）：91－98.

[3] 孙群郎. 美国工业垃圾污染事件与联邦超级基金法的出台 [J]. 社会科学战线，2022（1）：113－123.

[4] 秦芳菊. 我国商业银行绿色信贷的法律进路 [J]. 南京社会科学，2020（5）：82－88.

[5] 陈卓凡. “双碳”目标下商业银行绿色金融发展路径分析 [J]. 商展经济，2023（6）：110－112.

[6] 马骏. 碳中和目标下金融业面临的机遇和挑战 [J]. 现代商业银行，2021（19）：29－32.

[7] 安军地. 绿色金融助推绿色低碳发展的路径研究 [J]. 质量与市场，2022（10）：196－198.

[8] 袁康. 绿色金融发展及其法律制度保障 [J]. 证券市场导报, 2017 (1): 4-11.

[9] Heading S, Zahidi S. Global risks report 2023 [C]. World Economic Forum, Genf. 2023.

案例15　绿色金融支持企业转型发展案例研究

——苏州银行绿色金融平台*

内容摘要：绿色金融能够为环保、节能、清洁能源、绿色交通、绿色建筑等领域的项目提供金融服务，支持企业转型发展。苏州作为中国经济最为发达的城市之一，为支持环境改善和企业转型发展，积极推动绿色改革发展策略。苏州银行作为地方本土银行，率先推出绿色金融平台，通过绿色信贷、绿色直接融资、碳金融等产品助力企业转型发展，推动绿色智造，积极服务实体经济全面高质量发展，取得了一定成果。

关键词：绿色金融；企业转型；苏州银行

一、案例背景

苏州位于江苏省东南部，地处长江三角洲地区，是中国经济最为发达的城市之一。苏州具有悠久的历史文化底蕴和独特的城市特色，是中国优秀的旅游城市之一。作为长三角G60科创走廊发展的重点城市，苏州是我国科技产业和制造业产业创新发展的领航城市，聚焦了电子信息、装备制造、生物医药和先进材料四大主导产业。苏州被列入“十四五”期间发展“无废城市”的城市名单，“绿色”已成为城市发展的靓丽色彩。

“十四五”规划中，明确了绿色金融的具体含义，是指为支持环境改善、应对气候变化和资源节约高效利用，为环保、节能、清洁能源、绿色交通、绿色建筑等领域的项目所提供的金融服务。“十四五”规划提出了推动绿色金融发展的总体目标、政策导向和发展路径，明确了绿色金融在金融体系中的定位和作用，并且指明了推动绿色金融创新、健全绿色金融体系、加强绿色金融监管等方面的具体任务。“十四五”规划的指导意见对于苏

* 本案例作者为薛莹，经济学博士，上海立信会计金融学院金融学院讲师，研究方向为数字金融、企业创新和绿色金融。

州金融机构的绿色金融创新发展起到了有力的指导和促进作用，推动苏州各级金融机构针对绿色经济和环境保护领域推出更多的金融产品和服务，使苏州的绿色金融创新和发展速度大幅提升。为了能够实现绿色生态发展，苏州积极发展绿色金融推动企业转型升级：积极鼓励银行、保险、证券等金融机构开展绿色金融业务，推动绿色债券、绿色信贷、绿色基金等创新业务的发展；支持绿色金融机构与实体经济企业合作，探索绿色金融产品的定制化服务。

2021 年 9 月，中国人民银行苏州市中心支行、苏州市地方金融监督管理局、中国银行保险监督管理委员会苏州监管分局联合印发《关于苏州市绿色低碳金融改革创新工作的意见》，提出建立绿色金融推进协调机制，探索开展金融机构绿色低碳转型金融服务中心建设，制定环境信息披露操作手册，不断丰富绿色金融产品，绿色金融创新得到了快速发展。苏州围绕金融支持制造业和生态环境治理的关键目标，提出绿色低碳金融倍增计划，以建设一套协调机制、树立五大任务、施行二十条举措为依托，理顺金融机构支持苏州绿色低碳产业和行业发展的体制机制。截至 2022 年 6 月底，苏州绿色贷款余额 5012 亿元，同比增速 76%，比各项贷款增速高 60 个百分点；绿色债券余额 143 亿元，同比增速 196%。

2022 年，江苏省银行业协会发布《江苏银行业绿色金融服务自律公约》，提出要促进普惠金融、绿色金融、科创金融等融合发展。“苏碳融”是江苏在全国率先创设对接再贷款政策、与企业碳账户挂钩的普惠型绿色金融产品，实现对绿色企业、绿色项目，特别是绿色涉农、绿色小微和绿色民营企业的精准支持。该产品通过构建企业碳账户体系，通过产品内嵌的碳排放量核算模型，计算绿色贷款带动的碳减排效应，引导金融资源精准流向节能降碳效应显著的领域，可推动中小微企业加大节能减排投入。

实现碳达峰碳中和，是以习近平同志为核心的党中央统筹国内国际两个大局作出的重大决策。为全面贯彻落实碳达峰碳中和的工作决策部署，中共苏州市委、苏州市人民政府印发《关于加快转变发展方式做好碳达峰碳中和工作的实施意见》，切实履行绿色发展责任，推动绿色产业发展。在“双碳”目标下，绿色金融如何助推经济社会高质量发展，助力企业转型升级？由政府牵头，充分发挥市场主导作用，激发金融机构创新，设计多层次的金融支持方式，扶持科技企业创新发展，构建优越的金融生态，取得了一定的成果。苏州各大银行为助力企业绿色转型积极进行产品研发和业务创新，推出了一系列绿色金融产品。本文以苏州最具地区特色的商业银行苏州银行为例，探究苏州银行的绿色金融业务发展现状和对企业转型升级的支持成效。

二、绿色金融支持企业转型发展情况

为服务和支持“双碳”目标，深入践行绿色发展理念，实施普惠金融路线，苏州银行秉持“以小为美，以民唯美”发展理念，在绿色金融领域不断探索创新，以实际行动落实党中央、国务院关于绿色低碳发展的重大决策部署，彰显了苏州地方法人城市商业银行的责任担当。绿色制造是生态文明建设的重要内容，苏州积极探索绿色制造发展路径，苏州银行作为本地法人金融机构，积极响应政府号召，以实际行动聚焦“绿色智造”，赋能中小企业绿色转型发展。

作为扎根苏州的地方本土银行，苏州银行将普惠小微企业贷款作为发力重点，以绿色金融践行“双碳”目标，以数字化转型作为发展“主轴战略”，以“服务中小、服务市民、服务区域经济社会发展”为己任，坚持以金融服务支持绿色发展的理念，加快转型发展步伐，促进自身高质量发展，着力打造涵盖“绿色乡村”“绿色智能制造”和“绿色消费”等产业在内的绿色金融综合产品系列，助力“苏州制造”发展。2022 年 5 月，苏州银行正式签署了《联合国负责任银行原则》，成为联合国环境规划署金融倡议组织的成员。“绿色银行”成为苏州银行的一张亮丽名片。截至 2022 年 12 月底，苏州银行资产规模突破 5000 亿元大关，报告期内，实现归属于上市公司股东的净利润 39.18 亿元，较上年同期增长 26.10%，盈利能力持续提升，其中，苏州银行绿色融资余额逾 200 亿元，较年初增幅超 70%。苏州银行不断优化信贷结构，大力支持实体经济和民生金融发展，不断保持稳定增长。

（一）绿色金融产品

为贯彻落实国家“十四五”规划和“双碳”目标，苏州银行始终坚持以绿色低碳发展为重要战略导向，积极践行绿色发展理念，持续推动绿色金融业务健康有序发展。苏州银行建立了包括绿色信贷、绿色直接融资、碳金融等多层次综合业务体系，先后推出“光伏贷”“苏碳融”等一系列绿色信贷产品，实现绿色融资规模的快速增长，绿色信贷占比持续增加。

1. 绿色信贷

绿色信贷是指面向符合绿色环保、可持续发展等条件的企业或项目，提供具有环保、能效、清洁生产等特点的贷款服务。苏州银行针对苏州地区制造业发达和科技创新氛围浓厚的特点，创新推出“绿色智造贷”“绿色科创贷”“光伏贷”等绿色金融产品，支持高新技术产业的发展和产业结构的绿色转型升级。

苏州银行绿色信贷产品“光伏贷”是为支持环保、节能、低碳等领域的企业和项目提供的一种融资工具。苏州银行“光伏贷”产品具体信息如图15－1所示，是苏州银行专门为光伏发电项目提供的贷款产品，参考利率范围在3.85%—6.50%。光伏发电是利用太阳能将光能转化为电能的一种清洁能源技术，具有环保、可再生、可持续等特点。该产品的目的是支持和促进光伏发电项目的建设和发展。“光伏贷”可以根据客户的实际资金需求，提供较高的融资额度，有助于支持客户的绿色项目和业务发展。针对符合绿色标准的项目和企业，苏州银行能够提供优惠的利率，帮助客户降低融资成本，增强市场竞争力。同时，根据客户的实际情况和融资用途，提供灵活的融资期限，有助于客户更好地规划和管理资金。该产品可以享受快速审批服务，能够帮助企业缩短融资周期，提高资金使用效率。通过推出“光伏贷”等绿色信贷产品，苏州银行旨在积极支持可再生能源产业的发展，帮助企业和个人实现环保和可持续发展目标。这也是苏州银行积极响应社会责任、推动绿色金融发展的具体举措之一。

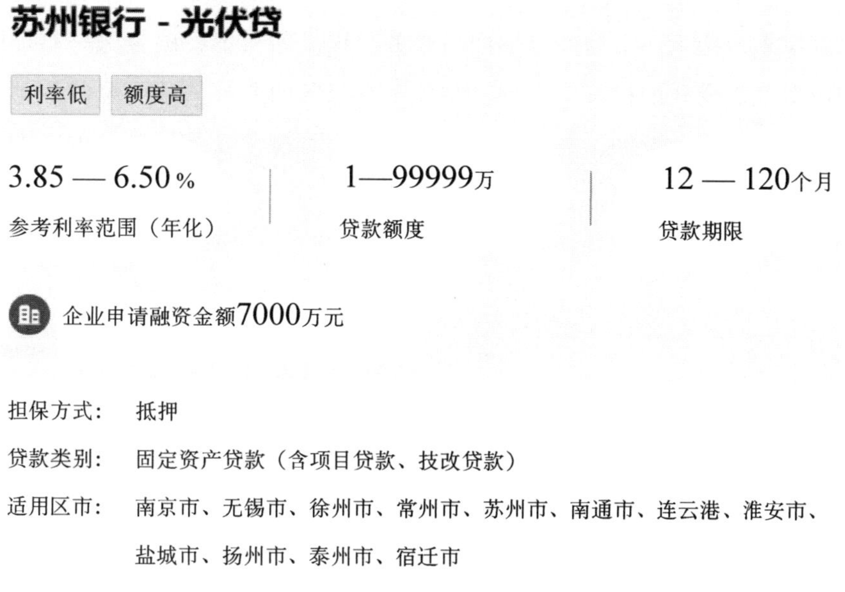

图15－1　苏州银行“光伏贷”

2. 绿色直接融资

绿色直接融资是指直接向符合绿色环保、可持续发展等条件的企业或项目提供融资服务，以支持环保产业和低碳经济的发展。绿色直接融资的资金用于环境友好型的项目和企业，如可再生能源、清洁能源、节能环保、绿色交通等。绿色直接融资的优点在于能够直接为环保产业提供资金支持，降低环保产业的融资成本，同时有助于推动银行业转型升级和发展绿色金融。

苏州银行积极推进绿色金融债券发行，于 2021 年 1 月 29 日在全国银行间债券市场公开发行 10 亿元绿色金融债券，募集资金专项用于支持中长期绿色项目，为绿色项目提供低成本的资金支持，履行社会责任，落实绿色发展理念。同时，苏州银行大力支持企业绿色直接融资，2020 年，参与全国首单绿色双创疫情防控债；2021 年，参与碳中和绿色中票、全国首单碳中和 ABS、江苏省首单绿色碳中和 ABS、全国首单碳中和双创债等业务。2023 年 4 月，苏州银行公告发行 30 亿元绿色金融债券，主要用于扶持覆盖清洁能源、生态环境等绿色产业转型发展。

3. 碳金融

“苏碳融”是江苏在全国率先创设对接再贷款政策的普惠型绿色金融产品，助力碳达峰碳中和目标的实现，强化结构性货币政策工具对碳减排领域的支持。“苏碳融”产品精准聚焦绿色涉农领域，在中国人民银行再贷款资金支持下，可发放低利率贷款、中长期贷款、信用贷款，满足绿色企业在价格、期限、担保方式等方面的需求。苏州银行严格依照要求，出台业务营销指引和激励政策，推动各分支机构加大产品营销推广力度，主动对接企业减碳融资需求，图 15－2 为碳金融产品服务流程。苏州银行碳金融是指苏州银行在推动碳减排和应对气候变化的过程中，提供相关金融服务的业务。碳金融的主要目标是通过金融手段促进低碳经济的发展，支持符合绿色环保、可持续发展等条件的企业或项目，实现经济发展和环境保护的双赢。

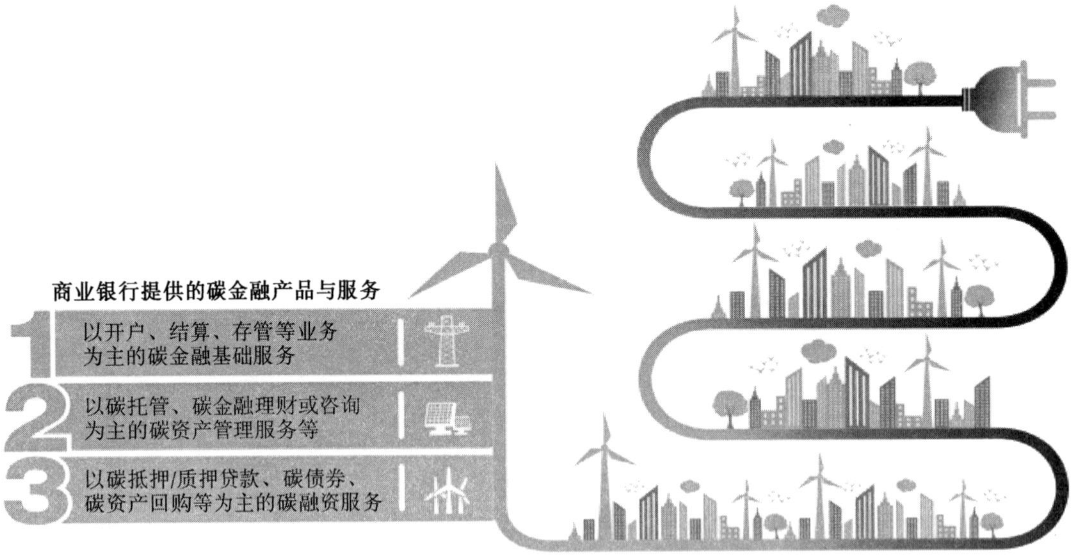

图 15－2　碳金融产品服务流程

（二）绿色金融平台效益情况

苏州银行的绿色信贷、绿色直接融资和碳金融等绿色金融服务都取得了一定的成果，推动了苏州绿色经济的健康发展，为企业转型升级起到了关键的支持作用。

1. 绿色信贷支持光伏电站项目

张家港某新能源有限公司是一家新成立的专注光伏发电的项目公司，致力于分布式光伏项目的深耕与量产。该公司分布式光伏电站项目，通过在建筑屋顶和车棚顶部建设分布式光伏发电设施，采用“自发自用，余电上网”模式，实现绿色电力替代传统火电，具有良好的环境效益，加速光伏度电成本的下降。不过，该项目面临前期资金投入大、投资回收期长的困扰。

针对企业项目需求，2022 年 3 月，苏州银行以较高的审批效率为该企业成功发放首笔分布式光伏电站项目贷款。经测算，该项目建成后 25 年内预计平均每年可为电网提供电量约 422.76 万千瓦时，项目可实现年节能量 1297.87 吨标准煤，年减排 3071.35 吨二氧化碳。

2. 绿色直接融资帮助企业绿色转型

苏州银行大力支持企业绿色直接融资。2022 年 5 月 25 日，全国首单绿色碳中和科技创新债 GC 永钢 K1——江苏永钢集团有限公司公开发行绿色科技创新公司债券（专项用于碳中和）在上交所成功发行。苏州银行作为主要投资者及资金监管行成功推动本次债券发行。本次债券发行规模 1 亿元，募集资金应用于科创升级的碳中和项目——80MW 超高温亚临界煤气发电项目。项目建成后，发电热效率将提高至 40% 以上，发电能力提升 8%—10%，全年预计可节约电费 3.78 亿元，预计年温室气体减排量能达到 42.21 万吨二氧化碳当量。

3. “苏碳融”解决中小企业融资难题

苏州某新材料股份有限公司是国内碳滑板行业和汽车碳刷行业技术领先的高新技术企业，产品应用于铁路、轨道交通等绿色交通领域。公司拥有从原材料到成品全过程的自主知识产权共计百余项专利，填补了国内空白，实现了绿色低碳产业关键零部件的进口替代。企业为实施绿色发展规划，实施电碳制品技术改造项目。但是因为新冠疫情，企业年底回款尚未落实，设备采购急需资金。苏州银行太仓支行积极沟通企业需求，结合企业发展特点，经过快速、精准的服务对接，仅用了一周时间就向企业发放了 2022 年首笔“苏碳融”贷款共计 500 万元。该笔贷款是苏州首个可享受再融资支持的“苏碳融”业务，解决了资金需求迫切、贷款期限长、缺乏抵押物、利率高的中小企业融资难题。

公司将该笔贷款主要用于企业电碳制品技术改造项目，利用自有的 1500 平方米厂房，引进新炉子、全自动碳刷压机、自动加工机等设备 63 台，淘汰原有落后的主要靠人工操作的碳刷、碳滑板加工工艺及设备。对生产线的技术改造成功实现了节能减碳，年新增电碳制品产能5000件，预计该项目年用电量可减少8万千瓦时，可推动企业年减排二氧化碳17.81吨。

三、绿色金融支持企业转型发展模式分析

（一）平台模式特点

苏州银行始终坚持可持续发展理念，聚焦“客户体验友好、合规风控有效、数据驱动转型、特色专营突破、精准管理赋能”，积极进取、开拓局面，以实际行动“服务中小、服务市民、服务区域经济社会发展”，为经济社会的绿色、可持续发展贡献苏州银行力量。苏州银行是首批验收通过“苏州市绿色低碳转型金融服务中心”的十家金融机构之一；全国首单碳中和双创债券等业务及金石榴惠盈绿色理财产品被选入江苏省第七次“金环”对话的绿色金融案例、产品汇编；获评“2021年度绿色金融实践模范”“年度绿色金融奖”“年度卓越绿色银行”“2022绿色创新案例奖（企业奖）”。总的来说，苏州银行绿色金融平台具有如下特点：

1. 业务定位明确，助力绿色智造

苏州银行将绿色金融业务作为战略性业务，明确了绿色金融在银行发展中的地位和作用。通过绿色金融业务来促进经济转型升级，推动低碳经济和环保产业的发展。绿色制造是生态文明建设的重要内容，苏州银行积极响应市政府号召，以实际行动聚焦“绿色智造”，赋能中小企业绿色转型发展。通过绿色信贷、绿色直接融资等方式为企业转型升级提供金融支持，帮助企业在绿色转型发展上实现制造升级，推动苏州制造产业“智造”发展。

2. 产品种类丰富，满足企业需求

苏州银行将绿色金融作为全行高质量发展的重点工作，董事会金融廉洁与伦理委员会将绿色金融纳入委员会工作细则，高管层亲自督导绿色金融工作，建立起了绿色金融高质量发展推动工作机制，多措并举，通过充分发挥金融的作用，不断丰富绿色金融产品，加大对清洁交通、可再生能源、重点项目等绿色产业和绿色技术的支持力度，用实际行动助力碳达峰碳中和。苏州银行绿色金融产品线覆盖了绿色债券、绿色信贷、绿色ABS、碳交易融资等多个领域，满足了不同类型企业的融资需求。

3. 资产质量优异，安全边际较高

苏州经济基础较好，当地企业运行质量较高，苏州银行具有较高的资产质量，基本没有产生沉重的历史不良资产，逾期贷款比例较低，运营情况较为稳健。苏州银行超过60%

的贷款集中在苏州本地，区域经济发达，且经济结构较优，新旧动能转换走在全国前列。另外，得益于多元化的业务结构和严格的内部风险管理机制，苏州工业体系完备，拥有 35 个工业大类，涉及 167 个工业中类、491 个工业小类、16 万家工业企业。苏州银行绿色金融业务采用严格的风险管理机制，对借款人进行严格的资信评估和环保项目审查，降低了业务风险。

4. 多方协作，合作共赢

苏州银行与政府部门、行业协会、科研机构等多方合作，共同推进绿色金融的发展。同时，银行还积极探索与国内外金融机构开展绿色金融业务合作。相较于北上广深等资源集聚的一线城市，苏州在产业转型升级发展方面有天然劣势，苏州银行积极整合龙头企业、大院大所、各类公共服务平台，帮助企业对接金融资源和技术资源、引进高端人才、吸引企业落地，突破企业发展瓶颈，有效促进苏州中小企业的突破发展。

（二）存在的问题

1. 金融业整体规模仍然有待提升

苏州市地方金融监督管理局在《苏州市金融业发展“十四五”规划（征求意见稿）》中提到，苏州金融业增加值比重和规模虽然近年来有所提高，但对比我国大中城市仍处于较低水平，排名在十名开外，与苏州经济总量全国第六、工业总产值全国第二的发展能级不匹配；苏州法人金融机构规模相对偏小，行业内综合排名基本在全国 20 名开外，缺少具有全国影响力的法人金融机构，缺少公募基金、财产险等持牌金融机构。

2. 绿色金融产品缺乏创新性

苏州银行绿色金融产品的种类相对较少，且缺乏新颖的设计和创新性的理念，难以满足消费者对于个性化、多样化金融服务的需求。苏州银行绿色金融业务的规模和增长速度相对较慢，这可能导致银行在创新绿色金融产品时较为犹豫和谨慎。同时，因为缺乏对环境和社会影响的评估和测量方法，银行难以开发出真正符合绿色金融需求的产品。在产品设计和市场推广时，缺乏足够的创新意识和创新能力，在创新成果方面更加谨慎和保守。

3. 绿色金融产品信息披露不足

苏州银行在绿色金融产品的信息披露方面仍有欠缺，难以使消费者全面了解产品特点、风险、收益等方面的信息，降低了消费者的选择效率。绿色金融领域的监管标准尚不完善，苏州银行在绿色金融产品的设计、销售、运营等方面难以遵循明确的标准，导致市场风险难以控制。缺乏统一的信息披露标准和指南，使银行在产品披露信息时存在一定的困难和不确定性。同时，缺乏有效的监管和评估机制，在披露绿色金融产品信息时缺乏一定的压力和监督。

四、建议及对策

（一）丰富产品体系，形成多层次金字塔形产品架构

苏州银行需要进一步丰富绿色金融产品体系，形成金字塔形产品架构，以满足不同投资者的需求，并为绿色金融市场的发展提供支撑。苏州银行需要建立标准化的绿色金融产品，推动制定绿色金融产品的标准和指南，以规范市场行为和加强信息透明度。除了传统的绿色债券，苏州银行还可以发行以环境、社会和治理（ESG）为基础的债券，以满足不同投资者的需求。除了绿色贷款，还可以发行可转换债券、可交换债券等金融产品，以更好地满足投资者的需求。同时，苏州银行可以进一步扩充自身业务范围，发行绿色股票指数基金，通过对环境、社会和治理因素的评估来选择股票，为投资者提供更具有社会责任感的投资选择。绿色保险产品和绿色信托基金也可以为投资者提供更多的选择，以实现其环保目标。通过丰富绿色金融产品体系，可以形成金字塔架构，从而为不同类型的投资者提供更多选择和机会，促进苏州银行绿色金融业务的发展。

（二）融入长三角一体化发展，提升银行规模

随着“大苏州”区域一体化的推进，苏州银行作为全市最大、唯一的法人城商行，将充分受益，在“苏州综合金融服务平台”上，苏州银行可以有效触达客户，并且获得大量税务、结算、征信等数据，业务空间被迅速打开。苏州银行在苏州本地（含市区及常熟、张家港等县级市）的贷款规模约1458亿元，市占率约3.26%，而上市城商行在各自“大本营”平均市占率为6.4%，苏州银行这一比例在上市城商行中最低，未来有较大的提升空间。苏州银行可以进一步加强区域合作，通过与长三角地区其他城市和机构合作，共同推动区域一体化发展，为企业和个人提供更多的绿色金融服务。同时，可以开发符合长三角地区发展需要的金融产品，如绿色金融、科技金融等，满足客户需求，并提高银行规模和盈利能力。

（三）完善监管政策，加强信息披露

完善银行监管政策，加强信息披露，可以提高银行的透明度和可信度，为客户提供更加安全的金融服务。对于政府部门来说，应加强绿色金融的监管，明确绿色金融业务的标准、范围和监管要求，制定相应的惩罚措施，确保商业银行的绿色金融业务符合相关标准，有效遏制绿色金融领域的风险，可以鼓励商业银行在绿色金融产品的信息披露方面加

强透明度和可比性，为消费者提供更多有关产品的信息，降低消费者选择绿色金融产品的信息不对称问题。苏州银行应该进一步加强信息披露，通过向客户披露更多的信息，如财务报表、业务流程和风险控制情况等，提高客户对银行的信任和了解程度。同时，可以通过建立风险评估机制，监测和评估银行面临的风险，并采取相应的风险管理措施，确保资产安全和客户利益。

（四）积极推动金融创新，多元化演化

绿色金融是一个新兴的领域，在产品创新方面还有很大的发展空间。政府可以鼓励商业银行创新绿色金融产品，针对不同的客户需求，提供具有不同特点和收益的产品，促进绿色金融的多元化发展。绿色金融作为银行业的一部分，可以帮助银行与其他行业合作，发展可持续的投资和贷款项目。在此过程中，银行需要不断创新，寻求更有效的投资和风险管理方法，以便更好地支持环境可持续性和经济可持续性。苏州银行可以利用金融科技手段，如大数据、人工智能等，提高绿色金融产品的风险控制和效率，促进绿色金融市场的多元化发展。

生态环境是人类生存和发展的根基，"绿水青山"离不开绿色金融的支持与守护。苏州银行推出的绿色金融平台是服务国家"双碳"目标的重要地方平台，能够支持苏州经济绿色低碳转型，助推经济社会高质量发展，希望该案例分析能够对学习绿色金融和理解绿色金融支持企业转型发展有所帮助。

【思考题】

（1）苏州银行的绿色金融产品包括哪些类别？

（2）苏州银行绿色金融平台的特点是什么？

（3）绿色金融产品现阶段存在哪些问题？

（4）在"双碳"目标下，绿色金融如何助力企业转型升级？

（5）对于地方政府来说，如何促进绿色信贷发展？

参考文献

[1] 史代敏，施晓燕. 绿色金融与经济高质量发展：机理、特征与实证研究［J］. 统计研究，2022，39（1）：31－48.

[2] 郭希宇. 绿色金融助推低碳经济转型的影响机制与实证检验［J］. 南方金融，

2022（1）：52－67.

［3］尤志婷，彭志浩，黎鹏．绿色金融发展对区域碳排放影响研究——以绿色信贷、绿色产业投资、绿色债券为例［J］．金融理论与实践，2022（2）：69－77.

［4］朱兰，郭熙保．党的十八大以来中国绿色金融体系的构建［J］．改革，2022（6）：106－115.

［5］殷兴山．绿色金融支持碳达峰碳中和的浙江实践［J］．中国金融，2022（1）：27－29.

［6］朱民，潘柳，张娓婉．财政支持金融：构建全球领先的中国零碳金融系统［J］．财政研究，2022（2）：18－28.

［7］康宁．“六连冠”的背后“亲商服务”的苏州模式——以苏州工业园区企服中心为样本［J］．中国经济周刊，2022（5）：102－105.

［8］蒋薇薇，周丹．苏州市域科技金融工作机制构建研究［J］．现代商业，2022（26）：101－103.

［9］楚晓玉．金融服务创新对科技型中小企业融资问题的研究——以苏州市为例［J］．中国市场，2021（35）：54－55.

［10］王佳致，陶士贵．苏州模式：数字征信体系的创新与完善［J］．征信，2022，40（4）：52－56.

［11］何玥，魏维，王巍，朱颖，王静．G60科创走廊的科技创新与金融支持［J］．金融纵横，2021（8）：79－85.

［12］马凌远，王姝晨．欧洲绿色金融“漂绿”治理经验及启示［J］．金融发展研究，2022（2）：35－41.

案例16　湖州“数智绿金综合服务平台”创新案例研究*

内容摘要： 绿水青山是湖州经济发展的名片，湖州率先在全国发布绿色制造发展指数体系，建立全市绿色智能制造评价体系，出台多部绿色发展相关规则规范，绿色发展成果显著。随着绿色金融改革不断深入和数字化改革持续推进，湖州市按照统一数据底座、集成应用服务、多跨高效协同的原则，构建了具有湖州特色的“数智绿金”体系，打造“1 + 4 + N”的数智绿金综合服务平台，为企业、个人、金融机构、政府部门等提供全方位的金融服务。

关键词： 绿色金融；湖州市；绿色金融服务平台；绿色信贷；碳账户

一、案例背景

2005年，时任浙江省委书记的习近平在湖州安吉调研时，首次提出“绿水青山就是金山银山”的重要论述，湖州开启了“两山”重要思想诞生地、中国美丽乡村的发源地、生态+的先行地、太湖流域生态涵养地的生动实践。2016年8月，中国人民银行、财政部等七部委联合印发《关于构建绿色金融体系的指导意见》，统筹规划了我国绿色金融的发展路径。为加快绿色金融建设，2017年6月，绿色金融改革创新试验区在浙江、广东、贵州、江西、新疆五省（自治区）部分地区设立，积极探索具有地区特色的区域性绿色金融发展模式和绿色金融实现机制，湖州的侧重点为金融支持绿色产业创新升级。

湖州依托绿水青山的经济发展名片，率先在全国发布绿色制造发展指数体系，建立全

---

* 本案例作者为韩云、张云、李昕晨和郭畅。其中：韩云，经济学博士，上海立信会计金融学院金融学院副教授；张云，理论经济学博士后，上海立信会计金融学院金融学院教授；李昕晨（通讯作者），上海立信会计金融学院金融学院本科生；郭畅，上海立信会计金融学院金融学院硕士研究生。

市绿色智能制造评价体系，出台多部绿色发展相关规则规范，绿色发展成果显著，创新发展势头良好。自2017年获批全国首批绿色金融改革创新试验区以来，湖州坚持降碳、减污、扩绿、增长协同进行，并在产品供给、绿色激励、风险防控、数字赋能等方面开拓创新。湖州根据当地实际情况，构建了三位一体的绿色金融综合服务平台，主要功能包括开展地方金融事业发展研究工作，为区域金融合作交流提供相关服务；承担金融指标的统计、监测和分析工作，定期发布绿色金融统计数据；承担绿色金融综合服务平台建设、运营工作，推进金融领域“最多跑一次”改革；承担绿色金融评价体系的建设工作，开展对绿色金融项目的评价服务；开展拟上市企业挖掘、培育等市场推广服务工作；承担中介机构与拟上市企业合作平台建设工作；承担地方金融风险监测预警与地方金融组织监管平台的建设、运行、维护工作；承担金融政策的宣传、培训、推广工作，开展政策咨询服务活动等。

二、“数智绿金”综合服务平台概述

湖州绿色金融综合服务平台下设有“绿贷通”“绿信通”“绿金宝”和“绿治通”四个子平台，分别面向企业、金融机构、百姓和政府。2018年，湖州率先建成“绿贷通”平台，利用数字化手段助力金融机构和企业开展融资对接，推动传统产业绿色转型升级。“绿贷通”在银企对接、产品创新、服务机制等方面率先探索，实现了金融服务的模式变革、制度变革和效率变革，取得了一定成效，并在多地推广应用。随着绿色金融改革不断深入和数字化改革持续推进，湖州市按照统一数据底座、集成应用服务、多跨高效协同的原则，构建了具有湖州特色的“数智绿金”体系，打造“1+4+N”的数智绿金综合服务平台，为企业、个人、金融机构、政府部门等提供全方位的金融服务。具体产品体系如图16-1所示。

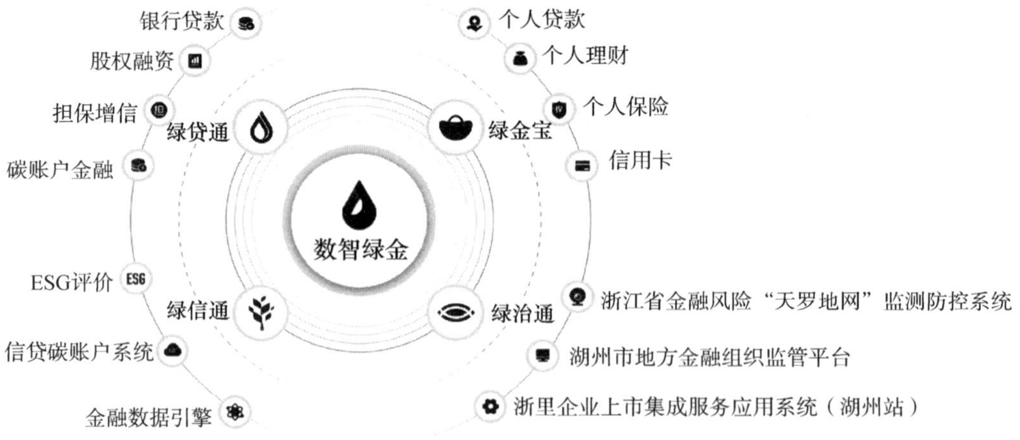

图16-1　产品体系

绿色金融综合服务平台创新“绿色低碳智能画像”“银企对接智能匹配”“金融政策精准直达”“信贷风险智能预警”四大场景，梳理细化 33 项绿色金融惠企政策，应用 ESG 评价模型对企业进行绿色画像，开发 26 个算法模型，将企业融资需求、企业信贷风险预警等信息精准推送至银行机构，打造绿色金融全生命周期服务模式。“数智绿金”上线以来，推动银企对接平均响应时间由原来的 2.7 天下降至 1.4 天，累计帮助 3.85 万家企业获得银行授信超 4500 亿元，获评全省数字化改革“最佳应用”。

（一）“绿贷通 2.0”

“绿贷通”的主要职能是为企业与银行机构搭建贷款服务平台与沟通的桥梁，帮助企业“冲刺式”地完成银行的贷款业务。“绿贷通”转变传统的企业贷款申请流程，简化审批步骤，提升银行服务质量，推进金融领域“最多跑一次”的改革。为转变金融机构服务模式、优化绿色金融产品提供等，“绿贷通”聚焦了 36 家银行机构和相关信贷产品，通过绿色企业信贷等产品着力打造“金融综合体”和“融资直通车”，将不同银行、不同类型的信贷产品突破性地整合在了“绿贷通”平台。同时，“绿贷通”借助浙江省、湖州市大数据发展管理局及第三方数据机构的数据，有效提升了银行机构的授信审批效率。

绿贷通主要的服务内容如图 16－2 所示，共四个部分，分别为银行贷款、股权融资、担保增信和碳账户金融。“绿贷通”平台主要面向企业，提供一站式、综合性金融服务，促进融资畅通，大大缩短了企业进行银行贷款业务的时间，提高了服务效率，也促进了企业创新创业的积极性，形成了良好的营商环境。

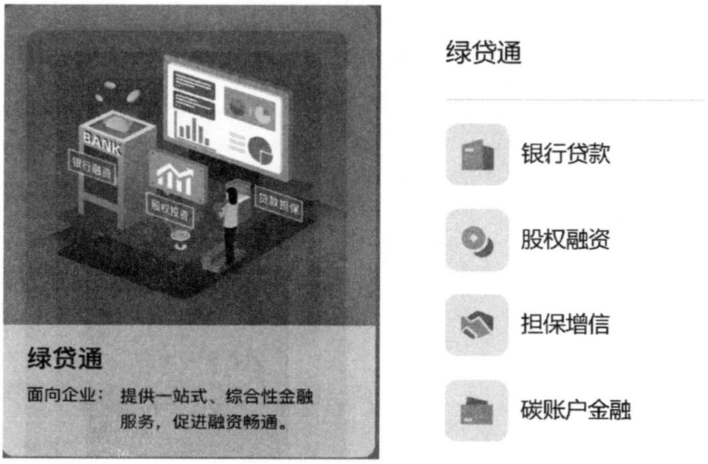

图 16－2 “绿贷通”主要服务内容

“银行贷款”项目主要业务包括“信贷超市”，它旨在通过金融科技手段来催生贷款新模式，引导企业形成“贷款也可以网上购”的理念，具体如图 16－3、图 16－4 所示。

"信贷超市"下设众多分类清晰的贷款类型，包括"双碳"贷、绿色企业贷、普惠小微贷、共富惠农贷、人才科技贷等贷款类别，同时对额度范围、年息范围、期限范围和受理时间等重要贷款数据给予了高度的透明度，在政府平台的公信力下，为中小微企业快速精准地选择贷款类型提供了便利与安全。

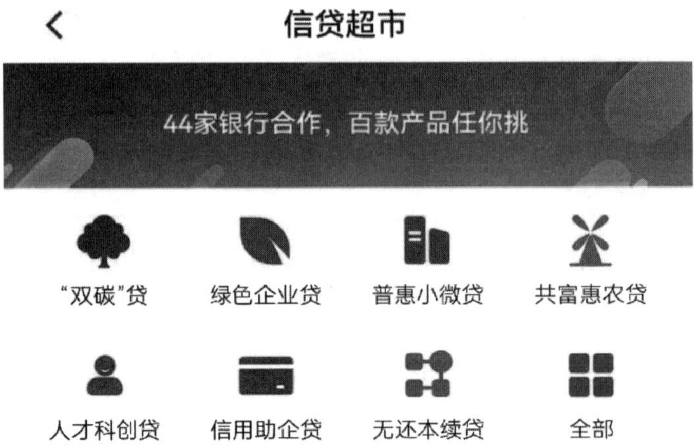

图 16－3　"信贷超市"贷款种类

图 16－4　"信贷超市"申请明细项目

针对企业和金融机构之间存在的信息不对称问题，“绿贷通 2.0”将辖区内银行资源进行平台整合，使中小企业可以在平台上实现精准对接。各类企业通过“绿贷通”开展融资业务，在完成评价申请和授权后，“绿信通”自动抓取相关数据，依据湖州《绿色融资企业评价规范》《绿色融资项目评价规范》等系列标准开展绿色认定评价，实现对每笔业务的全量化评价。评价结果直接与绿色贷款贴息、绿色担保补助等政策挂钩。“绿信通”依托本地一体化、智能化公共数据平台，在环保、经信、税务等 17 个政府部门、10 多个数源系统的支持下，最终实现了 100% 线上取数、100% 自动化计算。

（二）“绿信通 2.0”

“绿信通”致力于发现绿色价值，促进经济社会可持续发展，提供多维度、专业化绿色金融工具，助力绿色金融创新。“绿信通”的主要功能是金融数据引擎、绿色融资主体 ESG 评价系统、信贷资产碳核算系统和环境信息披露（见图 16－5）。

图 16－5　“绿信通”平台首页

其中，“金融数据引擎”功能设计具备交稿的专业性，致力于通过多样数据来源和归集、高速数据交换和传播，实现较高的数据价值，并保障数据存储安全。该系统涵盖 61 个部门、3.19 亿条数据、4167 个字段、195 张数据表。通过数据中台和专题特色库连接了湖州银行、中国工商银行、宁波银行等 10 余家银行，系统框架图如图 16－6 所示。

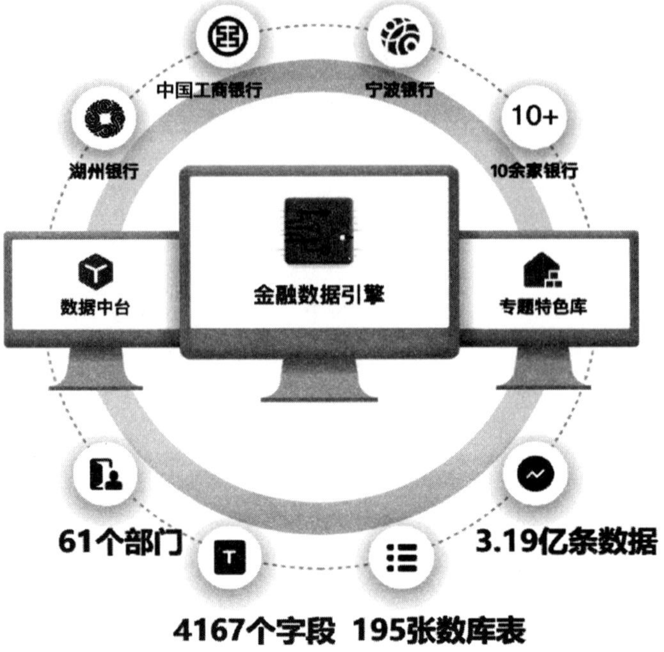

图 16-6 “金融数据引擎”系统框架图

“绿色融资主体 ESG 评价系统”则聚焦融资主体数据自动获取、评价结果动态实时更新、模型灵活支持个性开发、纯线上认定无人工干预，打造可持续发展下的 ESG 企业估值支持系统。主要申请步骤如图 16-7 所示。

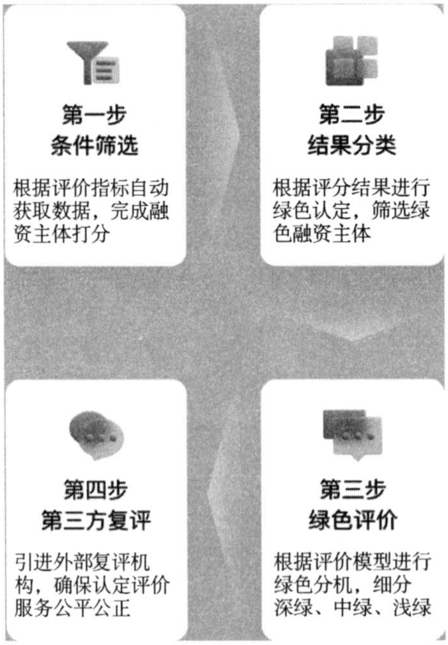

图 16-7 “绿色融资主体 ESG 评价系统”步骤

“信贷资产碳核算系统”支持自动化全量化企业碳账户、支撑信贷业务逐笔碳核算和一键智能生成碳信息报告功能，对于信贷碳足迹、碳排放量、碳效评价、碳排放强度等均进行了测算和跟踪，具体如图 16－8 所示。

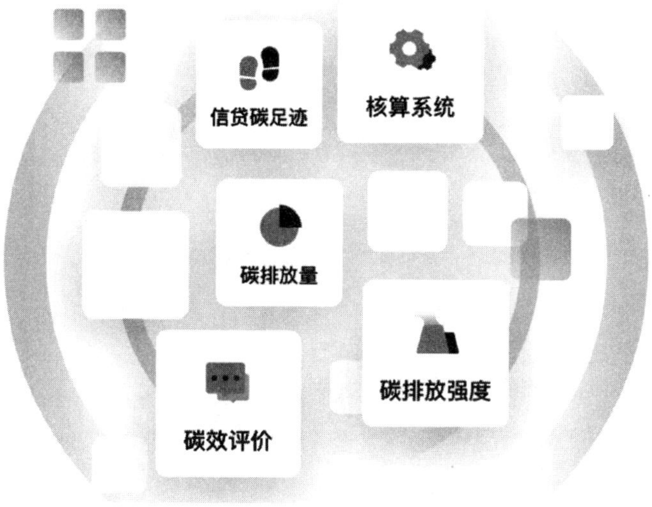

图 16－8　“信贷资产碳核算系统”

“绿信通”作为湖州建设国家绿色金融改革创新试验区，连接湖州市大数据管理中心及管理局，整合环保行政处罚、环境行为信用等级评定、科技创新等数据，使评价趋于精准化、自动化、可视化，推动了银行机构实施绿色贴标，旨在帮助银行机构科学判断企业的绿色属性，同时推进企业向绿色化转型升级。

（三）“绿金宝”和“绿治通”

“绿金宝”主要提供高品质、便利化的金融服务，倡导低碳生活，利用互动的方式，融合信贷、理财、保险、信用卡的碳足迹排名和跟踪数据展示等吸引居民开展绿色生活。“绿治通”则面向政府部门，打造贯通、协同、数智的交互场景，推进金融服务治理现代化（见图 16－9）。

（四）信贷情况

2023 年 12 月，“绿贷通”中的“银行贷款”已注册企业 55556 家，已授信企业 41655 家，帮助中小企业融资 5009.54 亿元；“股权融资”平台机构 131 家，平台项目 477 个，已实现融资总额 114.75 亿元；“担保增信”主打政府出资，由市区政府出资组建，已完成担保 2350 笔，已担保企业 1580 家，担保总金额 44.83 亿元。“碳账户金融”已完成 5 个碳项目数、24 个碳金融产品和 3 项碳政策。

图 16－9　“绿金宝”和“绿治通”

三、“数智绿金”综合服务平台案例模式分析

（一）地区绿色金融服务平台的特色模式

“数智绿金”综合服务平台致力于打造综合性金融服务平台，吸引政府、金融机构、第三方认证机构等多方参与主体（见表 16－1），综合政策、中介、咨询、产品、信息多重服务。平台通过相关参与方资源的信息整合、明确主体利益诉求等的架构设计，保持平台的参与流量与客户黏性，形成长期可持续的服务平台。

表 16－1　平台相关参与主体

平台名称	主办单位	承办单位	合作单位
湖州·绿贷通 绿色金融服务平台 湖州“绿贷通”	湖州市金融办、人行湖州市中心支行、湖州市银保监局	南太湖绿金院	34 家商业银行作为合作金融机构，浙江省、湖州市大数据发展管理局等
邢易融 XING YI RONG 邢台“邢易融”	邢台市地方金融监督管理局	河北省农联社邢台审计中心	15 家商业银行作为合作金融机构，由承办单位联系商业银行和一些金融机构作为投资、担保机构

续表

平台名称	主办单位	承办单位	合作单位
成都“绿蓉通”	成都香城投资集团有限公司	成都香城绿色金融控股有限公司	25 家金融机构，成都市香城中小企业融资担保有限责任公司（政府成立的政策性担保公司）等

其中，湖州建设国家绿色金融改革创新试验区、推进金融领域“最多跑一次”改革中，“绿贷通”作为特色改革举措之一，搭建银企对接服务平台，得到市法院、市财政局、市公安局、市大数据局、市税务局、市生态环境局、市商务局等相关部门的大力支持；通过对接浙江省、湖州市大数据发展管理局及第三方的相关数据，大大提升了银行机构授信审批效率。这种由政府“搭台”、企业和金融机构“唱戏”的模式，减少了双方信息不对称、需求不匹配等问题，充分提高了融资、贷款的效率，在全国多地都得到了落地，并且已经取得了一定的成果。

（二）数智变革下的绿色资源融通平台

“绿贷通 2.0”于 2022 年上线，是基于数智变革打造的绿色金融资源融通平台，具有三个特点：一是充分发挥“绿色金融大脑”数据计算分析、逻辑推理能力，使“绿贷通 2.0”实现数智变革，引入大数据和金融科技能力，实现低碳画像、融资对接、风险管理等业务流程优化，突出智能化、智慧化。二是开发上线国内首个融资主体 ESG 评价系统，对企业开展绿色评价，突出绿色低碳特征。ESG 评价系统构建涵盖三级评价指标体系，主要涉及企业环境风险管理、应对气候变化、员工权益保障、公司治理有效性等，赋予企业“深绿”“中绿”“浅绿”“非绿”评价。目前，湖州 ESG 评价系统已为 1.7 万家企业进行 ESG 评分。三是依托“绿色金融大脑”预测预警能力，坚持以风险预警和稳增长纾困帮扶，实现精准的风险防控。

具体而言，“绿贷通 2.0”在三个方面实现智能升级：（1）聚合政务、金融、第三方机构等数据，依托能耗核算、碳效评价、碳汇计量等算法，打造信贷资产碳核算系统，按季开展碳核算，实现“绿色画像”向“绿色低碳画像”的转变。目前已为 1.6 万家企业提供碳核算服务。平台推出了全国首个区域性碳中和银行体系、转型金融支持目录，开发“碳效贷”“碳汇贷”“碳价贷”等 10 多款碳减排金融产品，创新碳账户金融应用。（2）拆解首贷户、增贷户、续贷户的需求特点，创新推出“智能感知需求”模式，从订单、缴税、用工、能耗等数据维度，开发多个算法模型，对差异化企业融资需求进行智能匹配，提升银企对接精准度，引导银行主动靠前服务。（3）融资需求订单从“层层下发”转向银企对接“智能派单”。平台利用大数据相关技术，对于全市的金融机构和服务网点等，结合相关服务人员开展刻画“服务全景图”。金融机构根据“服务全景图”智能接收企业融资需求，建立“融资订单—智能诊断—智能派单”模式，其中，诊断模型中有 11 个数据维度模型，涵盖服务质量、利率水平等。（4）依托“金融数据引擎”预测预警能力，实现信贷风险智能预警，将信贷风险防控从“注重抵押物和事后处置”向“智能预警和事前干预”变革。

此外，“绿信通 2.0”为金融机构的绿色金融业务提供了强有力的数据平台支撑。本次系统升级基于中国人民银行牵头建设的绿色金融信息管理系统率先在湖州市进行试点的基础，新开发金融数据引擎、绿色融资主体 ESG 评价系统、信贷资产碳核算系统和环境信息披露，集绿色信贷统计分析、绿色信贷流程监管、绿色信贷政策实施效应评估为一体，通过运用最新的金融科技技术，打造绿色信贷信息管理平台，以期解决目前普遍存在的绿色金融数据报送滞后、信息数据不全面、监管考核难等问题。截至目前，该系统实现了湖州市辖区内的全部银行与人行端（湖州市中心支行）的全量、实时逐笔数据报送。湖州市金融办牵头构建湖州绿色金融综合服务平台，已汇集了湖州市辖所有 36 家银行和 300 余款信贷产品，涵盖市工商、税务和环境等超过 30 家主管部门单位的企业信息，打破数据壁垒，降低成本，实现了跨部门信息共享，提高企业的融资效率。

（三）绿色金融服务资源高度整合

本次升级的平台 2.0 版本重新整合了平台功能分布，对于多个参与主体服务进行整合设计，主要包括面向企业的“绿贷通”、面向金融机构的“绿信通”（企业或项目的绿色认定）、面向百姓的“绿金宝”、面向政府的“绿信通”；银行贷款、股权融资、担保增信和碳账户金融；绿色信贷、绿色投资、碳账户金融等中小微企业的绿色金融需要；金融数据引擎、绿色融资主体 ESG 评价系统、信贷资产碳核算系统和环境信息披露等，进一步丰富了平台的产品种类。平台种类丰富、分类明确，有利于企业线上自助绿色借贷活动、金融机构发布和评估产品，并通过居民和政府的参与，提高绿色金融发展的便捷性和科技性，从而体现金融科技推动中国绿色金融可持续发展的积极作用。

同时，在微信中同步开通了“绿贷通”的公众号，其中包含了“绿色企业贷款”“双碳贷”“人才科创贷”等服务渠道，有利于满足不同群体的需求，增加普及率，促进金融服务的全面性和高效性。“绿贷通”平台与近 10 个部门实现了绿色信息连通，平台信息及数据真实可靠，受到平台注册企业信息核验。微信公众号中提供了“绿贷通 2.0”等众多信贷服务，让企业通过移动设备足不出户即可完成融资需求。

（四）建立产品分类机制，缓解绿色融资约束

市场定位、授信政策、风险偏好等是融资供需双方结构性不匹配的重要原因，由于各家银行授信门槛不同，企业在寻找合适的绿色信贷资源时面临较大的摩擦成本。“绿贷通”包含了 36 家银行机构的 300 多款金融产品的“信贷超市”，涵盖 6 家国有商业银行、10 家股份制银行、10 家城市商业银行、6 家农村商业银行和 4 家村镇银行。金融机构在绿色金融综合服务平台发送差异化金融产品，由企业进行一对多融资机构选择。湖州辖区内的银行均在金融综合平台上发布金融产品，使企业不仅可以拥有更多的选择，还可以降低金融产品的信息不对称，优化金融机构之间的良性竞争，缓解环保企业、转型企业等融资难和融资贵问题。

产品更新分类评价机制在“绿贷通 2.0”中进一步优化，“信贷超市”按照服务对象将信贷产品分为“绿色企业贷”“绿色智造贷”“科技企业贷”“双碳贷”等 20 类，便于银企之间进行双向选择，并且为金融机构提供了主动服务客户和获取客户的资源平台。这使绿色信贷供需双方的信息不对称程度降低，实现了资金供需的精准匹配，降低了企业绿色信贷成本，提升了绿色资源的配置效率。此外，平台信息透明，企业等主体均可在平台查询融资情况，小微企业贷共 148 款，绿色贷款共 109 款，助推绿色产业发展和支持小微企业发展，为企业提供了丰富的信贷产品池。

四、建议及政策

（一）加大绿色金融产品创新

绿色金融产品主要包括绿色信贷、绿色债券和碳资产抵押融资等，湖州在信贷方面展开了较多尝试，试图将绿色信贷资源打造成公开透明的平台交易。但是，缺乏特色绿色金融产品创新。通过绿贷通的产品发现，各家银行提供的产品中绿色信贷产品只占一部分，且利率水平差异较大，适用范围、贷款金额等都存在较大的差异。平台对于绿色金融产品并没有进行整合、推荐与分析，36 家银行的绿色信贷产品尚需打造特色产品。同时，绿色债券、绿色保险、绿色消费信贷和绿色资产证券化等领域亟须进一步创新，服务对象和内容仍比较单一，金融产品缺乏流动性。金融机构对于投资绿色金融产业没有较高的积极性，目前的投资模式与规模及实际的需求存在较大差距，并不能满足企业发展的实际需要。这说明，湖州绿色金融综合服务平台仍需要在绿色金融产品的创新和筛选上继续优化。

（二）推进碳账户核算体系的权威性及影响力

绿色金融创新发展的信息不对称主要表现在金融机构与企业间的信息不对称，湖州开展碳账户核算体系具有重要的实践意义，和浙江衢州同时开发了相关评估系统。但碳账户核算等范围广泛、环节复杂、数据信息处理专业精准，目前湖州碳账户核算等系统上线时间不长，相关评估体系的方法与效果也尚不明晰，应用的范围也相对有限。国内目前也缺乏统一的标准进行碳核算、绿色评价等，还需要进行影响力推广和科学性验证。同时，我国目前绿色环境信息披露制度也相对薄弱，金融机构的绿色信贷数据仅向主管部门报送，未公示可能会造成门槛式应付型绿色信贷，对于实际资金的需求无法满足。而企业的绿色环境信息披露对于上市公司开展了 ESG 评分系统，但对于大量未上市的企业而言，还缺乏有力的绿色环境信息披露制度和发布平台。因此，湖州虽然在碳核算等绿色评价体系上占据了数字化资源整合的先机、全国绿色金融改革示范园区的政策优势，但真正要把绿色金融评价做优做强，还需提升评估方法的科学性，来打造统一、权威的碳账户核算体系等。

（三）推动统一的区域性绿色评价体系建立

绿色评价体系的建立旨在引导企业向低污染、绿色经营的方向发展，它有助于低污染企业降低融资成本，鼓励企业进一步优化、巩固自身取得的绿色经营成果。但与此同时，该评价体系在客观上也使高污染企业融资成本增加，低污染企业与高污染企业的融资成本日益出现两极分化的态势，高污染企业发展与改革的潜力受到制约，不利于向绿色经营方向转型升级，这反而有悖于绿色评价体系建立的初衷。湖州绿色金融服务平台可以完善相关绿色评价体系，引进具有相关资质的第三方评估机构，应对复杂的绿色评估要求。同时，出台相关地方性法规，对绿色信息披露作出更加严格、具体的要求，进一步消弭企业与金融机构之间存在的信息差，用绿色政策为绿色投资与绿色发展保驾护航。同时，基于湖州在绿色金融试点、长三角 G60 科创走廊、长三角一体化中的战略优势和区域资源优势，以绿色评价体系为品牌推动，扩大绿色金融在区域的影响力，为区域企业争取更多的绿色金融资源。

综合而言，湖州作为“绿水青山就是金山银山”理念诞生地和全国首个地市级生态文明先行示范区，通过打造“数智绿金”综合服务平台，坚持绿色发展、创新发展和协调发展的道路，打造了“绿贷通”“绿信通”等特色绿色金融服务，为辖区内企业和金融机构提供了绿色资金的交易平台。湖州绿色金融的发展可在长三角区域一体化发展国家战略下，更加积极地依托绿色金融综合服务平台等独特机制，开发绿色金融明星产品、绿色债券发行资源池，吸引全国金融机构，打造长三角 G60 科创走廊、长三角区域的绿色发展引领区，使湖州模式可以走向全国。

【思考题】

（1）湖州推进绿色金融发展尝试了什么模式？

（2）湖州绿色金融平台服务主要包括哪些功能？

（3）“绿贷通 2.0”的主要特色和服务是什么？

（4）“绿信通 2.0”为金融机构提供了哪些特色服务？

（5）湖州绿色金融模式这次创新的最大特点是什么？

参考文献

［1］杜焱，冉圆圆．绿色金融对碳排放的影响——基于空间动态面板模型的检验［J］．当代经济，2023，40（12）：55－65.

［2］何广文，陈晓洁．金融机构助力绿色发展的可持续路径与启示——基于湖州的个案研究［J］．北京联合大学学报（人文社会科学版），2022，20（2）：83－92＋102.

［3］刘程俊，史小坤．绿色金融发展对产业结构升级的影响研究——以湖州绿色金融改革创新试验区为例［J］．浙江金融，2022（12）：17－31.

［4］雷曜，梅亚雯．地方政府助力绿色金融改革创新试验区建设［J］．中国金融，2023（6）：63－65.

［5］李昕晨，马少杰，张云，韩云．湖州绿色金融综合服务平台案例分析［M］．北京：中国财政经济出版社，2023.

案例 17　衢州碳账户绿色金融实践案例*

内容摘要：实现企业及个人碳排放量的测算，对于推动“双碳”目标的实现具有重要的实践意义。衢州以数字化改革为抓手，建立涵盖工业、农业（林业）、能源、建筑、交通运输、居民生活六大领域，贯穿生产端到消费端的碳账户体系，并以金融为切口，在全国率先构建碳账户金融“5e”闭环体系，涵盖碳排放 e 账本、碳征信 e 报告、碳政策 e 发布、碳金融 e 超市、碳效益 e 评估。衢州碳账户实践探索出了“政府精准治碳、企业精准减碳、金融精准支持”的转型金融经验。

关键词：绿色金融；衢州；碳账户

一、案例背景

气候变暖会对生物多样性、生态系统服务和经济发展造成极大的负面影响，随着升温幅度的提高，其可能性、严重性和不可逆性将进一步增加。因此，国际社会需要在未来几十年内显著减排，只有在 2050 年左右达到净零排放，才能实现《巴黎协定》1.5℃温控目标。2020 年，习近平主席在第 75 届联合国大会一般性辩论上向世界庄严承诺“中国二氧化碳排放力争于 2030 年前达到峰值，努力争取 2060 年前实现碳中和”，彰显了中国应对气候变化、走绿色低碳发展之路的决心。

衢州是传统重化工业占比较高的高碳产业区，也是全国最早开展绿色金融改革的设区市、全国九个绿色金融改革创新试验区之一。为了做好绿色金融与转型金融的有效衔接，衢州以数字化改革为抓手，建立涵盖工业、农业（林业）、能源、建筑、交通运输、居民

* 本案例作者为葛璐澜、刘娜、韩云、汪鹏和张云。其中：葛璐澜，经济学博士，上海立信会计金融学院金融学院讲师；刘娜，经济学博士，上海立信会计金融学院金融学院讲师；韩云，经济学博士，上海立信会计金融学院金融学院副教授；汪鹏，经济学博士，上海立信会计金融学院金融学院讲师；张云，理论经济学博士后，上海立信会计金融学院金融学院教授。

生活六大领域，贯穿生产端到消费端的碳账户体系，并以金融为切口，在全国率先构建碳账户金融“5e”闭环体系，探索出了“政府精准治碳、企业精准减碳、金融精准支持”的转型金融经验。

衢州努力推动碳账户金融应用触角延伸至各县（市、区），扩大贷款规模，探索开展重点企业重点产品的全生命周期碳足迹核算，将碳足迹核算范围从工厂延伸至产品的全生命周期，碳核算方法从概算到精算，碳评价方法从间接评价到直接评价，进而实现政府精准治理、企业精准减碳、金融精准支持。

二、衢州碳账户金融应用发展概述

（一）碳账户金融服务

目前，衢州逐步构建了较为完整的碳账户体系，对企业和居民实现了较为全面的覆盖，建立碳账户的对象包括工业企业 2765 家、能源企业 98 家、建筑主体 129 家、交通运输企业 73 家、农业主体 1000 家、社会居民 239 万人。碳账户的设立引导金融资源向绿色产业倾斜，提升了碳减排效益。具体来说，衢州碳账户的金融应用可以从以下三个方面进行概述。

第一，衢州设立了工业企业碳账户体系。工业企业碳账户体系根据企业的碳排放总量和碳排放强度，依次将企业区分为“红”“黄”“浅绿”“深绿”四类，金融机构则根据企业绿色“深浅”提供差异化的金融产品和金融服务。在中国人民银行衢州市中心支行等部门联合出台的《关于金融支持碳账户体系建设指导意见》的引导下，金融机构正结合六大领域碳账户分级分类结果，配套出台差异化的碳金融产品与服务，向绿码企业倾斜金融资源，碳账户“绿色”贴标企业可在线上优先快速办理贷款，对于红码、黄码企业，推进项目绿色改造，实现向绿色企业的蜕变。另外，为了提高企业的清洁生产能力和资源利用效率，衢州也逐步推进建立企业碳账户信用约束机制，提升金融机构向绿色清洁企业的倾斜力度，引导金融机构将金融资源配置到节能减排领域，对高污染、高排放、高能耗企业暂停提供金融优惠政策，助力实现能源的高效利用和废物对外零排放。

第二，在农业方面，衢州建立了农业碳中和账户体系，围绕有机肥替代、秸秆还田、沼气工程三条路径采集农业企业的碳排放数据，核算企业的碳足迹，并按照碳减排程度，为农业企业贴上“浅绿”“中绿”“深绿”三个等级标签。根据碳排放等级标签，金融机构对农业企业提供差异化的金融服务，对“深绿”企业优先提供信贷审批和业务投放，并给予经营政策和利率优惠。另外，“深绿”企业也将优先获得中国人民银行提供的绿色低息再贷款。

第三，衢州建立了“个人碳账户”项目，对个人碳减排行为进行评分，并在此基础上建立个人绿色信用体系。2018 年，衢州市江山农商银行正式推出“个人碳账户”项目，将个人绿色金融行为从节约用水、用电、无纸化办公、公共交通等碳排放方面进行折算，按照每笔低碳交易节约的碳排放量（克）计入个人碳积分账户。根据个人碳账户积分的高低，银行等金融机构将客户分成“深绿”“中绿”“浅绿”三个档次，按照碳积分档次依次提供个人信用贷款，并为个人绿色金融评分较高的客户提供授信额度、贷款利息等方面的优惠政策，推动个人绿色金融行为和金融机构绿色信贷业务的发展。

（二）碳账户金融“5e”闭环体系

2021 年，衢州率先开展基于账户的转型金融工作实践，以金融精准服务低碳转型为目标，以数字化改革为抓手，创新构建碳金融账户“5e”闭环体系（包括碳排放 e 本账、碳征信 e 报告、碳政策 e 发布、碳金融 e 超市、碳效益 e 评估），为实现“政府精准治碳、企业精准减碳、金融精准支持”提供了转型金融“衢州方案”。随着云计算、人工智能技术和算法的不断推广和应用，衢州结合大数据技术构建企业和个人的碳账户体系，对碳排放主体的碳排放量和碳排放强度进行数据采集和分析，引导金融机构结合碳账户探索绿色金融服务。同时，依托浙江省一体化智能化公共数据平台，打破省、市、县三级的数据壁垒，实现数据贯通。以下针对“5e”闭环的各个环节进行详细介绍。

1. 碳排放 e 本账

首先，碳排放 e 本账通过数据采集、核算和评价三个环节，对碳排放主体的碳排放量和碳排放强度进行全面记录。首先在数据采集环节，碳排放 e 本账采用在线监测的方式，保证了数据采集的准确性和及时性。其次，碳排放 e 本账结合专家院士团队的研究结果，对采集数据进行全面、科学的核算。最后，根据核算得到的碳排放数据，从单位产品产量碳排放强度、单位工业增加值碳排放强度、单位税收碳排放强度三个维度考察企业的碳排放强度，根据碳排放强度的高低，依次将企业区分为“红色”“黄色”“浅绿”和“深绿”四类，助力金融和产业资源向绿色产业转移。

2. 碳征信 e 报告

碳征信 e 报告根据碳排放 e 本账中的数据，将个人与企业的碳排放总量、碳排放强度和碳排放结构等数据进行汇总，并根据碳排放 e 本账的贴标结果，形成可供政府和金融机构查询使用的月度碳征信报告。一方面，碳征信报告为金融机构提供了可靠的碳排放信息，帮助金融机构根据企业的节能减排和个人的绿色金融行为提供差异化的金融产品和金融服务；另一方面，个人或者企业可以及时了解自身的碳征信情况，根据自身情况及时申请和办理碳金融产品。

3. 碳政策 e 发布

碳政策 e 发布通过网络公开平台向公众及时公布政府部门、金融管理部门和金融机构发布的碳减排相关政策。其中，政府部门发布的碳政策主要涵盖各类碳账户建设试点方案、碳账户金融建设方案等；金融管理部门发布的碳政策主要涉及银行、保险等各类金融机构的金融服务政策清单、金融支持碳减排的政策制度、金融机构环境信息披露制度等；金融机构公布的碳政策主要涉及各类金融机构实施低碳信贷、碳账户专项贷款等金融产品的制度政策等。通过碳政策 e 发布模块，公众能够及时了解碳减排和低碳金融产品的相关信息，引导金融资源更快地向低碳行业和个人转移。

4. 碳金融 e 超市

基于碳排放 e 本账、碳征信 e 报告和碳政策 e 发布，碳金融 e 超市提供了各类碳金融应用产品，包括低碳贷款、减碳贷款、零碳贷款等碳减排贷款，以及碳抵消保险、碳配额保险、节能减碳保险、安全生产和环境污染综合责任险等绿色保险产品，助力金融机构将金融资源配置到节能减排的相关绿色领域。通过碳金融 e 超市，客户可以及时了解金融机构的绿色金融产品，根据自身需要选择绿色金融产品并提交在线申请。银行、保险公司等金融机构可以通过线上方式对金融产品的申请进行审批，结合客户的碳账户信息为企业或个人匹配相应的绿色金融产品，并提供相应的信贷额度或保险服务。另外，企业或者个人可以通过网页信息查取信贷审批过程，及时获取相关信息。依托碳金融 e 超市，金融机构努力拓展绿色金融产品应用，强化金融资源对绿色产品和可持续发展的支持力度。

5. 碳效益 e 评估

完善的碳金融系统离不开公开透明的碳信息披露系统。碳效益 e 评估是“5e”闭环的最后一个环节，定期提供各个金融机构的环境信息披露报告，落实碳金融激励约束措施。碳效益 e 评估基于碳排放和绿色金融产品数据评估碳减排效益。从每一笔绿色贷款出发，评估绿色信贷在节约能源和资源使用、减少碳排放等方面的效益，并提供相应的评估结果。碳效益 e 评估不仅能够进一步督促金融机构遵循绿色环保倡议，促进绿色金融业务发展，还为政府和金融监管部门评价绿色金融绩效、配套相应考核和激励约束政策提供了可靠的信息来源与政策支持。

三、碳账户测算模式分析

围绕“金融机构如何识别低碳项目”“企业如何精准计量碳减排量”“政府机构如何及时、准确地掌握碳排放数据”三大基础性问题，2021 年年初，中国人民银行衢州市中心支行在工业、农业、能源、交通、建筑和居民生活六大领域开展了碳账户构建方法的探索。充分依托一体化、智能化的公共数据收集平台，历经碳排放数据采集、碳排放量核算、报告企业贴标评价三大环节，形成了一套集六大领域碳排放数据信息归集与分析的碳排放账户体系。截至2023年8月，衢州市碳账户已覆盖2766家工业企业、1000家种养殖大户及有机肥生产企业、98家能源企业、129家建筑主体、73家交通运输企业和215万社会居民。接下来，对工业、农业、能源、交通、建筑和居民生活六大领域的碳账户测算模式进行分析。

（一）工业企业碳账户测算模式分析

在能源使用端的碳排放数据采集方面，通过衢州市智慧能源综合服务平台，采用连续监测法，以15分钟为频率，从报告企业安装的各类碳排终端实时采集各种能源的使用数据（包括原煤、电、天然气、蒸汽），采用碳排放因子法核算出报告企业能源消耗总量；对于工业生产过程产生的碳排放数据采集，报告企业则采用按月自主填报的方式上报不同工业产品在生产过程中产生的碳排放量，由衢州市生态环境局按月审核确认，并由第三方核查机构按年进行核查。

在碳账户碳排放核算方面，建立相应的算法模型，将能源使用端采集的报告企业能耗数据，按照碳排放系数法换算为能源碳排放量，并与工业生产过程所产生的温室气体排放量加总，最终得到报告企业的温室气体排放总量。其中，工业企业碳账户的核算范围包含三个方面：第一级核算范围为直接温室气体排放量；第二级核算范围为外购电力、热力、蒸汽产生的间接温室气体排放量；第三级核算范围为除第一、二级核算之外的其他间接排放，主要涵盖报告企业价值链上游及下游的温室气体排放、外包活动等领域。

在对报告企业贴标评价方面，根据碳排放强度指标对企业给出贴标评价。在构建碳账户的过程中，从产品产量、工业增加值和税收三个维度核算企业的碳排放强度，并对标所属行业的碳排放强度基准值，进行“红色”“黄色”“浅绿色”“深绿色”四种标志颜色的贴标评价。其中，产品产量维度通过对标企业所生产产品国家、地方或者行业已经发布的单位能耗基准值或单位碳排放基准值，计算单位产量碳排放强度对标率，并根据对标率赋予企业相应的贴标结果；工业增加值维度通过与行业工业增加值碳排放强度的均值进行对标，计算工业增加值碳排放强度对标率，并据此对企业进行贴标；税收维度按照企业税收碳排放强度的排名进行计算，根据排名的先后对企业进行贴标。表17－1呈现了工业企业碳账户在三种评价维度核算方法下对企业的等级划分。

表 17－1　　工业企业碳账户等级划分

评价维度	评价方法	
产品产量	对标率	深绿：[0，50%]； 浅绿色：（50%，100%]； 黄色：（100%，120%]； 红色：（120%，∞）
工业增加值	对标率	深绿：[0，50%]； 浅绿色：（50%，100%]； 黄色：（100%，150%]； 红色：（150%，∞）
税收	排名	深绿：[0，30%]； 浅绿色：（30%，60%]； 黄色：（60%，90%]； 红色：（90%，100%）

注：单位产量碳排放强度对标率＝（单位产品碳排放强度/对标值）×100%；单位工业增加值碳排放强度对标率＝（单位工业增加值碳排放强度/行业单位工业增加值碳排放强度均值）×100%，其中，行业单位工业增加值碳排放强度均值＝行业内所有企业碳排量总和/行业内所有企业增加值总和；单位税收碳排放强度评价按照企业单位税收碳排放强度排名计算。

资料来源：DB 3308/T 095—2021《工业企业碳账户碳排放核算与评价指南》。

（二）农业碳账户测算模式分析

农业碳账户的测算流程归纳起来可以分为三个步骤。第一，确定温室气体排放核算边界。农业温室气体排放核算范围包括在农业生产过程中产生的温室气体排放量、购入及输出的电力、热力生产环节产生的排放量以及燃料在氧化燃烧过程中产生的温室气体排放量。第二，核算温室气体排放量。首先，选择并收集温室气体活动数据，也就是判断所属企业为种植企业、养殖企业，还是有机肥企业，根据 DB 3308/T 100—2021《农业碳账户碳排放核算与评价指南》的标准，收集所需采集的温室气体排放数据；其次，选择或测算相应温室气体的排放因子；最后，核算报告企业的温室气体排放量及碳排放强度。第三，根据报告企业碳排放强度进行分类评价。具体如下：碳排放强度低，排名在前 20% 的报告企业，贴标为“深绿”；碳排放强度较低，排名在 20%—60% 的报告企业，贴标为“浅绿”；碳排放强度一般，排名在 60%—95% 的报告企业，贴标为“黄色”；碳排放强度较高，排名在后 5% 的报告企业，贴标为“红色”。

（三）能源生产企业碳账户测算模式分析

对能源生产企业从“单位供电/供热碳排放强度对标率”“单位供电/供热碳排放强度年度变化率”和“机组供电效率”三个评价维度，根据计算所得的对标率情况对报告企业进行评价贴标（见表 17－2）。

表 17－2　　能源生产企业碳账户等级划分

评价维度	评价方法
单位供电/供热碳排放强度对标率	深绿：[0，80%]； 浅绿色：(80%，100%]； 黄色：(100%，120%]； 红色：(120%，∞)
单位供电/供热碳排放强度年度变化率	深绿：(－∞，－20%]； 浅绿色：(－20%，0]； 黄色：(0，20%]； 红色：(20%，∞)
机组供电效率	深绿：[0，+∞]； 浅绿色：(－∞，0]

注：单位供电/供热碳排放强度对标率＝企业年度综合碳排放强度/综合基准值×100%，其中，综合基准值＝供电基准值（tCO_2/MWh）/3.6×年度供电占比＋供热基准值×年度供热占比；碳排放强度变动率＝（企业当年度单位碳排放强度－近三年单位碳排放强度均值）/近三年单位碳排放强度均值×100%，其中，企业年度综合碳排放强度＝年度供电碳排放量（tCO_2）/［年度供电量（MWh）×3.6］×年度供电量占比＋年度供热碳排放量（tCO_2）/年度供热量（GJ）×年度供热量占比，供电碳排放量＝碳排放总量×供电量碳排放占比，供热碳排放量＝碳排放总量×供热量碳排放占比，供热量碳排放占比＝［热电比/（热电比＋1）］×100%，供电量碳排放占比＝1－供热量碳排放占比，热电比＝年度供热量（千焦）/［年度供电量（千瓦时）×3600（千焦/千瓦时）］；企业机组供电效率对标率＝（当年度机组供电效率－近三年供电效率变动均值）/近三年供电效率均值×100%，其中，机组供电效率＝年度供电量/（装机容量×年运行时长）（年运行时长为所在地区的年平均运行时长）。

资料来源：DB 3308/T 097—2021《能源生产企业碳账户碳排放核算与评价指南》。

（四）道路运输企业碳账户测算模式分析

道路运输企业以里程碳排放强度、车均碳排放强度、货运周转量碳排放强度和客运周转量碳排放强度四个指标作为碳账户的评价指标，计算相应的碳排放强度对标率，并据此对企业赋予贴标结果（见表 17－3）。

表 17－3　　道路运输企业碳账户等级划分

评价维度	评价方法
里程碳排放强度	深绿：[0，100%)； 浅绿：[100%，120%)； 黄色：[120%，∞)
车均碳排放强度	深绿：[0，100%)； 浅绿：[100%，120%)； 黄色：[120%，∞)
货运周转量碳排放强度	深绿：[0，100%)； 浅绿：[100%，120%)； 黄色：[120%，∞)
客运周转量碳排放强度	深绿：[0，100%)； 浅绿：[100%，120%)； 黄色：[120%，∞)

注：里程碳排强度对标率 =（里程碳排强度/对标值）×100%，其中，里程碳排强度 = 碳排放总量/企业车辆总里程数，以“行业平均车均碳排强度”作为该指标下的对标值，且行业平均车均碳排强度 = 行业内所有企业碳排放量总和/行业内所有企业车辆总和；车均碳排强度对标率 =（车均碳排强度/对标值）×100%，其中，车均碳排强度 = 碳排放总量/企业车辆总数，以“行业平均里程碳排强度”作为该指标下的对标值，且行业平均里程碳排强度 = 行业内所有企业碳排放量总和/行业内所有企业里程总和；货运周转量碳排强度对标率 =（货运周转量碳排强度/对标值）×100%，其中，货运周转量碳排强度 = 碳排放总量/企业总货运周转量，以“行业平均货运周转量碳排放强度”作为该指标下的对标值，且行业平均货运周转量碳排强度 = 行业内所有企业碳排放量总和/行业内所有企业货运周转量总和；客运周转量碳排强度对标率 =（客运周转量碳排强度/对标值）×100%，其中，客运周转量碳排强度 = 碳排放总量/企业总客运周转量，以“行业平均客运周转量碳排放强度”作为该指标下的对标值，且行业平均客运周转量碳排放强度 = 行业内所有企业碳排放量总和/行业内所有企业客运周转量总和。

资料来源：DB 3308/T 099—2021《道路运输企业碳账户碳排放核算与评价指南》。

（五）建筑领域碳账户测算模式分析

建筑行业企业碳账户测算主要包括对新建民用建筑的碳排放测算和既有公共建筑的碳排放测算。新建建筑碳账户通过建筑综合节能率、建筑本体节能率、围护结构节能率和可再生能源利用率四个维度的指标对企业进行评价分级，而新建建筑碳账户的测算又细分为新建公共建筑碳账户测算和新建居住建筑碳账户测算。其中，新建公共建筑主要使用建筑综合节能率、建筑本体节能率和可再生能源利用率三个指标进行评价等级划分；新建居住建筑主要使用围护结构节能率和可再生能源利用率两个指标进行评价等级划分。既有公共建筑碳账户通过单位建筑面积电耗和单位建筑面积碳排量两个维度指标对企业进行评价分级。具体的建筑企业评价等级划分标准详见 DB 3308/T 098—2021《建筑领域碳账户碳排放核算与评价指南》。

（六）居民碳账户测算模式分析

居民碳账户测算主要包括数据获取与归集、碳减排核算、碳积分赋值和积分应用四个步骤。首先，在数据获取与归集环节，采集各种可回收生活垃圾的类型及数量等信息，将获取的垃圾量信息统一汇集到政府的公共数据平台，并与居民个人信息相匹配，实现“一人一账户”。其次，在碳减排核算环节，碳减排总量由替代碳减排量和处置碳减排量加总得到。再次，在碳积分赋值阶段，对于碳减排量在人均水平及以下的应积极鼓励；对于碳减排量在人均水平及以上的则实施阶梯赋值。最后，通过碳积分兑换，碳积分可以兑换为权益，可以降低贷款利率等，激励居民个人积极践行绿色低碳生活。

四、建议及对策

（一）推进衢州碳账户测度体系不断完善

加强与国内其他主流碳账户平台的互联互通，加快碳计量与积分核算的整合，如全国各大能源交易所、碳排放权交易所、重点地市大数据平台等，积极探索国内碳账户测度标准制定。此外，碳账户测度体系应当与国际标准接轨，以便更好地与国际碳市场对接和交流。参考国际通用的碳排放测算标准，确保衢州碳账户的数据和评估符合国际认可标准。

（二）加强风险监管和确保数据安全

加强信息安全监管，制定科学规范的方法，防范数据二次利用和个人信息过度披露所带来的隐私侵犯风险。具体地，在涉及政府部门、第三方机构、企业和金融机构间的数据传输和共享过程中，应强化风险监管机制，特别关注数据泄露风险。此外，政府可以制定相关法律法规，明确保障碳账户数据的生命周期安全，并建立相应的监管机制，明确主管部门的责任，进一步完善企业碳账户管理规则，以确保各方主体的数据安全。

（三）积极打造“政府 + 银行 + 企业”的合作格局，拓展碳账户生态圈

碳账户底层数据涉及多个产品及业务，需要打通各部门间的数据壁垒，并搭建专门的业务管理后台，涵盖前端营销、中端服务及管理、后端数据运营支撑等功能，成本较高。此外，“碳账户”平台目前多为非营利模式，难以形成可持续发展的商业模式。因此，政

府应提供政策引导与统一标准，企业提供碳数据来源，银行提供资金支持与金融服务，并积极探索碳减排计量数据中台服务，服务各级政府和企业。通过优势数据互补、低碳场景整合，企业可以全方位掌握碳足迹及减碳成果，获得更多碳权益。同时，在数据的相互融合验证中，碳账户可以有效防范数据造假，避免重复计算，实现真正的碳资产属性。推动碳减排量纳入碳市场交易，通过市场化手段，降低激励机制的运营成本，支持碳账户可持续性发展。

（四）加大碳账户数据采集的基础设施建设

当前，国内外均无大规模个人碳减排数据采集的统一标准，且低碳行为的记录与数据收集也对硬件配置提出要求。一是制订统一的个人碳足迹核算标准、建立和编制社区层面基于消费的温室气体排放清单、固碳释氧生态价值评估标准等，为引导个人低碳生活方式提供数据支撑。二是建立碳排放评估制度，依据家庭或个人碳排放数据，区分贡献、达标、未达标、破坏等不同档位，既为个人根据自身情况采取碳中和行动提供科学依据，也为个人碳排放额度的交易转让提供可能。三是建立生活消费品碳足迹标识制度，探索将消费品生产端碳排放量，以及产品销售端和消费环节碳排放量计入产品碳标签，标明生活消费品碳排放量高低。

（五）深入拓展碳账户跨场景应用

定位政府在碳账户试点中应当扮演的角色，并探究创新推出的金融信贷与碳账户联结的可行性，举一反三，不断拓展碳账户的跨场景应用。除了在工业、农业、能源、交通、建筑和居民生活等领域推行外，政府可以考虑拓展更多场景，如零售业、餐饮业等服务行业。此外，政府还可以与商业银行进行合作，尝试将居民日常的绿色消费纳入个人碳账户的衡量体系中。通过鼓励和奖励企业与居民在不同领域的碳减排行为，政府可以推动社会各界更广泛地参与到碳减排工作中来，进一步促进全社会的低碳转型。

【思考题】

（1）针对绿色金融发展目标，衢州进行了哪些尝试？

（2）衢州的碳账户金融“5e”闭环体系包括哪几点？

（3）工业企业碳账户测算模式主要是如何进行的？

（4）居民碳账户测算模式主要是如何进行的？

（5）针对进一步全国碳账户测算有哪些政策启示？

参考文献

[1] 程建华，胡俊青．“双碳”目标下绿色金融赋能实体经济高质量发展策略研究——基于衢州市的个案分析［J］．吉林金融研究，2022（4）：21－25.

[2] 何起东．以碳账户为核心的绿色金融探索［J］．中国金融，2021（18）：56－57.

[3] 徐韶华．基于碳账户的转型金融衢州实践［J］．中国银行业，2022（7）：18－20.

[4] 刘明，王丽英，傅文涛．“碳达峰”“碳中和”标准化研究路径探索——以衢州市“碳账户”标准化建设为例［J］．中国标准化，2023（2）：122－126.

[5] 江欣屏．衢州以“碳效”论英雄［J］．决策，2022（6）：42－44.

案例18　山西绿色金融平台案例研究*

内容摘要：“双碳”发展背景下绿色金融的作用日益重要，而经济可持续发展、企业投资增长、降低气候变化和其他环境风险对金融系统的风险控制也产生了重要影响，这对于传统资源型经济省份山西省而言既是机遇，也是挑战。经过多年探索与努力，山西绿色金融实践已取得稳步发展。本文重点阐述了山西绿色金融发展的现状及存在问题，并在投资主体、市场精细化、信用评价体系等方面提出促进山西绿色金融高质量发展的建议，更好地发挥其在节能降耗和稳定金融环境方面的作用。

关键词：绿色金融平台；可持续发展；经济结构转型

一、案例背景

（一）研究背景

自18世纪60年代工业革命以来，人类从依靠自身的生物能对外做功来发展生产变为了依靠地球上蕴藏的煤炭、石油等化学燃料带动机器做功。人类社会从一个社会生产力较为低下的存量世界，即生物能对生产的赋能有限（通俗而言，生物能即人类从食物中获取的能量，而农业的产出是有限的，有人多吃一口，就有人少吃一口），过渡到了生产力获得极大解放的增量市场，人类获得了相比于封建主义田园、行会更为先进的生产力。此时，人类仿佛成了自然界的主宰，过去传统的“敬天保民”的神秘主义思想便渐渐淹没在浩浩荡荡的人类征服自然、改造自然的宏伟队列之中了。

但是人类毫无节制的开采如同信用卡透支一般，最终反噬到了自己身上。化石燃料的大量、广泛使用，二氧化碳、甲烷等温室气体大量、无节制地排放，导致全球范围内的生

---

* 本案例作者为黄燕和徐浩良。其中：黄燕，经济学博士，上海立信会计金融学院金融学院讲师；徐浩良（通讯作者），上海立信会计金融学院金融学院本科生。

态污染和气候危机越来越严重，洪水、干旱等极端天气频发，拉尼娜现象仿佛成了每年都会光顾的“回头客”，同时，化石燃料毕竟是不可再生资源，随着不断消耗，传统的能源企业发展动力逐渐减弱，社会发展急需新能源为其进行更为强劲的赋能。基于以上种种原因，人类进行了一系列努力，无论是1992年的《联合国气候变化框架公约》（UNFCCC），还是1997年的《京都议定书》，抑或是2015年的《巴黎协定》，无不体现着人类应对气候危机所做的努力。

面对严峻的环境危机，我国在2020年9月22日召开的联合国大会上首次提出了“碳达峰碳中和”的倡议，习近平主席在会上承诺，中国二氧化碳排放力争于2030年前达到峰值，努力争取2060年前实现碳中和，即通过吸收与排放之间的平衡将二氧化碳排放量降至几乎为零的水平。绿色金融便是我国在碳中和这场硬仗中提出的，绿色金融是以环境为导向的金融活动，旨在促进环境保护、减少碳排放和促进可持续发展。从长远的角度来看，有助于解决气候变化、资源短缺和环境破坏等重要问题。绿色金融是当前非常重要的发展趋势，对于推动企业和金融机构更加注重环保和可持续发展、促进国民经济的健康和可持续发展、推动企业实施环境友好型投资和经营、帮助降低气候变化和其他环境风险给金融系统带来的风险等方面具有不可忽视的作用。总的来说，绿色金融是一个有潜力的领域，它可以为我们的经济、社会和环境带来长期有益的影响。

（二）山西绿色金融背景

山西作为我国重要能源基地和重要经济区域，煤炭、钢铁资源极其丰富，具有大量的煤炭、电力等传统企业。历史上，山西依靠自身的化石燃料资源，经济发展稳居全国前列，但是山西的经济发展长期依赖煤炭资源，由煤炭所延伸出来的企业，如冶金、化工等行业，对山西的生态环境造成了严重破坏，加之产业单一，经济结构逐渐走向畸形。面对能源消耗巨大、环境问题严重等挑战，为了推动山西向绿色、低碳、可持续发展的方向转型，山西通过建立绿色金融平台来支持环保企业和节能减排项目的发展。发展绿色金融平台，对于促进山西产业结构的优化再升级和对实现山西的可持续发展具有重要的现实意义。

二、山西绿色金融综合服务平台概述

（一）绿色金融服务平台概况

山西省绿色金融综合服务平台（以下简称绿晋通）是山西省委政法委、省委宣传部、省委网信办等多个部门共同推出的一个综合性服务平台，致力于实现企业融资需求与金融机构资金供给的精准对接，在山西金融投资控股集团的支持下，已与中国工商银行、中国邮政储蓄银行、交通银行等 20 余家金融机构建立合作机制，为企业提供一站式、全方位的金融服务，全面提高金融机构服务效率和中小微企业的融资成功率，着力破解企业融资难、融资贵难题。绿晋通以绿色金融专业服务为特色，运用人工智能、云计算等先进技术，赋能金融机构绿色金融专业能力，快速开展绿色金融业务，扩大绿色金融规模。同时，绿晋通可以便捷支持金融机构和企业高效对接差异化货币与财税等各项政策，有效降低实际融资成本，切实激发企业和金融机构的绿色化经营动力与活力，真正引导绿色金融服务实体经济高质量发展，助推山西绿色发展转型。

具体来说，山西绿色金融服务主要包括以下三个方面内容：

1. 支持环保项目的投融资

山西致力于通过绿色金融手段支持环保项目的投融资，为环保产业提供更多的融资渠道和金融服务，鼓励银行和其他金融机构设立绿色环保资金、开展绿色环保贷款和信贷担保等业务，为环保项目提供多元化的融资渠道，同时通过推广绿色信贷产品、打造绿色信贷体系等方式，培育聚集了提供绿色金融业务的商业银行等金融机构。除了商业银行外，山西也在推动借助信用机构等第三方担保机构开展绿色担保，进一步拓宽环保项目的融资渠道，提高了环保项目的融资能力和信用水平。在政策方面，山西提出了绿色信贷鼓励政策，包括优惠贷款利率、绿色信贷风险补偿等方面。此外，山西还出台了绿色信贷具体实施方案和相关指导意见，加强了对绿色信贷的政策支持和市场监督，推动信息共享，构建了绿色库房、信息共享、监管等多种方式相结合的综合管理服务平台，进一步推动了绿色信贷业务的普及与发展。

2. 开展绿色债券业务

山西省绿色债券的发展始于 2016 年，在推动绿色金融发展中，开展绿色债券能够有效地吸引国内外资金投入环保领域，山西省政府支持国内外投资者使用人民币、美元、日元等资金，通过中介机构发行环保、节能、环境治理等绿色债券，使融资机构有了更多的绿色融资选择，也有利于培育新兴的绿色资本市场。为了填补国内绿色债券标准的空白，山西参照国际上的绿色债券标准，建立山西省绿色债券标准，并引导信托公司等绿色债券的发行主体积极采用该标准进行绿色项目备案和信息披露。2022 年 3 月，中国银行山西分行作为主承销商，为山西重点电力企业格盟国际能源有限公司发行 1 亿元绿色超短期融资券，也是 2022 年山西地区首单绿色债券。格盟国际能源有限公司是由中国、日本、韩国共同组建的大型能源类合资经营项目，是迄今为止全国同业最大、山西最大的中外合资企业。这是山西绿色债券国际化的典范，对推动山西可再生能源的发展和“双碳”转型具有重要意义。

3. 发展绿色基金

在山西的绿色金融服务中，绿色基金是一种较为重要的投资工具。在环保领域，绿色产业的发展面临诸多挑战，而绿色基金的出现，则为相关企业的绿色创新提供了资金支持。山西省相关部门和政府出台了一系列以绿色产业为导向的政策和指导意见，如加强投资者权益保护、设立绿色基金专项资金、规范基金公司运作等，为绿色基金的发展提供了一个相对稳定的制度环境。同时，山西的绿色基金模式相对多样，除纯绿色基金外，还有其他几类基金模式，如环境主体基金、能源基金、清洁技术基金、硬科技基金等。其中，跨领域绿色基金模式较为突出，集成了普通企业、金融机构、各级政府和创新机构等多角色和多层次主体，实现对绿色产业的全方位投入和支持。山西持续推出重大政策和法规措施，不断建立和完善绿色产业的投融资、股权融资等相关基础设施，以优质投资和扶持政策，让生态环境可持续发展的投资领域更加安全可靠，更具有吸引力。

（二）平台投资情况

在绿晋通的首页可以看到，目前该平台的已注册企业达到了 2825 家，已完成绿色识别数（项）为 1604 项，累计识别金额为 115.34 亿元，累计碳减排量达到了 87.35 万吨。2021 年 9 月，兴业银行太原分行与山西环境能源交易中心签署了绿色金融综合服务平台战略合作协议，双方通力合作，实现了山西首笔 1000 万元规模的碳排放配额质押贷款业务落地；2021 年 12 月，平台与浦发银行合作落地山西首笔可持续发展挂钩贷款，截至 2022 年，该业务融资规模已达 5 亿元。

在金融服务方面，共有兴业银行、中国邮政储蓄银行和浦发银行三家机构发放面向小微企业的贷款，贷款额度从 300 万元到 1000 万元不等，多为排污、供热、供水、政府采购等民生方面的投资。截至 2022 年 6 月，绿晋通综合服务平台已帮助企业完成融资 0.8 亿元，累计绿色融资金额 0.8 亿元，助推山西绿色转型发展。

（三）平台服务特点与优势

1. 绿色金融定位明确

在过去几十年中，全球出现了诸多生态破坏和环境问题，此时绿色金融的定位出现了市场需求空缺，定位明确的平台可以有效地整合社会资源和金融服务，推动社会进一步实现生态文明建设和可持续发展。绿晋通主要面向能源、环境、自然资源等领域，旨在为企业提供符合绿色发展理念的金融服务，鼓励企业在发展过程中加强环境保护、资源利用效率和能源消耗优化，符合当前推行的“绿色高质量发展”理念，满足企业的可持续发展需求。基于环境保护和绿色产业平台定位的绿色金融，以特殊的创新业务模式面对着严峻的市场挑战和风险，但这种定位让企业能够获得更多更具绿色特色的金融产品和服务，对于促进绿色经济和“双碳”事业的发展有着不可忽视的作用。作为一家专业的绿色金融服务平台，绿晋通汇聚了大量有关绿色产业的信息和数据，能够为客户提供全面、专业、高质量的服务，为经济的可持续、高质量发展奠定坚实的基础。

2. 多方联合共建

绿晋通作为全国首家以市场化手段运作的省级绿色金融平台，在平台的建设中，政府部门和金融机构发挥着关键的作用。政府部门作为平台的主要发起者，支持平台资源整合、政策红利、市场推广等方面的工作，提供政策保证和专业监管。金融机构作为平台的核心组成部分，在平台的建设中承担了投融资和风险管理等多方面的核心服务，通过资金和技术等手段，为企业（尤其是小微企业）提供多种融资渠道和金融产品。企业则是金融服务平台的最终受益者，通过平台获得了更为便捷和专业的金融服务和支持。这种多方共建的经营模式，既能够整合资源，又能够共同承担风险，在绿色金融平台中，政府、金融机构和企业之间形成了协同合作的利益共同体，同时市场竞争中的风险也得到了共同承担和控制，有效减少了因单一机构承担风险而引发的金融风险和信用风险。此外，多方联合共建也能助推金融创新和绿色产业的发展。政府提供政策上的兜底保障，金融机构能够大胆设计创新金融产品，提供多样化的金融服务，通过此模式，绿色金融平台能够有较大的试错空间，不断地拓展业务领域，尝试新型金融服务模式，推进绿色产业的发展和先进技术的运用，促进政府、银行、企业之间的协调合作，为经济的可持续发展与带动周边地区的绿色发展提供合力。

3. 风险控制能力较强

绿晋通在运营过程中坚持合规运营，平台设有专业的法律顾问团队，在运营初期就根据国家法律和政策规定，建立了一整套完善的风控和合规制度，保障客户利益。例如，平台针对绿色和环保产业企业的融资制定了专业的管理办法和风险控制指标，对不同类型的企业从融资申请到放贷后的风险控制环节进行全方位覆盖，严格保障平台整体运营的风险控制。此外，绿晋通具有健全的监管体系，制定了客户和业务资料管理制度。平台通过人工智能、大数据分析和智能风险管理模型等先进技术来评估企业风险情况，从而精准地判断企业的管理能力、市场竞争能力、发展前景等关键要素。平台还与业内知名评估机构合作，对企业进行全面、多角度的风险分析，确保平台提供的融资服务安全稳定。与此同时，绿晋通积极推出多领域、多样化的金融产品。平台主要服务于绿色和环保产业，涉及的领域较为全面，包含了环境监测、绿色建材、新能源、清洁生产等多个专业领域，为不同类型的企业提供符合其特定融资需求的金融产品和服务。在产品类型方面，绿晋通提供融资租赁、信托、保险、基金、融资担保、绿色债券等多种资金渠道和融资产品，例如，对于新能源产业企业，平台会针对其特定融资需求开展能源消费贷款、绿色供应链融资、绿色贷款等融资产品，为企业提供多样化的融资渠道和服务。绿晋通多领域、多样化的金融提供安全可靠的金融支撑，金融产品单一化对自身融资吸引力的减弱、单一领域市场"爆雷"打击企业融资积极性等风险大大降低。

4. 注重社会责任

绿晋通不仅致力于为客户提供高质量、便捷、专业的金融服务，还积极履行社会责任，推动绿色金融的发展普及和可持续发展理念的深入人心。平台注重信用体系建设，推进信用风险管理，为企业提供更优质的金融服务。同时，平台还积极参与山西的植树造林、绿化环保等公益事业，例如，2022 年 9 月，中国邮政储蓄银行晋中市分行开展了"邮爱公益基金""3·20 邮爱公益"等活动；为了给环卫工人提供工作便利，文化中心广场支行、太谷西环路支行设置了"爱心驿站"，为户外劳动者提供"冷了有地方取暖、热了有场所纳凉、渴了有热水供应、累了有站点歇脚"的温馨港湾，积极履行了自己的社会责任，助推生态文明建设，为社会贡献力量。这种强调社会责任的商业模式，既体现了绿色金融服务的社会价值，也能够增强企业、金融机构的社会形象和美誉度，推动绿色发展理念的深入推广和实践。

三、绿色金融服务对山西经济转型的影响及现状

（一）山西经济结构分析

山西作为中华文明的发源地之一，有着深厚的文化底蕴和历史内涵，自身得天独厚的地理位置和异常丰富的煤铁资源，使山西成为我国重要的能源基地，对保障我国能源安全具有不可忽视的作用。但由于过度依赖煤炭资源，近年来山西的煤炭开采受到一定限制，经济发展也遭遇瓶颈，亟需一个破局点。因此，对山西的产业结构进行优化升级正逐渐成为走出山西资源陷阱、推动山西经济可持续发展的"救命稻草"。那么，对山西的产业结构进行分析，对于研究绿色金融服务对山西经济转型的影响是十分有必要的。

2023 年，山西省人民政府发布了 2022 年山西省国民经济和社会发展统计公报，根据公报数据，2022 年全年全省地区生产总值 25642.59 亿元，按不变价格计算，比 2021 年增长 4.4%。其中，第一产业增加值 1340.40 亿元，增长 5.1%，占地区生产总值比重为 5.2%；第二产业增加值 13840.85 亿元，增长 6.2%，占地区生产总值比重为 54.0%；第三产业增加值 10461.34 亿元，增长 2.7%，占地区生产总值比重为 40.8%。从数据中不难

看出，2022 年三次产业结构为 5.2∶54.0∶40.8，二产占比明显高于三产。由于山西地势多山地、耕地较为破碎等自然原因，山西的经济结构中农业占比最小；其次是第三产业，以服务业和文旅为主，2022 年受新冠疫情冲击，服务业还处于持续的恢复期，但由于山西自身丰富的文旅资源，也有不可小觑的发展潜力；工业在主导产品价格的助推下快速增长，占据了大头，其中以煤炭、煤化工、焦化等传统制造业为主，在规模以上工业中，采矿业增长 7.5%，制造业增长 8.7%，电力、热力、燃气及水生产和供应业增长 10.6%，全年全省规模以上工业企业原煤产量 130714.6 万吨，比上年增长 8.7%。从以上数据可以看出，资源密集型和能源密集型产业至今仍是山西最主要的经济发动机。在资源开采中，除山西自身的煤炭需求外，很大一部分还要用于南方省份的电力和取暖供应，更进一步加剧了山西经济结构的失衡。在多方面因素的影响下，山西经济转型的动力不足，需要一种新的经济发展模式为山西注入新的发展活力，绿色金融作为一种符合可持续发展理念的金融模式，对山西经济转型有着不可忽视的影响。

（二）绿色金融对山西经济结构转型的影响

随着全球气候变化和环境污染加剧，绿色金融作为一种新兴的金融业务模式，越来越具有独特的优势和意义，对于推动山西产业结构转型升级具有非常重要的影响。

首先，绿色金融有助于推动山西传统产业的转型升级。上文提到，山西长期以煤炭、能源等重工业为主导，对环境的影响较大，产业结构略显单一。而绿色金融则通过资金的引导和政策的支持，为推进生态环保型产业的发展提供了有力支持。绿色金融可以通过设立绿色债券或绿色贷款等机制，为重污染行业提供环保型改造资金，鼓励企业用新技术和新材料开发环保型产品，推进传统企业的转型升级。以浦发银行太原分行（以下简称太原分行）为例，截至 2022 年 12 月末，太原分行绿色信贷余额 90.45 亿元，较年初净增 23.10 亿元，新增贷款余额占全行对公信贷贷款余额 50% 以上，绿色信贷增幅 34.31%，高于全行对公信贷增速，持续优化了该行信贷结构，推动资产投放“碳中和”。据了解，该行碳减排支持工具累计获批 12.9 亿元，年末余额位列区域股份制银行第一，在银企合作上，太原分行也积极开展金融模式的创新，例如，太原分行为晋能控股电力集团有限公司嘉节燃气热电分公司提供 8000 万元可持续发展挂钩贷款。将企业的碳减排绩效指标与贷款利率直接挂钩，由山西环境能源交易中心对企业发电预期降低的碳排放量设定目标值，并在约定的“碳排放观察日”对目标值进行专业评估认证，进一步鼓励企业持续践行绿色转型。

其次，绿色金融有助于推动新兴产业的发展。随着我国经济发展新格局逐渐形成，新兴产业也逐渐成为经济增长的新动力，如新能源、智能制造、互联网等。但是由于新兴产业的发展速度较快，成长过程中的资金瓶颈问题也日益突出。而满足新兴产业的融资需求正是绿色金融的重要功能。通过在创新创业领域注入更多资金支持，加强新兴产业的研发和孵化，为实现产业结构转型升级提供更多积极因素。在新能源产业发展方面，山西也作出了很大的努力，如中国农业银行山西分行（以下简称山西分行）积极引领绿色金融向风电、光伏等新能源领域发展，对风电、太阳能发电、生物质能发电等新能源行业，山西分行制定差异化信贷政策，以完备的工作机制为区域绿色低碳发展，尤其是重点领域及项目，提供低成本资金支持。2022 年以来，该行审批风电、光伏发电绿色信贷项目 81 个，金额 297 亿元。截至 2022 年 11 月末，该行绿色信贷余额达到 367 亿元，较年初增加 65 亿元，贷款增速高于全行各项贷款增速 9.6 个百分点。

最后，绿色金融有助于满足山西对生态环境建设的要求，推动本省文旅产业的发展。一方面，绿色金融能够为山西文旅产业提供融资支持。山西拥有众多优秀的文化遗产和自然景观，都需要投入资金用于开展文化遗产保护、生态修复和景区改造等方面，绿色金融可以为文旅发展提供新的投资渠道，助推文旅产业发展。另一方面，绿色金融可以促进山西文旅产业的创新。文旅产业不仅要求传承和保护文化和自然遗产，也需要创新和更新，绿色金融可以支持文旅公司在绿色科技、环保技术等方面的全新探索与开发，为传统文旅产业注入发展的新动能。例如，2019 年，阳城农商银行为蟒河镇钓鱼台村股份经济合作社授信 1000 万元，填补了全市林权抵押贷款的空白；创新采取景区收费权质押贷款方式向国家 4A 级风景区蟒河生态旅游区授信 500 万元，为支持农林文旅康产业融合发展贡献了金融力量。为有效降低疫情对旅游业发展的影响，中国人民银行阳城县支行指导农行阳城县支行通过中征应收账款融资服务平台为国家 5A 级景区皇城相府生态文化旅游区发放应收账款质押贷款 3.44 亿元，进一步推进了县域经济结构调整和全域旅游战略的实施。

（三）山西绿色金融存在的问题

1. 投资主体单一

目前，山西绿色金融平台主要的投资方是政府和国有企业。首先，两者的资金来源存在单一性。政府和国有企业的资金主要来源于银行贷款、土地税财政收入、国有资产收益等，由于民营企业、个人投资等多元化资金来源受到限制，为绿色金融提供的资金较为有限，使其市场发展缓慢。其次，政府和国企对绿色金融投资项目的偏好度较高，这可能会使资金偏好流向某些社会基础设施建设领域（如城市市政、工业园区）、大型公用事业（如水、电、煤）等领域，会在一定程度上使绿色金融市场发展受到影响。

2. 市场精细化程度不足

在绿色金融市场化进程中，市场认知度和精细度都有待提高，需要继续提高市场的竞争性和机动性。在发展中，一方面，政策限制是限制市场机动性的一个问题。政府制定了一系列规章制度来约束和规范绿色金融市场活动，在一定程度上约束了其市场的发展。另一方面，缺乏市场效应也是市场机动性不足的一个原因。山西绿色金融市场多为长期性、固定性的资金运用，因此，市场机制存在短缺情况，导致资本市场运作较为缓慢，不利于市场的快速响应。

3. 金融产品在领域方面的多元化不足

首先，山西绿色金融市场中缺乏多元化的金融产品，只有少数产品是特定领域的投资，这会导致市场的参与度不高。其次，由于绿色金融市场属于新兴市场，缺乏完善的市场机制和法律体系，导致金融产品在设计、销售和管理上存在一些不足。

4. 信用评价不够完备

在实际运作中，山西金融市场的信用评价机制还待完备。首先，由于绿色金融市场缺乏统一的评估指标和标准，导致不同金融机构有时会采取不同的评估标准，使市场参与者很难根据统一标准评估风险和收益；其次，风险评估机构还不够完备，市场上的绿色金融评估机构还不足以为各类绿色金融产品提供全面、专业的评估服务，使市场上对风险和可持续性等问题的评估存在一定盲区。

四、建议及对策

（一）扩大绿色金融投资主体

政府可以出台更加开放的绿色金融政策，吸引更多的民营企业、社会资本等各类企业参与绿色金融市场相关发展，提高资金来源的多样性，在出台政策时，可以给予更多的关注和优先扶持对象，为有发展潜力的新兴产业和绿色科技企业提供更多的发展机会。同时，政府可以通过简化绿色金融项目审批管控流程、提高市场的透明度等措施，降低资金运营成本。

（二）推动绿色金融市场化进程

首先，政府可以通过完善资产定价机制、加强市场信息公开等改进市场信息体系，增强市场参与者的信心和合作意愿。其次，政府要积极发挥市场调节作用，鼓励多元化市场主体参与绿色金融市场，加强市场交易机制、司法保障机制等市场应有的机制，为市场运作注入活力。最后，针对市场参与者多样性的需求，政府应加快市场产品创新，丰富市场产品种类，以满足多方投资者的需求，激发市场机动性。

（三）促进绿色金融产品多样化发展

政府可以推动绿色金融创新，设立专项资金，鼓励金融机构设计出更多样化、风险分散的绿色金融产品。同时，要加强对金融产品投资者的教育，增强投资者对绿色金融产品的理解和认同度。提供投资者关于绿色金融产品风险、收益的详细说明，以及规范的投资者保护机制，使公众对绿色金融的认知和参与度得以提升。政府还应鼓励市场竞争，以提高市场机制的灵活性和市场活力，推动各种金融机构在产品设计和服务质量等方面不断提升，开发更多且更好的产品。

（四）完善信用评价机制

首先，政府应针对不同绿色金融产品的特点和市场需求，建立统一的评估标准体系，规范评估机构的评估流程和结果，提高资产评级的一致性和透明度；其次，应加强绿色金融评估机构的建设，通过资金、人员和技术支持等手段，提高评估机构的专业程度和能力水平，保证评估工作的严谨性和公正性；最后，应加强数据采集和分析建设，实现数据来源的多元化和数据采集手段的更新，投入更多人力、物力、财力来实现数据质量的提升和数据完整。

【思考题】

（1）绿色金融对我国碳中和目标的达成有何时代意义？

（2）简述山西绿色金融平台的优势。

（3）山西绿色金融平台的发展取得了哪些成效？

（4）请简要分析绿色金融是如何为山西经济结构转型赋能增效的？

（5）请简述完善山西绿色金融平台的政策建议。

参考文献

[1] 刘令剑．山西省绿色金融对产业结构升级影响研究［D］．中北大学，2022.

[2] 逯晓翠．碳中和愿景下山西绿色金融发展路径研究［J］．经济师，2022（11）：120－122.

[3] 陈梅．绿色金融对区域经济高质量发展的作用及方法探究［J］．商展经济，2023（2）：143－145.

［4］陈昱燃，熊德平．基于政府和金融机构视角下的资源转型地区绿色金融发展研究——以山西省为例［J］．金融理论与实践，2019（11）：54－61.

［5］郭峰，程亚欣．绿色金融助力经济高质量发展的路径选择［J］．价格理论与实践，2022（8）：92－95.

［6］谭小芬，殷无弦，戴韡．美国量化宽松政策的退出公告对新兴经济体的影响［J］．国际金融研究，2016（7）：18－32.

［7］张海，徐尔．绿色债券［M］．上海：上海交通大学出版社，2021.

［8］毕会娟．美联储加息对我国金融市场的影响及对策［J］．商业，2016（7）：170－171.

［9］陈骁，张明．中国的绿色债券市场：特征事实、内生动力与现存挑战［J］．国际经济评论，2022（1）：104－133＋7.

［10］赵洋．绿色债券为高质量发展注入强大力量［N］．金融时报，2021－12－08（005）.

［11］Porter M E. Captial Disadvantage：America's Failing Capital Investment System［J］. Harvard Business Review，1992，70（5）：65－82.

案例19　江西省资溪县绿色信贷支持生态产业发展案例研究*

内容摘要：在绿色发展理念逐步深入人心的当下，绿色信贷的重要性日益突显。江西省资溪县利用自身优势发展绿色生态产业，创新“两山”转化中心，搭建绿色信贷与生态产业之间的桥梁，按照“资源整合—资本赋能—资产运营”逻辑闭环，推动资源变资本，资本变资产，资产变资金。采用多种合作方式，将绿水青山转化为金山银山，其中已经陆续开展的项目包括中国工商银行发放“特定资产收费权支持贷款”、资溪农商银行发展“竹产业链金融”等。

关键词：绿色信贷；生态产业发展；“两山”转化中心

一、案例背景

“绿水青山就是金山银山”是习近平总书记统筹经济发展与生态环境保护作出的重要论述，这种理念驳斥了以牺牲环境为代价发展经济的理念，提倡环境和经济的和谐共存、并行不悖。

中共十八届五中全会和“十三五”规划纲要明确提出设立国家生态文明试验区。国家生态文明试验区，是生态文明体制改革的国家级综合平台，将中央顶层设计与地方具体实践相结合，以体制创新、制度供给、模式探索为重点，集中开展生态文明体制改革综合试验，率先建成较为完善的生态文明制度体系，实现经济和生态环境保护双赢。

资溪县位于江西省东部、武夷山西麓，处于龙虎山和武夷山之间，森林覆盖率高达87.7%，生态环境状况指数居全省前列，有“面包之乡”“竹子之乡”之称，先后荣获

* 本案例作者为黄燕、闫紫怡和邹金钰。其中：黄燕，经济学博士，上海立信会计金融学院金融学院讲师；闫紫怡（通讯作者），上海立信会计金融学院金融学院本科生；邹金钰，上海立信会计金融学院金融学院本科生。

“全国森林旅游示范县”“中国天然氧吧”“2018年中国最美县域”等称号，是“国家重点生态功能区”“国家生态文明建设示范县”“国家生态综合补偿试点县”。

资溪县始终践行生态文明理念，并将之贯穿于经济社会发展全过程，将生态产品价值实现机制试点上升为推动全县经济社会发展的总引擎，依托环境质量、生态区位和资源禀赋等优势，架起“两山”转化桥梁。

二、资溪县“两山”转化中心助力生态产业发展

资溪县“两山”转化中心的运作模式，是按照“资源整合—资本赋能—资产运营”逻辑闭环，推动资源变资本，资本变资产，资产变资金。委托第三方开展生态产品价值评估，并且依托大数据技术建立信息化管理平台，摸清全县生态资源资产“家底”。在此基础上，采取赎买、租赁、合作等多种方式，收储整合全县零散的生态资源资产，实现集约化和规模化。

（一）“两山”转化中心的主要做法

1. 以生态入“储”，因地制宜创新运行机制

（1）生态产品价值评估机制，采用生态系统生产总值（GEP①）核算技术规范，对全县生态产品价值进行评估并建立信息化管理平台，实现“可量化、可视化、动态化”管理。

（2）生态资源赎买收储机制，突出林业优势成立林权收储中心，构建“林权抵押+森林赎买”林业收储模式，为林权抵质押贷款提供风险保障。

（3）生态资产交易机制，在完成确权登记基础上，依托全县生态资产交易中心，开展出让、租赁、买卖等多样化生态资产产权和产品交易。

（4）多样化补偿机制，积极开展国家生态综合补偿试点，稳步推进生态补偿机制建设，促进补偿形式、补偿手段多样化，不断提升试点成效。

（5）生态资源价值提升机制，运用系统思维，统筹兼顾生态保护与产业发展、山水治理与土地利用，持续提升GEP向GDP的转化效率。

2. 创新平台，整合资源

（1）搭建平台。“两山”转化中心设立生态资源价值评估中心、资源收储中心、资产运营中心、金融服务中心和资产交易平台，并组建了两山林业公司、纯净文旅公司等负责国有生态资产运营与服务的市场主体，成立了纯净资溪生态产业协会整合民营企业、个体

① GEP（gross ecosystem product）是一个地区的生态系统提供的生态产品的总价值。

工商户和农户等民间市场力量。

（2）融入金融理念。要破解生态资源交易难、变现难问题，必须将沉睡的生态资源和生态产品激活。“两山”转化中心借鉴金融发展理念，明晰地方政府、金融机构、专业运营商、农民等多元主体职责，创新探索林权收益、特种养殖、水资源等多种生态权益贷款，并建立风险共担机制，促进生态资源和产品变现。

（3）整合资源、创新产权制度。自然资源产权明确，促进合法开展自然资源流转。该县针对自然资源统一管理面临家底不清、权属不明等问题，全面开展资源调查，统一进行确权登记，厘清自然资源产权边界，为“两山银行”成功进行市场化交易扫清障碍。

（二）“两山”转化中心的运营模式

“两山”转化中心是一个“资源—资产—资本—资金”转化的综合性工作平台，由生态资源收储中心、“生态通”运营中心和绿色金融服务中心三个中心构成。这三个中心主要都是通过托管、股权合作和特许经营的方式运作。生态资源收储中心通过赎买等方式将零星化的生态资源进行整合；“生态通”运营中心通过租赁等方式将生态资源的经营权、使用权流转到此平台，以最大程度地实现资源的集约化和规模化；绿色金融服务中心主要负责生态资源所有权、经营权的抵质押融资创新，打通融资渠道，具体如图 19－1 所示。

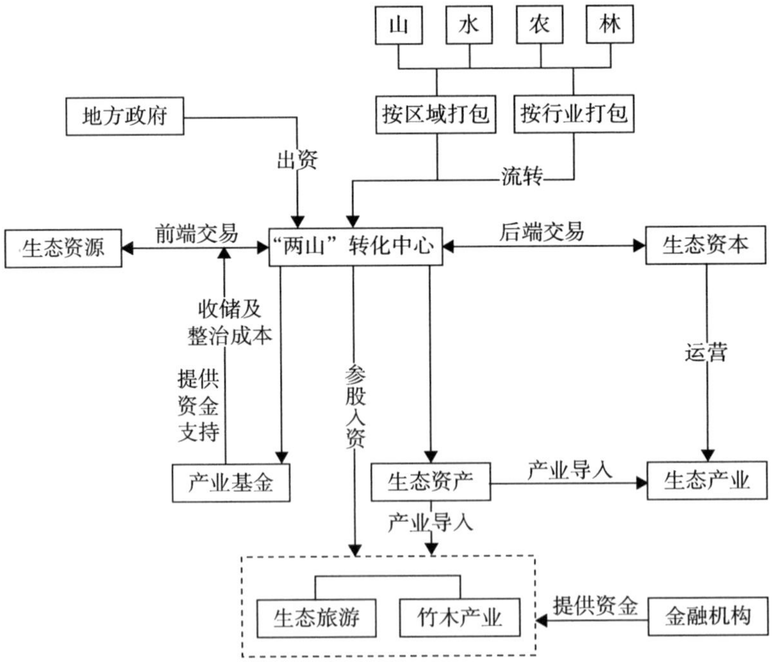

图 19－1　“两山”转化中心生态资产交易结构与盈利模式

资料来源：资溪县政府。

三、“两山”转化中心支持生态产业发展典型案例分析

“两山”转化中心平台按照市场经济要求，培育生态经济市场经营主体，发展生态产业，其中两个项目比较突出，一是中国工商银行资溪支行与中国银行资溪支行合作发放“特定资产收费权支持贷款”支持生态旅游发展，二是资溪农商银行发展“竹产业链金融”。

（一）中国工商银行主动对接资溪县，发放“特定资产收费权支持贷款”支持生态旅游发展

中国工商银行主动对接资溪县，最早发放“特定资产收费权贷款”支持生态旅游发展，后续“两山”转化中心通过股权合作，将中国工商银行和本地项目更密切地对接，经过有效运营，构建以生态旅游为核心的生态产业发展格局。

1. 中国工商银行“特定资产收费权支持贷款”支持生态旅游发展概述

特定资产收费权支持贷款是指已建成并投入运营的优质特定资产的收费权所产生的持续、稳定的现金流作为第一还款来源，在符合规定条件下，为满足借款人在生产经营中符合国家规定用途的融资需求而发放的贷款。

特定资产收费权支持贷款申请人需要依法经工行相关机关核准登记，在工行开立基本存款账户或一般存款账户；经调研在银行融资无不良信用记录，无其他重大不良记录，经营管理范围发展前景良好；经政府有权行政主管部门批准，拥有排他性的特定资产合法、独立的经营权和收费权；审核无误后开立指定的特定资产经营收入收款专户并签订账户监管协议；办理好特定资产收费权质押手续后即可放款；工行会对放款资金进行流向追踪，并关注其后续经营情况与相关政策。（见图 19－2）

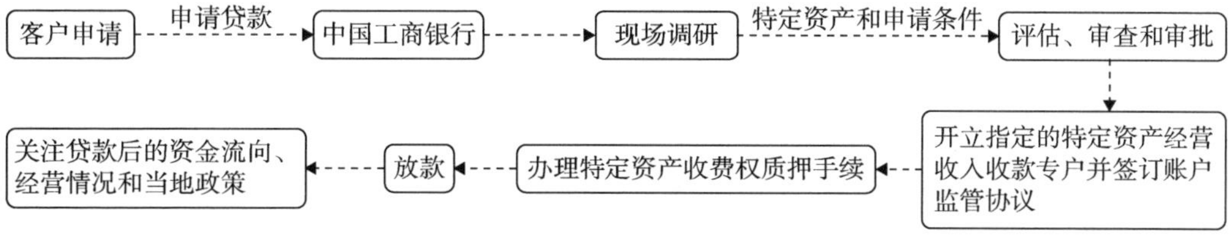

图 19－2　特定资产收费权支持贷款流程

2. 中国工商银行“特定资产收费权支持贷款”支持生态旅游发展的主要做法

（1）企业景区融资需求分析。中国工商银行资溪支行了解企业景区续建项融资需求，调查评定景区业务的经营情况、财务状况、偿债能力等，通过多次请示上级领导、联系专业部门、安排专人进行新型信贷业务的学习，中国工商银行资溪支行最终确定为大觉山景

区优先集团公司发放“特定资产收费权支持贷款”。

（2）创新抵质押物品分析。创新采用景区门票、索道、游览车和漂流四项收入为质押和景区已办不动产权证的资产为抵押。

（3）推动政银互动合力分析。资溪县以“绿色金融”为载体，实施“绿色发展”战略重点，中国工商银行资溪支行通过开展金融创新，扩大以生态旅游产业经营权和门票收入等特定资产收费权支持贷款业务范围，发挥绿色金融融资支持助力作用。

3. 中国工商银行“特定资产收费权支持贷款”支持生态旅游发展的特点分析

质押物是特定资产的未来收益，是一种创新的质押方式，例如，中国工商银行资溪支行发放特定资产收费权支持贷款支持大觉山风景区生态旅游发展，质押物是门票、索道、游览车收费等。这种质押方式融资期限灵活，此类大多都是绿色节能改造项目，一般期限较长、融资成本低，审批速度快，无须抵押、无须担保，能够缓解融资难的问题。

其他贷款一般是按照需求选择按日、按月或者按年进行贷款，而特定资产收费权支持贷款必须按季或按半年分期还款，还本时间间隔期长，借款申请人有较长的时间准备还款金额，同样具有一定的风险，有时会与预计的现金流入不一致，贷款风险大。

其他贷款一般是贷款之前进行资产评估和信用评级，特定资产收费权支持贷款则是专款专用，其理念是量入为出，有效防止资金的滥用并保证了必要经费的使用，贷后追踪特定资产经营情况，定期评价资产收益，对贷款后期的追踪与其他贷款相较而言较严格。

（二）“两山”转化中心助力资溪农商银行“竹产业链金融”发展

资溪农商银行成立“竹产业链金融”工作领导小组，出台《资溪农商行金融支持竹产业链推进方案》《资溪农商行支持产业链金融服务细则》等制度方法，创新推出“四链”融合的“竹产业链金融”模式，通过“两山”转化中心的“两山”转化，构建以竹产业链为支撑的生态产业发展格局。

1. 资溪农商银行“竹产业链金融”的主要做法

（1）“生态链”大循环模式。竹产业具有独特的“产业生态体系”，还是资溪县探索生态产品价值实现机制，是建立“生态经济”大循环的重要组成部分。资溪竹科技产业园已形成从上游竹拉丝到中游竹板，再到下游竹家居生活用品、利用竹下脚料生产活性炭等完整的产业链。

（2）“供应链”小循环模式。“竹产业链金融”根据竹产业上中下游客户特性，结合客户自身需求，从单位基本账户开立、支付结算、采购资金支出、销售货款回笼、信贷融资需求等多方面着手，分类分层制定个性化金融服务方案。结合互联网，利用大数据技术，建立竹企业“供应链”信息数据库，根据不同龙头企业建立“子链”，对“子链”上的企业及经营户实施集中授信，创新“抵（质）押”“信用”贷款新模式，推动形成“供应链闭环”。

（3）“资金链”内循环模式。如图19－3所示，对竹产业链上企业资金状况进行全方位跟踪服务，提供贴身融资服务和风险监控。在产业链的上游，促进供应商与核心企业签订购销合同，对供货流程实行规定原材料供应规格、数量、价格；规定回款时间点；敲定资金结算银行。在产业链的中游，与核心企业签订合作协议，实时掌握财务及生产经营状况。在产业链的下游，签订银企（商）协议，确定资金结算银行，掌握企业订单及资金回笼状况。

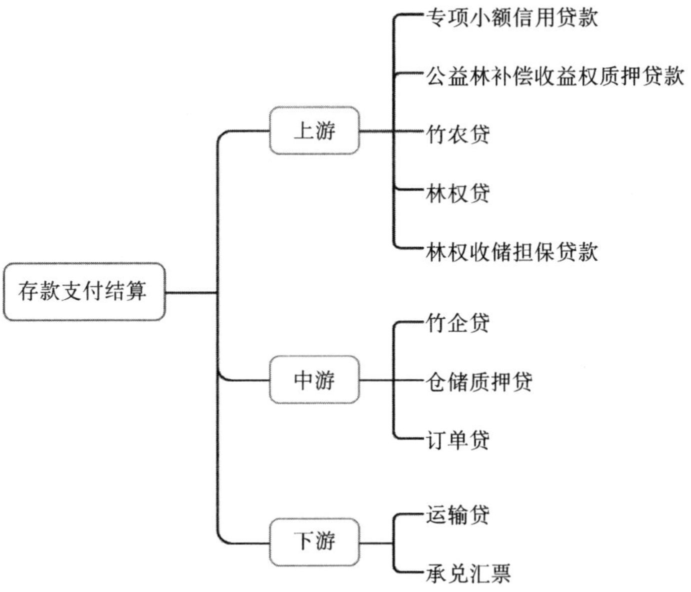

图19－3　竹产业链金融服务体系

（4）“服务链”外循环模式。为竹产业链上企业及个体户提供定向、个性化金融服务，量身打造“金融服务链”。在产业链的上游，配套专项小额信用贷款、公益林补偿收益权质押、竹农贷、林权贷和多种经营权抵质押贷款等产品。在产业链的中游，为毛竹制造业企业配套竹企贷、仓储质押贷、订单贷和银行承兑汇票等支持模式。在产业链的下游，提供运输贷、竹产业专项承兑等服务。

2. 资溪农商银行“竹产业链金融”的特点分析

在竹产业链中，上游的生产者往往都是个体户或中小微企业，融资是它们最大的难题。竹产业链的形成为它们在一定程度上打开了融资渠道，降低了融资难、融资贵的难题，有效地为核心企业解决了流动资金紧张的压力，进一步释放核心企业的生产力，盘活了供应商应收账款，提高了供应商供货能力和供货积极性。对业内的企业发展和行业发展，都有着极大的助益。

随着我国数字经济的发展，大数据等数字技术的深入应用，使竹产业链数字化也因其本身较为完整的产业链而变得容易，数字披露等方面也更便捷。而竹产业数字化也进一步推动了竹企业的发展，降低了信息不对称的程度，推动生态资源的价值实现。

四、“两山”转化中心运营成效、优势及存在问题

（一）“两山”转化中心运营成效

1. 中国工商银行“特定资产收费权支持贷款”支持生态旅游发展的成效

据统计，2019 年大觉山景区生态系统生产总值达 10.66 亿元。其中，物质产品价值 0.54 亿元，占比 5.07%；调节服务价值 7.13 亿元，占比 66.88%；文化服务价值 2.99 亿元，占比 28.05%。同时，大觉山拥有土地和建筑评估价值约 2.34 亿元，年均利润 3000 万—5000 万元。基于核算结果，中国工商银行资溪支行联合中国人民银行先后进行 7 轮磋商，提供特定资产收费权支持贷款，固定资产 2.34 亿元、GEP 价值 1.05 亿元（物质产品 0.54 亿元的 60%、调节服务中固碳释氧及酒店溢价 2.42 亿元的 30%）、15 年景区收益权 4.41 亿元，合计 7.8 亿元，溢价率达到 81%。

自中国工商银行为资溪县提供特定资产收费权支持贷款以来，资溪县旅游业发展迅速，除大觉山旅游度假区外，还大力推进了竹梦小镇、泰伯公园的建设。此外，还积极开拓森林体验游、红色研游、精品民宿等业态。如表 19－1 所示，资溪县的旅游人数由 2020 年的 484.4 万人增长到 2021 年的 514.5 万人，旅游收入也由 27.55 亿元增长到 28.72 亿元，同比增长由 2.8% 发展到 8.1%。

表 19－1　　2020—2021 年资溪县旅游创收情况

年份	人次（万人）	同比增长（%）	旅游收入（亿元）	同比增长（%）
2020	484.4	3.5	27.55	2.8
2021	514.5	6.2	28.72	8.1

数据来源：大江大数据研究中心。

2. 资溪农商银行“竹产业链金融”的运营成效

“竹产业链金融”及时落实国家及监管部门金融服务实体经济要求，充分利用再贷款等政策工具，为竹产业链 750 余户客户，提供了 2.13 亿元信贷支持，帮助企业复工复产，累计带动 2300 余人就业，产生了 3 亿元直接经济效益，新创税收 2300 余万元，全产业链

融资规模近 6 亿元。2019—2021 年，资溪县竹林总面积由 51.89 万亩增长至 55 万亩，毛竹立竹量由 7896 万株增长至 10000 万株，竹林总产值由 3.6 亿元增长至 26 亿元，如表 19 - 2 所示。

表 19 - 2　　2019 年、2021 年资溪县竹林发展情况

年份	竹林面积（万亩）	毛竹立竹量（万株）	总产值（亿元）
2019	51.89	7896	3.6
2021	55	10000	26

注：因新冠疫情影响，2020 年数据统计不完整。

数据来源：资溪县人民政府、资溪县发展和改革委员会官方数据。

资溪竹业已规划建设的 2000 亩竹产业科技园从 2020 年 4 月开始恢复，2020 年销售额达到 1 亿元，2021 年达到 1.5 亿元，年产原竹接近 1000 万根，竹产业年产值达到近 10 亿元，年销售额保持 40% 以上的增长。2022 年上半年，销售额近 8000 万元；2022 年下半年，竹科技产业园一期 1000 亩基础建设已全面完工，有 10 余家竹科技产业链企业入驻，二期研发中心主体及室内外装修、景观提升工程、专家楼装修等建设已逐步步入正轨。

为大力推进产学研用深度融合，实施“智汇资溪”行动，支持竹企加大研发投入，资溪县政府与南京林业大学、国际竹藤组织、中国林业产业联合会、科研院等建立合作关系，聘请专家、高级顾问等专业人士借智借力加快竹科技发展。

3. 资溪县绿色生态产业发展成效

2018 年，大觉山景区 GEP 仅为 10.66 亿元，到 2020 年，资溪县 GEP 总值达到 364.92 亿元，是当年 GDP 的 8.1 倍，2021 年完成生态资产交易 55 笔，价值 8228 万元。截至 2021 年，全县共完成森林赎买面积 9.8 万亩，全县毛竹林流转价格由每亩每年 12 元提高到 40 多元，杉松木林流转价格由 600 元提高到 1000 余元，荒山流转价格由 10 元提高到 20 元。

资溪县从 2019 年开始大力发展绿色产业和生态旅游，竹产业变现及林权质押等为其带来大量融资，其中，引进市外资金总额 43.67 亿元，增长 5.87%。2022 年，签约 2000 万元以上项目共 33 个，总投资 39.75 亿元，其中，新引进工业企业 20 个，绿色产业发展进程整体加快，资溪县生产总值稳步上升。

（二）“两山”转化中心运行优势

1. 创建新型融资平台

“两山”转化中心平台先后探索森林赎买抵押贷款、林权收益权质押贷款、特定资产收费权支持贷款、特种养殖权抵押（增信）贷款、水资源抵押贷款、竹木产业链融资、林权代偿收储担保机制等多种生态权益贷款，为“两山”转化提供金融“活水”。

2. 分散权利，增加流动性，方便交易

依法推动山水林田湖草等自然资源“三权分离”，引入金融资本和社会资本，创新开展生态资源资产的所有权、经营权、收益权抵（质）押贷款，形成多元化的投融资格局，为做大做强生态产业、实现生态产品价值提供金融支持。完善水域经营权、采砂权、采矿权、养殖权等权益性资产，以及农村宅基地、集体经营性用地、农房、传统村落（古建筑）等产权认证和经营权承包工作，为生态资产交易提供基础支撑。

3. 规范交易

出台《资溪县生态产品交易管理办法（试行）》，依托县公共资源交易中心打造生态资产（产品）交易平台，重点围绕商品林赎买、公益林收储和水域经营权流转等，探索开展出让、租赁、买卖等交易试点，促进生态资产合法、有序流转。

（三）“两山”转化中心运营中存在的问题

1. 金融监管体系不完善

银行监管系统不完善，会有贷后追踪不及时的问题。2020 年，资溪县发生 3 起不良贷款，逾期贷款 500 万元，虽后期已化解，相关问题仍然存在。

2. 营商环境有待改善

基础设施缺乏。例如，竹林林区公路建设的缺失，现竹林林区内只有各林权经营者自己修建的“土路”，效率低、成本高、安全隐患多，同时限制了竹林采伐使用机器规模化作业，增加了采伐劳务成本。

相关信息披露资料不全。披露的材料大多是关于法律条例和政策引导的文件，大部分项目的数据并未公布，生态资源、生态产品等数据不完善，没有统一、规范的数据公开渠道，对于生态资源资产、生态资源的利用没有清晰的了解，对于“两山”转化中心的相关报道也很少，但大部分项目又经过该平台，该转化中心平台在项目中具体起什么作用没有明确的信息资料说明。

宣传报道方面不够规范。“两山”转化中心最初提议名称不当，后续虽已改进，但很多相关报道仍沿用错误说法，且相关信息披露极少，宣传不到位、没有创新点，数据更新不及时、不完整。

3. 人才缺失

人才是创新的原动力，“两山”转化中心运营的项目都是新兴业务，在此基础上还需要更多的创新与拓展。根据对“两山”转化中心平台现有的了解，可以看出“两山”转化中心平台并没有太多新颖的项目，项目吸引投资能力有限，产品的受众面受限，也需要扩增。

4. 申贷企业压力过大

申贷企业运行压力大、成本高，衍生产品的开发度、创新度不够，销售量不够。例如，竹产业链金融，产品定位是绿色产品，定价偏低，产品受众有限，没有产生规模效应，产品升级换代动力不足，融资难度就会相应提高，容易进入产品无法升级—融资难恶性循环。

五、“两山”转化中心支持生态产业发展的建议对策

（一）完善金融监管体系

完善金融监管体系，调整绿色信贷的政策协同、标准制定、信息披露、监管考核等方面。多主体、多目标间的矛盾突出，贷款申请也需要层层报审且开展多次会议进行反复研究，大大降低了绿色金融政策效能，财政资金的杠杆作用和引导功能发挥有限。

（二）协调地方政府，加大扶持力度

加大基础设施的扶持力度。例如，公路网络建设不够完善，林区公路基本都是分散的“土路”，效率低、安全隐患高、运输成本高，应加快基础道路的建设，改善生产条件，降低生产成本，提高生产效率。

地方政府出台政策引导“两山”转化中心平台发展，完善工作协同推进协调机制，建立重点项目审批流程专用渠道，加快项目落地速度，加大资金支持，对于生态资源开发提供资金优先保障，给予“两山”转化中心支持的同时也可以设定一些指标促进该平台的发展。

规范、创新宣传，扶持本地特有的文化产业。规范宣传用语，不再传播“两山银行”等错误提法，创新宣传方案，加大对“两山”转化中心平台对于生态产业发展的宣传，让大众了解“两山”转化平台的重要性，吸引社会各方支持参与“两山”转化中心平台的建设。同时，支持非遗、具有本地特色文化传统手艺的传承，倡导使用绿色生态产品，加大对产品、生态旅游的宣传，吸引更多的投资商进行绿色生态产品升级和发展。

吸引人才回流的同时，也要做好当地的人才培养，当地的人文文化等方面更需要传承。现在人口持续向大都市圈、城市群聚集，一些新兴金融项目需要人才创源头，吸引人才支持绿色产品的发展。

（三）完善“两山”转化中心平台建设

完善“两山”转化中心平台建设，将其打造成一个既能整理碎片化资源，又能集中输出的资源整合平台。能让资源整合平台与需求者直接进行对接，打破信息差，提高资源利用率，方便需求者租赁使用相对集中的资源地。同时，平台制定好资源认证的方式方法、条例规定，能标准化估量资源的价值。

创立人才创业部门，拓宽人才引进渠道。围绕生态产业发展，用事业延揽人才、凝聚人才、成就人才，打通人才的流通渠道、上升渠道，不仅将人才引入，还进行人才的运输，用以才荐才等方式积极寻找高端人才和专业团队，推进人才梯队建设，积极运用新兴技术发现、整合、利用本地丰沛的生态资源。

“两山”转化中心可以建立一个专用于数据公开的网站。为保证营商环境的公平、公正、公开，“两山”转化中心应公开可发布数据，如项目中可以向大众公开的资金流动与盈利情况等数据，向大众展现绿色发展的必要性与优势。

（四）加强银行信贷管理

加强贷前管理机制。现在的贷前调查都是基于大数据的数据资源与企业提供的相关信息，大多未进行实地考察，对项目后续的进行不甚了解。为尽可能保证贷款的回收，贷前的调查应尽可能细致，落实好贷款的每一个步骤。

健全贷后管理机制，加强贷后跟踪。根据近几年的负面新闻可以发现，部分贷款的贷后跟踪不及时，贷款用途不当。银行及平台加强贷后管理工作，形成一定的通用体系，适用于各类绿色生态产业的发展，根据不同的产品特性实施特定管理方法，加强信息的收集与分析，利用大数据努力减少信息不对称的影响。

（五）推动申贷企业高效利用资源

申贷企业需增强产品创新意识。创新意识不够，可以结合其他趣味性金融产品，如支付宝的蚂蚁森林，将趣味性与环保相结合，做出一个既环保又有趣的投资产品，更高效地利用好资源。

建立专业化队伍，招聘高素质人才，带领其他人协同发展。可以与院校及科研机构进行合作，给广大大学生、研究生等一个资源输送的机会，专人专岗，定期进行培训和学习交流，打造专业队伍，创新落实项目，进行资源最大化利用。

【思考题】

（1）资溪县如何合理利用绿色信贷支持生态产业发展？

（2）资溪县在运用绿色信贷发展生态产业时存在哪些问题？

（3）请简要阐释绿色信贷的信贷宗旨。

（4）绿色信贷的推行取得了哪些成效？

（5）请简述进一步完善绿色信贷推广的政策建议。

参考文献

［1］工行资溪支行“特定资产收费权支持贷款”支持生态旅游发展［EB/OL］. http：//www. tanpaifang. com/tanguwen/2022/0309/83255. html，2022－3－9.

［2］江西资溪县探索生态产品价值实现路径［EB/OL］. https：//www. forestry. gov. cn/main/102/20201016/160654074682865. html，2020－10－19.

［3］一财网．“我发财致富就是靠那 300 多亩竹林”：生态产品价值实现的资溪实践［EB/OL］. https：//k. sina. com. cn/article_1733360754_6750fc72020014rym. html，2022－8－23.

［4］卢而康，石银平．江西资溪林长制助力产业强县绿色发展［EB/OL］. http：//www. forestry. gov. cn/main/5384/20210827/110844261737179. html，2021－8－18.

［5］崔璐．金融力促江西资溪“绿水青山”变“金山银山”［EB/OL］. https：//www. cnfin. com/fw－xh08/a/20201102/1961481. shtml，2020－11－1.

［6］国家生态文明试验区［EB/OL］. http：//keywords. china. org. cn/2023－01/16/content_85061976. html，2023－1－16.

［7］资溪农商行“竹产业链金融”助力资溪县生态产品价值实现［EB/OL］. http：//www. tanpaifang. com/tanjinrong/2022/0309/83262. html，2022－3－9.

［8］石银平，饶小梅．江西资溪县竹产业高质量发展建议［J］. 世界竹藤通讯，2021，19（5）：78－81.

［9］资溪县发展和改革委员会．关于资溪县 2022 年国民经济和社会发展计划执行情况与 2023 年国民经济和社会发展计划草案的报告［EB/OL］. http：//www. zixi. gov. cn/art/2023/2/9/art_21277_3955763. html，2023－2－9.

［10］资溪：创建“两山银行”探索生态产品价值实现路径［EB/OL］. http：//mrl. drc. jiangxi. gov. cn/art/2022/4/12/art_24597_3971577. html，2022－4－12.

案例 20 深圳市环境污染强制责任保险试点经验及启示*

内容摘要： 党的二十大报告强化了“生态文明建设”在实现中国式现代化进程中的重大战略地位，深入推进“生态文明建设”。生态文明建设当前阶段主要由政府出资，私人排污费收入占比较小，并且由环境污染导致的间接经济损失数额巨大，发展“绿色保险”是深入推进“生态文明建设”的必然选择。本文介绍了深圳市开展环境污染强制责任保险的案例背景，详细阐述了深圳市与部分其他地区环境污染责任保险的历史投保情况，对深圳市各行业开展环境污染强制责任保险试点的企业数量、智慧环责险服务平台和深圳市环境污染责任保险理赔的典型案例进分析，并对环境污染强制责任保险的发展模式进行了深入分析，探索如何在全国范围建立环境污染强制责任保险。

关键词： 生态文明建设；绿色保险；环境污染强制责任保险

一、深圳市开展环境污染强制责任保险案例背景

党的十七大首次提出“建设生态文明”的战略任务。党的十八大把“生态文明建设”纳入“五位一体”总体布局。党的十九大将“生态文明建设”写入宪法。党的二十大报告指出，生态文明是中国式现代化的重要组成部分，必须牢固树立和践行绿水青山就是金山银山的理念，站在人与自然和谐共生的高度谋划发展。“生态文明建设”需要巨额投资，其主要由政府出资，私人排污费收入仅占很小的部分，且由于环境污染导致的间接经济损失巨大，发展“绿色保险”是必然选择。

2007 年 12 月 4 日，国家环保总局印发《关于环境污染责任保险工作的指导意见》（以下简称《指导意见》），标志着环境污染责任保险开始在全国范围内推行。环境污染责

---

* 本案例作者为刘娜，经济学博士，上海立信会计金融学院金融学院讲师。

任保险是以企业发生污染事故后，对第三者造成的损害，依法应承担的赔偿责任为标的的保险。当发生环境污染事故时，根据保险条款，保险人承担了被保险人因意外造成环境污染的经济赔偿和治理成本，使环境污染受害者在被保险人无力赔偿的情况下也能及时得到给付。也就是说，环境污染责任保险是企业为了应对可能发生的环境污染事件而购买的一种保险产品，它可以覆盖企业因环境污染事故导致的赔偿、清理、修复等费用。对于政府和社会而言，环境污染责任保险可以减轻污染事件发生时的经济压力，同时鼓励企业更加谨慎地管理和预防污染风险。环境污染责任保险通常也被称为“绿色保险”，它是继“绿色信贷”之后推出的又一项环境经济政策，旨在将经济和环境综合考量，促使企业采取更可持续的经营方式，并为潜在的环境风险提供一种经济上的应对方案。它改变了“企业违法污染获利，环境损害大家买单”的局面，使环境污染损害赔偿侵权责任社会化。环境污染责任保险是主要面向那些可能造成环境污染的企业推出的，如化工厂、制药企业、石油化工企业等，以及可能面临环境污染风险的项目，如土地开发、工程建设等。环境污染责任保险产品可以帮助企业在发生环境危害事故导致污染时，降低其承担的责任和赔偿金额，保护企业的财务稳定和声誉。

自《指导意见》印发之后，全国已有多个省份推行环境污染责任保险试点。从各省市政府颁布的指导文件来看，试点方式各有不同，总的来说主要分为三类：第一类是自愿型投保。自愿型投保是指企业可以自行决定是否购买环境污染责任保险。政府和监管机构可能提供激励措施，如税收减免或其他奖励，以鼓励企业购买这种保险。在这种方式下，企业有更大的自主权，但政府可能需要采取额外的手段来确保更多企业参与。第二类是强制性投保，但未有强制性约束。在这种方式下，政府规定企业务必购买环境污染责任保险，但对于没有遵守规定的企业，可能缺乏明确的惩罚措施。在这种情况下，政府可能侧重于提供信息和教育，以增加企业意识，但缺乏强制性约束可能导致一些企业忽视规定。第三类是强制性投保，辅以其他行政手段强制约束。这是最严格的一种方式，政府要求企业购买环境污染责任保险，并配合其他行政手段，如处罚、吊销许可证等，来确保企业遵守规定。在这种方式下，政府能够更有力地推动企业参与，但也需要确保相应的执法和监督机制有效运作。

我国自 2013 年起开展环境污染强制责任保险（以下简称环强险）试点工作，但是由于缺乏法律的明确规定而陷入推行困境。2017 年 6 月，环境保护部发布了《环境污染强制责任保险管理办法》。2018 年 5 月，生态环境部审议通过了《环境污染强制责任保险管理办法（草案)》。2018 年 6 月公布的《中共中央 国务院关于全面加强生态环境保护坚决打好污染防治攻坚战的意见》提出，推动环境污染责任保险发展，在环境高风险领域建立环境污染强制责任保险制度。在多项政策的推动下，环境污染责任保险在全国范围内步入快速发展阶段，强制性投保在全国各地逐步推广。在这方面，深圳市先行一步。

二、深圳市实施环境污染强制责任保险案例概述

深圳市早于2009年就已经在危险废物领域开展了环境污染责任保险（以下简称环责险）试点工作。表20－1呈现了深圳市与部分其他地区环境污染责任保险历史投保情况。其中，2008—2018年，深圳市有774家企业投保了环境污染责任保险，保费高达1936.07万元，风险保障额度达到11.52亿元，投保数量、保费及保额均较高，风控服务覆盖率达100%。经过数十年的不断摸索，深圳市已经在制度设计、标准制定和相关产品研发等方面积累了不少经验。

表20－1　部分地区环境污染责任保险投保情况

地区	环境污染责任保险投保情况
广东省深圳市	2008年成为全国首家试点城市；2008—2018年，共有774家企业投保，保费为1936.07万元，风险保障额度为11.52亿元
山东省	2013年4月至2019年3月，共有391家企业投保，保费为1809万元，为环境污染高风险企业提供风险保障15亿元，共为56家企业累计赔付352万元
福建省福州市	2017—2018年，共有96家企业投保，保费为276.38万元，为环境污染高风险企业提供风险保障2.57亿元
贵州省	2013年10月至2018年6月，累计实现保费收入247.87万元，为环境污染高风险企业提供风险保障1.37亿元
河北省	2015年1月至2019年3月，累计投保企业3738家，为环境污染高风险企业提供风险保障128.51亿元
云南省	2018年以来，稳步推进环强险试点工作，102家试点企业的保费额为212.4万元，为环境高风险企业提供风险保障1.97亿元

资料来源：中央财经大学绿色金融国际研究院发布的《地方绿色金融发展指数与评估报告（2019）》。

深圳市于2017年开始开展环境污染强制责任保险试点工作。2018年7月，公布了《深圳市环境污染强制责任保险试点企业名录》（以下简称《名录》），涵盖了10个行业的1067家企业。表20－2展示了《名录》中各行业开展环境污染强制责任保险试点的企业数量，可见电镀行业、其他环境高风险行业、印制线路板行业及危险化学品行业纳入环境污染强制责任保险试点的企业数目最多，占全行业的93%。2018年年底，深圳市初步构建了“风控＋保险＋理赔”全过程风险管理模式。2020年10月11日，中共中央、国务院印发了《深圳建设中国特色社会主义先行示范区综合改革试点实施方案（2020—2025年）》，提出健全生态建设和环境保护制度，实行环境污染强制责任保险制度。2020年10

月 29 日，《深圳经济特区绿色金融条例》经深圳市第六届人民代表大会常务委员会第四十五次会议表决通过，自 2021 年 3 月 1 日起施行，明确规定从事涉及重金属、危险废物、有毒有害物质等的环境高风险企业，应当投保环境污染强制责任保险。深圳成为全国唯一在地方立法中确立环境污染强制责任保险制度的城市，《深圳经济特区绿色金融条例》也是全球首部规范绿色金融的综合性法案。2021 年 7 月 1 日，深圳市生态环境局联合深圳银保监局部门以规范性文件印发《深圳市环境污染强制责任保险实施办法》（以下简称《实施办法》）。环境污染强制责任保险创造性地将保险机制引入政府治理体系，借助保险特有的风险识别、风险选择、风险控制、风险补偿市场化机制，落实政府环境污染防控工作预防为主、防补结合的理念，要求保险公司提取专项风险防控基金，形成由保前评估评级、分级差异化定价、保中风险监控与预警、出险快速现场处置、损失预付赔款等一系列专业化措施构筑的一整套环境污染防控闭环。根据《实施办法》，纳入深圳市重点排污单位名录的企业必须投保环境污染强制责任保险。

表 20－2　　各行业开展环境污染强制责任保险试点的企业数目

行业	企业数目（家）
电镀行业	416
石油库经营行业	14
危险化学品行业	104
印制线路板行业	194
危险废物行业	11
铅蓄电池行业	2
生活垃圾焚烧行业	7
生活垃圾填埋行业	4
污水处理行业	35
其他环境高风险行业	280
合计	1067

2021 年 7 月，深圳市相关部门举行了环境污染强制责任保险综合改革成果发布会。会上宣读了新实施的《深圳市环境污染强制责任保险实施办法》，并举行了首批环境污染强制责任保险企业签约仪式。现场，中国平安财产保险股份有限公司与深圳市富美达五金有限公司签订首批保单。同期，中国平安旗下智慧城市支持打造的智慧环责险服务平台上线，成为深圳推行环境污染强制责任保险服务的重要数字化平台。这些具体举措标志着深圳环境污染强制责任保险制度改革正式落地。

本案例在系统梳理深圳市实施环境污染强制责任保险制度发展历程的基础上，介绍了平安产险深圳分公司联合平安智慧城市打造的智慧环责险服务平台和深圳市环境污染责任保险理赔的典型案例，进一步对环境污染强制责任保险“深圳模式”进行深入分析，归纳了“深圳模式”下环强险产品的创新，同时总结了实施环境污染强制责任保险制度的好处，从而为在全国范围内推行环境污染强制责任保险提供可复制、可借鉴的宝贵经验及发展建议。

（一）智慧环境污染责任保险服务平台介绍

为了助力深圳启动和推行环强险，创新业务和服务模式，平安产险深圳分公司联合平安智慧城市打造智慧环责险服务平台，以解决传统业务和服务模式下环境污染高风险企业投保意愿不足、保险公司风控能力弱、相关政府机构监管不到位等难题。智慧环责险服务平台包含智慧环责险投保系统和智慧环责险服务系统。企业用户通过平台可实现“千企千面”保费测算、选择保险公司、项目概况查阅和保单查询，同时享受监测设备在线预警、环保管家咨询、环保培训、企业环保风险档案等多项服务。

目前，智慧环责险服务平台注册用户约800家，服务近300家企业用户，实现600万元保费及4.5亿元保额，已构建企业绿色保险事前评估、事中风控、事后管理、数据分析全流程服务体系，通过运用区块链、人工智能、物联网感知等先进技术，构建了企业排污数据实时监测平台，实现分钟级预警。智慧环责险服务平台为企业设备下发安装CA证书，确保设备数据生成环节加密，该模式属于全国首创。此外，智慧环责险服务平台还能够为企业提供绿色金融服务，企业可以根据需要，选择环保数据生成绿色报告，进而实现绿色贷款，解决资金短缺难题。

（二）深圳市环境污染责任保险理赔典型案例——火灾导致的有毒有害物质污染周围环境

2015年4月26日晚，深圳市盈利达五金制品有限公司发生大火，造成该公司的相关场所大面积被烧毁。由于该企业为污染排放企业，大火引发了含有有毒有害物质的废水、废气排放，如果不能及时处理，将对周围的环境造成严重污染。大火发生之后，平安产险深圳分公司的员工对事故现场开展了查勘，深圳市人居环境委也及时出动执法人员组织应急处置，并开展事故调查。深圳市盈利达五金制品有限公司按要求立即启动应急预案，调集人力物力，采取封堵排口、收纳生产废水和消防水、加强外围布控等措施对火灾现场进行处理，使厂内废水、废气等有毒有害污染物得到了有效控制，避免了因突发大火而可能导致的环境污染事故的发生。由于该公司购买了环境污染责任保险，平安产险理赔支付20万元。这是深圳市自2008年推行环境污染责任保险以来第一笔赔偿案例。

三、环境污染责任保险模式分析

随着全国各省市在绿色保险领域的快速发展，环境污染责任保险“湖州模式”“无锡模式”“深圳模式”逐步形成。在环境污染责任保险“湖州模式”下，投保前保险公司将组织专业团队对投保企业进行环境检查，确保在生产经营等全流程实现环境评估、检测、监督等工作；投保后保险公司定期对投保企业组织体检，从源头防范环境污染事件的发生，实现了“保险 + 服务 + 监管 + 防范”的联动。而“无锡模式”“深圳模式”则运用互联网平台引入第三方环保服务机构和环境主管部门，为投保企业提供全流程、全方位专业环保服务的环境风险防控机制和有效的监督机制，初步实现了“保险 + 服务 + 监管 + 科技”的联动。

（一）环境污染强制责任保险“深圳模式”分析

环境污染强制责任保险“深圳模式”，遵循政府、社会、企业三方共同受益原则，当发生环境污染损害事件时，能够有效地分散风险，提高对环境问题的处理能力。深圳市在创建环境污染强制责任保险“深圳模式”这一进程中，主要有如下四个创新亮点：

一是法律法规保驾护航。2020 年 10 月，深圳市将环境污染强制责任保险制度写入《深圳经济特区绿色金融条例》，突破了环保法和保险法规定，率先从投保范围、保险产品要求及监管机制三个方面建立环境污染强制责任保险制度，使深圳市成为全国首个，也是目前全国唯一一个通过法定强制性险种制度的城市。深圳市还出台了《深圳市环境污染强制责任保险实施办法》，该文件对环强险的投保范围、保费标准、保险责任、赔偿标准、免责条款等提出强制性要求。

二是保险公司与时俱进。保险公司作为绿色金融理念的积极践行者，成为深圳先行先试背后的一股金融力量。例如，中国平安保险积极参与环境污染强制责任保险的升级和实施，深圳市保险同业公会负责制定环强险的保险费率，平安智慧城市支持打造智慧环境污染责任保险服务平台，多维度参与，彰显了多方共赢效应。

三是突出预防性，全面提升投保企业的风险防控能力。构建“保险 + 科技”服务机制，创新“风控服务费”专项列支制度，规定保险公司需提前提取不低于保费金额的一定比例（如 25%）用于风险防控服务，压实保险公司风险防控服务责任，同时搭建环境污染责任险风控云平台，建立专业应急队伍及环境风险地图，确保事故发生第一时间帮助企业做好应急处置工作。

四是打破传统定价规则，创新保险费率浮动杠杆机制。首创“根据污染因子数据测算保险额度”方式，打破传统环境污染责任保险“一刀切”的定价模式，保险费率因子与企业排污因子直接挂钩。企业环境污染风险低，则保险费率较低，反之亦然。

根据相关部门统计，2021 年，深圳“环强险”出单 925 单，保费达到 2506 万元，风险保障额度高达 27.65 亿元，赔款金额达到 1101.9 万元，实现环境污染高风险企业的全面覆盖。同时，还为这些企业提供了风险和应急服务。

（二）深圳市设计环境污染强制责任保险产品的创新

从金融监管的维度来看，深圳市全方位创新设计统一的“环强险”产品，主要有四个方面的创新。一是保障范围更加全面。与全国其他区域相比，在保障第三者人身伤亡或财产损失、生态环境损害、应急处置与清除污染费用、法律费用的基础上，增加了应急责任补充费用风险保障，为实际应急场景中可能发生操作不当或应对错误导致的二次环境污染事故提供风险保障，同时将一般性突发环境污染事故造成的损害纳入保障范围，风险保障更加全面。二是保险费率厘定更加科学合理，降幅显著。三是保险条款中明确风险防控具体要求。四是环强险产品在全市范围内统一实行，具有唯一性、强制性。

（三）实施环境污染强制责任保险的好处

一是保护环境。环强险能够迫使环境高风险企业更加重视环境保护和污染防治，当企业面临环境风险和责任的时候，会更加谨慎地进行生产和经营，减少对环境的不良影响。

二是环境污染事故的受害人能够及时获得经济补偿，从而公众利益得以保障。企业的资金是有限的，发生污染事故，尤其是发生重大污染事故，企业的首要选择必然是及时地恢复生产，而恢复生产所需要的资金往往与污染事故赔偿的资金发生冲突，这就导致污染事故的受害人不能及时地获得经济赔偿，走法律途径时间更长。而环境污染强制责任保险可以在认定环境污染事故发生后及时地对受害人进行经济赔偿。这有助于维护公众的权益，减轻公众受到环境污染影响的风险。

三是分散企业经营风险，促使其快速恢复正常生产。环境污染强制责任保险的投保企业，在污染事故发生之后，通过投保环境污染强制责任保险，向污染事故的受害人进行经济赔偿，减轻了企业的经济负担，可以及时地将有限的资金用于恢复生产经营。因此，环境污染强制责任保险为企业提供了一种重要的风险管理工具。企业面临环境污染风险时，保险公司会帮助企业承担部分责任和赔偿，减少企业的财务损失。

四是发挥保险机制的社会管理功能，促使企业加强生产安全和环境风险管理，提升环境管理水平。保险公司在承保环境污染强制责任保险之前会对企业的生产安全、环境污染等情况进行评估，在承保之后会督促企业严格按照保险合同要求的生产经营标准进行生产，甚至协助企业制定和执行相关的制度。

五是稳定社会经济秩序，减轻政府负担。投保环境污染强制责任保险之后，环境污染的赔偿和治理费用的承担者是污染企业和承保的保险公司，而非政府机构。在过往的环境污染案件中，政府往往承担了最后的赔偿人的责任，这就完全违反了“污染制造者担责”的基本原则。而环境污染强制责任保险除了会赔偿直接的人身损害、财产损失之外，还会赔偿生态环境损害、应急处置与清污费用、施救费用等在过去完全属于公共财政支出的费用，减轻了地方财政支出。

六是恢复资本市场各个参与者的信心。实施环境污染强制责任保险有助于提高企业的环保形象和社会责任感，增强投资者对企业的信心，从而有利于企业融资和资本市场发展。

七是鼓励创新和技术升级。企业在购买环境污染责任保险的过程中，会更加重视环境风险管理，鼓励企业进行技术创新和环保设施升级，以减少环境事故的发生。

八是推动绿色发展。环境污染强制责任保险的实施有助于推动企业向绿色和可持续发展转型，鼓励企业加大对环保设施和技术的投资，以降低环境风险和责任。同时，环境污染强制责任保险能够提高公众对企业环保表现的关注，使公众倾向于选择购买更环保、更绿色的产品和服务，这将增加市场对绿色产品的需求，推动企业转向绿色发展和创新。这些都将加速经济的绿色升级和转型升级。

九是政府监管效果。环强险可以有效提高企业的环境合规意识，加强政府对企业环保行为的监管，确保环境法律法规的执行效果。

总体来说，实施环境污染强制责任保险有助于平衡经济发展与环境保护之间的关系，促进可持续发展，保护公众利益，推动企业责任担当，使环境保护成为企业和社会共同关注的重要议题。

四、探索在全国范围建立环境污染强制责任保险的发展建议

借鉴深圳市环境污染强制责任保险制度创建的经验教训，探索在全国其他地区建立该保险制度，可以有效推动全国的环境保护工作，降低环境污染事件的风险，保障公众的利益。本案例结合对深圳市环境污染强制责任保险制度的分析，提出以下六点建议：

一是法律法规的制定与完善。在全国范围内建立环境污染强制责任保险制度，需要相应法律法规的支持和保障。监管部门应该制定明确的法律框架，明确环境污染强制责任保险的保险范围、保险对象、相关责任方和赔偿标准等，为制度的实施提供法律依据。

二是指导意见与试点工作。政府部门发布全国性的指导意见，鼓励全国各地区开展环

强险试点工作，以总结经验、完善制度。同时，根据不同地区的实际情况，可以探索不同类型的试点，逐步推动制度的全面实施。

三是行业覆盖与分类管理。建立环强险制度时，可以根据不同行业的环境风险情况，分别进行分类管理。对于高污染行业或者对环境污染风险较高的行业，优先推行强制责任保险，其他行业则采取自愿购买或者强制性投保、但未设强制性约束等方式。

四是资金支持与政策激励。政府可以为环境污染强制责任保险制度提供相应的资金支持，包括补贴保费、设立专项基金等。同时，通过税收优惠等政策激励企业主动购买环境污染责任保险。

五是监管与处罚。政府部门在建立环境污染强制责任保险制度时，需要加强对环境高风险企业的监管，确保这些企业依法购买环强险，并对未购买的企业进行相应的行政处罚，从而确保该项制度的有效执行与实施。

六是合作与推广。在全国范围内建立环境污染强制责任保险制度需要政府、保险公司、企业和公众的共同合作。政府可以积极与各方合作推动制度的推广和应用，并加强对公众的宣传教育，提高环保意识和保险认知。

总体来说，建立全国范围的环境污染强制责任保险制度是一项长期而复杂的任务，需要政府、社会和企业各方的共同努力。通过借鉴深圳市的经验教训，结合全国各地区的实际情况，逐步推进环境污染强制责任保险制度的建立、完善与创新，有望为中国的环境保护事业作出积极贡献。

【思考题】

（1）环境污染责任保险主要包含哪三种类型？

（2）深圳市在实施环境污染强制责任保险过程中有哪些改革亮点？

（3）深圳市在环境污染强制责任保险产品设计方面做出哪些创新？

（4）环境污染责任保险“湖州模式”“无锡模式”及“深圳模式”的异同之处分别有哪些？

（5）如何在全国范围内建立环境污染强制责任保险制度？

参考文献

[1] 窦延文．给绿水青山加一道“保险”[N]．深圳特区报，2021－7－29（A02）．

[2] 雷英杰，查子轩．深圳首批企业投保环境污染强制责任保险力争今年9月底前实

现纳入强制投保范围内的企业应保尽保、足额投保［J］. 环境经济，2021（16）：43－45.

［3］彭中遥，邓嘉詠. 论环境污染强制责任险的出路［J］. 中南林业科技大学学报（社会科学版），2017，11（2）：27－32.

［4］方睿. 我国推行环境污染强制责任保险的意义分析［J］. 经贸实践，2018（16）：301.

［5］沈晓云，任洪涛. 环境污染强制责任保险的监管困境与运行机制的路径选择——以《环境污染强制责任保险管理办法（征求意见稿）》为研究对象［J］. 攀登，2021，40（2）：109－116.